Ertel / Forster
»Wir sind Priesterinnen«

Werner Ertel / Gisela Forster (Hg.)

»Wir sind Priesterinnen«

Aus aktuellem Anlass:
Die Weihe von Frauen 2002

Patmos

gewidmet den Wegbereiterinnen und Wegbereitern

der
anglikanischen, evangelischen
und altkatholischen Schwesterkirchen

der
tschechischen Untergrundkirche,
besonders Ludmila Javorova
und ihren Freundinnen und Freunden

der
amerikanischen Bewegung für die
Gleichstellung der Frau im Priesteramt,
besonders Mary Ramerman
und ihren Freundinnen und Freunden

und den vielen Frauen und Männern
in Deutschland, Österreich, Italien und der Schweiz,
die in den letzten 3 Jahren
die Ausbildungsgruppe:
»Weiheämter für Frauen in der katholischen Kirche«
durch Mitwirkung und Beratung unterstützten

Die Deutsche Bibliothek – CIP-Einheitsaufnahme

Ein Titeldatensatz für diese Publikation ist bei
Der Deutschen Bibliothek erhältlich.

© 2002 Patmos Verlag GmbH & Co. KG, Düsseldorf
Alle Rechte, einschließlich derjenigen des auszugsweisen Abdrucks sowie
der fotomechanischen und elektronischen Wiedergabe, vorbehalten.
Satz: Typo Fröhlich, Düsseldorf
Druck und Bindung: Lengericher Handelsdruckerei, Lengerich
ISBN 3-491-70363-8
www.patmos.de

Inhalt

Vorwort 7

Erklärung anlässlich der Frauenordination in Österreich
am 29. Juni 2002 *Iris Müller, Ida Raming* 9

Wagnis Priesterinnenweihe – Wegmarken und Stationen

**»Wir sind bereit« – Priesterinnen aus Österreich,
Deutschland und den USA stellen sich vor** 14

Mit Mut und Zorn *Christine Mayr-Lumetzberger* 14
Was ich davon halte *Michael Mayr* 19
Aufschrei einer Ordensschwester *Sr. Adelinde Roitinger* 25
Die Freude an Gott ist meine Kraft *Viktoria Sperrer* 28
In Gottes sanfte Hände eingebettet *Gisela Forster* 34
Kampf für die Gleichberechtigung der Frau *Iris Müller* 43
Überwindung der kirchlichen Diskriminierung
   der Frau *Ida Raming* 54
Berufung zum Priesteramt in der katholischen
   Kirche *Diana Wear* 63
Den Ruf Gottes vernehmen *Angela White* 68

Weiheämter für Frauen in der römisch-katholischen Kirche –
Das Ausbildungsprogramm *Christine Mayr-Lumetzberger* .. 73

Ausbildung mit Power – Ein Bericht *Gisela Forster* 76

Auswahlkriterien für die weihenden Bischöfe
Christine Mayr-Lumetzberger, Gisela Forster 83

**»Warum wir Frauen weihen« –
Die Antwort der Weihebischöfe** 85

»Es ist an der Zeit« – Stellungnahmen kirchlicher
Basisbewegungen zur Frauenordination 93

Perspektiven der Theologie

Gültig, aber unerlaubt   *Werner Ertel* 107

»Auf Teufel komm raus ...« *Jozef Niewiadomski/Werner Ertel* 110

Eine Antwort an Jozef Niewiadomski   *Ida Raming* 121

Biblisches Plädoyer   *Peter Trummer* 124

Keine Vollmacht?
  Die Weisung Jesu und die Treue der Kirche
  am Beispiel der Frauenordination   *Ingo Broer* 154

»Für mich ist die Priesterweihe für Frauen ganz
  selbstverständlich« *Ludmila Javorova/Werner Ertel* 177

Freie Wahl des Lebensstandes für Frauen
  in der Kirche blockiert. Widersprüche im
  CIC/1983 und ihre Konsequenzen   *Ida Raming* 182

»Einer Frau gestatte ich nicht, dass sie lehre« (1 Tim 2,12)? –
  Der lange und mühsame Weg evangelischer
  Theologinnen ins Pfarramt   *Katrin Rogge* 192

Stimmen zur Frauenordination 198

Dr. Mathilde Berghofer-Weichner, CSU-Justizministerin a. D.
Sabine Leutheusser-Schnarrenberger, FDP-Justizministerin a. D.
Dr. Heiner Geißler, Abgeordneter der CDU im Deutschen
Bundestag
Burkhard Reichert, SPD-Parteivorstand, Referat Kirchen und
Religionsgemeinschaften
Ruth Paulig, Landtagsabgeordnete der GRÜNEN im Bayerischen Landtag

Vorwort der Herausgeber

Alles im Leben hat seine Zeit, sagt Kohelet, der Wanderphilosoph aus der Zeit des 3. Jahrhunderts vor Christus:
eine Zeit zum Lieben, eine Zeit zum Hassen;
eine Zeit für den Krieg, eine Zeit für den Frieden;
eine Zeit zum Steinewerfen und eine Zeit zum Steinesammeln;
eine Zeit zum Umarmen und eine Zeit, die Umarmung zu lösen.
Nach Kohelets radikaler Theorie von der Bindung der Welt an Gott kann nichts, auch nicht das Schlimmste, von der Allursächlichkeit Gottes ausgenommen werden. Auch für jene mutigen Frauen, welche die zweitausendjährige Blockade des weiblichen Geschlechts in der römisch-katholischen Kirche jetzt mit ihrer Priesterinnenweihe beantworten, hat alles im Leben seine Zeit:
eine Zeit zu trennen und eine Zeit zu vereinen;
eine Zeit der einzig wahren Religion und eine Zeit der Ökumene;
eine Zeit des Pflichtzölibats und eine Zeit der freien Wahl;
eine Zeit der Treueschwüre auf Papst und Kirche und eine Zeit, sich selbst treu zu bleiben.

Bei allem »sentire cum ecclesia« haben Frauen sich jetzt über ein von Männern entworfenes kirchliches Recht hinweggesetzt. Sie halten sich einfach nicht mehr an den Canon 1024 des kirchlichen Gesetzbuches (Codex Iuris Canonici) – »die heilige Weihe empfängt gültig nur ein getaufter Mann«, so wie Wilhelm Tell eines Tages nicht mehr den Geßlerhut grüßte, wie sich Schwarze in Südafrika bewusst auf die Parkbänke »for whites only« setzten, wie sich Menschen heute überall auf der Welt jene Rechte nehmen, die ihnen nach ihrer Würde und ihrer einmaligen, unverwechselbaren Person zustehen. Die »Kinder dieser Welt« haben längst eine Menschenrechtscharta. Wie lange will sich die Kirche noch hinter der nebulösen Formulierung verschanzen: »Wir haben keine Vollmacht von Gott, Frauen zu weihen«? Wenn die Männer-Priester und Männer-Bischöfe ihre Bevollmächtigung dafür aus der Hl. Schrift, dem Wort Gottes, nicht herauslesen können, wenn sie Jesus immer nur im Kreis von Männer-Aposteln sehen, wenn sie »Ja, aber das war in der Geschichte der Kirche doch immer schon so« stammeln, dann handeln Frauen in eigener Vollmacht. Und diese Vollmacht haben sie sehr wohl von Gott, von Gott Vater/Gott Mutter. Sollten daran in Rom noch Zweifel bestehen, sei den Kirchen-Männern im Vatikan der Rat des Gamaliel aus der Apostelgeschichte in aktualisierter Form ans Herz gelegt: »Wenn diese Frauen-Weihe von Menschen stammt, dann wird sie bedeutungslos werden; stammt sie aber von Gott, so könnt ihr sie nicht verhindern – sonst werdet ihr noch als Kämpfer gegen Gott dastehen« (vgl. Apg 5, 38–39).

Gisela Forster und Werner Ertel
Pfingsten 2002

**Erklärung anlässlich der Frauenordination
in Österreich am 29. Juni 2002**

Mehrere römisch-katholische Frauen aus Österreich, Deutschland und den USA haben sich dazu entschlossen, sich von römisch-katholischen Bischöfen ordinieren zu lassen.
Diesen Entschluss teilen sie hiermit der Öffentlichkeit mit und begründen ihn folgendermaßen:

- Seit nunmehr 40 Jahren, also seit Beginn des 2. Vatikanischen Konzils (1962–1965), haben Frauen die Gründe für ihren Ausschluss von den kirchlichen Weiheämtern mit stichhaltigen Argumenten zurückgewiesen. In der nachkonziliaren Phase bis heute sind zahlreiche wissenschaftliche und populär-wissenschaftliche Bücher und Artikel zugunsten der Frauenordination erschienen, und zwar weltweit. Die Vatikanische Kirchenleitung (Glaubenskongregation und Papst) hat diese Forschungsergebnisse bis jetzt ignoriert, selbst wenn sie von der Päpstlichen Bibelkommission kamen (vgl. Report der Bibelkommission von 1996). Durch wiederholte Verlautbarungen (*Inter insigniores, 1976, Ordinatio Sacerdotalis, 1994, Responsum ad dubium, 1995*) hat sie vielmehr den Ausschluss der Frau vom Priesteramt zementiert und dieser Lehre den Rang eines »Quasidogmas« verliehen (»*Diese Lehre erfordert eine endgültige Zustimmung...*«).
- Frauen, die eine Berufung zum Priesteramt fühlen und sie auch leben wollen, befinden sich daher in einem schweren Gewissenskonflikt: Auf der einen Seite steht die unrevidierte Position der offiziellen Kirchenleitung – auf der anderen Seite ruft **Gott** sie aber zum priesterlichen Dienst in der Kirche. ‚Die Liebe Christi drängt' sie! Die betroffenen Frauen wollen sich mit dieser unerträglichen Spannung nicht abfinden und suchen daher Auswege zu finden.
- Da eine Forsetzung der Argumentation aller Erfahrung nach

keine Abhilfe verspricht, haben sich Frauen dazu entschlossen, eine Ordination contra legem (c. 1024 CIC) anzustreben. Denn eine Änderung der Rechtslage der Frau in der römisch-katholischen Kirche ist in Anbetracht ihrer hierarchischen und zentralistischen Struktur in absehbarer Zeit nicht zu erwarten: Bekanntlich haben in einem Konzil, das über die Frage der Zulassung von Frauen zu den Weiheämtern entscheiden könnte, nur Bischöfe (also ausschließlich Männer!) Stimmrecht, und diese haben sich in der Vergangenheit mehrheitlich als äußerst angepasst an Papst und Lehramt erwiesen.

- Den Frauen ist bewusst, dass sie mit diesem Schritt gegen ein bestehendes kirchliches Gesetz sowie gegen eine Lehrmeinung des kirchlichen Lehramtes verstoßen.

Aber: Dieses Gesetz (»Die heilige Weihe empfängt gültig nur ein getaufter Mann«, c. 1024) sowie die ihm zugrunde liegende kirchliche Lehre beinhalten eine schwere Missachtung der Person- bzw. Menschenwürde der Frau und ihrer christlichen Existenz. **Das Getauft- und Gefirmtsein der Frau wird ignoriert, die Gültigkeit der Ordination wird an das bloße männliche Geschlecht gebunden!**

Damit stehen das Gesetz c. 1024 sowie die ihm zugrunde liegende Lehre in eklatantem Widerspruch zur Gottebenbildlichkeit der Frau (Gen 1,27), zur Lehre des 2. Vatikanischen Konzils (*Lumen Gentium* Nr. 32 u. a.) sowie zu Gal 3,27f, wo es heißt:

»Ihr alle, die ihr auf Christus getauft seid, habt Christus angezogen. Da sind nicht mehr Juden und Griechen/Heiden, nicht Sklaven und Freie, **nicht Mann und Frau** (‚männlich und weiblich'); denn ihr alle seid ‚einer' in Christus Jesus.«

Die Taufe – nicht aber das männliche Geschlecht – als Grundvoraussetzung für die Gültigkeit der Ordination wird bereits von mittelalterlichen Kanonisten/Theologen hervorgehoben (»...*post baptismum quilibet potest ordinari*«).

- Sowohl die Lehre vom Ausschluss der Frau von den Weiheämtern als auch das daraus resultierende Gesetz (c. 1024 CIC)

beinhalten also eine **Irrlehre (Häresie)**, der Frauen in der römisch-katholischen Kirche nicht länger zum Opfer fallen wollen.
- Die an der ‚unerlaubten' Ordination beteiligten Frauen verstehen ihren Akt daher auch als ein deutliches prophetisches Zeichen des Protestes gegen die Frauen-diskriminierende Lehre und Rechtsvorschrift, die Männer der Kirche über Frauen verhängt haben und die der römisch-katholischen Kirche und ihrer Glaubwürdigkeit vor aller Welt schweren Schaden zufügt:
- Berufungen von Frauen, die von **Gott** für den Aufbau und die Erneuerung der Kirche geschenkt sind (vgl. Eph 4,8.10–12), werden durch das Kirchengesetz (c. 1024) unterdrückt. Angesichts der pastoralen Notlage (Zusammenlegung von mehreren Gemeinden infolge des Priestermangels und mangelndes Angebot an Eucharistiefeiern etc.) ist das nicht zu verantworten.

Die beteiligten Frauen wollen durch ihre Handlungsweise das freie Wirken der göttlichen Geisteskraft, die jeder/jedem zuteilt, wie *sie* will (vgl. 1 Kor 12,11), ehren und so für die römisch-katholische Kirche eine neue Zukunftsperspektive eröffnen:

Im Einvernehmen mit den sie ordinierenden Bischöfen wollen sie sich durch die Ordination u. a. für **folgende Aufgaben** stärken und zurüsten lassen: pastorale Begleitung von Menschen, besonders von Frauen(gruppen), die sich von der Kirche entfremdet haben: Sie brauchen dringend geistliche **Schwestern im Amt!** Aufbau und/oder pastorale Betreuung von Hauskirchen bzw. Hausgemeinschaften. Darüber hinaus wollen sie sich für den seelsorglichen Dienst an Menschen bereit halten, wann und wo immer er gewünscht wird.
- Die beteiligten Frauen sehen sich bei diesem Akt durchaus in der **Nachfolge Jesu**, der Gesetze, die von der hierarchischen religiösen Autorität seiner Zeit und Religion aufgestellt wurden, gebrochen hat (z. B. Sabbat- und Reinheitsvorschriften ...). Darin lag für ihn keine Willkür, sondern er handelte aus der Erkenntnis, dass die Menschen nicht für die Einhaltung ungerechter, unmenschlicher Normen und Gesetze da sind, sondern die Gesetze einer Religion den Menschen dienen sollen (vgl. Mk 2,27 u. ö.).

- Durch ihre Handlungsweise (contra legem) wollen die beteiligten Frauen die verantwortlichen kirchlichen Amtsträger dazu aufrufen, endlich die geistlichen Berufungen von Frauen zu den Weiheämtern zu respektieren und ihnen in Lehre, Recht und Praxis der Kirche ausreichenden Raum zu verschaffen.
- Nicht die Frauen, die sich angesichts der Verhärtung der Kirchenleitung zu einem Handeln »contra legem« genötigt fühlen, haben Kritik verdient, sondern die verantwortlichen kirchlichen Amtsträger, die diesen Notakt durch ihr Verhalten herbeigeführt haben.

Am Ostermorgen gingen mutige Jüngerinnen, Maria von Magdala und andere Frauen, zum Grab Jesu – in Treue zu ihrem Meister. Der Stein vor dem Grab war weggewälzt – sie begegneten als Erste dem Auferstandenen und wurden so zu Botinnen der Osterbotschaft.

Im Vertrauen auf die Kraft des auferstandenen Christus wollen auch heute engagierte Frauen durch ihre Ordination einen neuen Weg bahnen und mithelfen, den schweren Stein der Diskriminierung wegzuwälzen, der auf den Frauen in der katholischen Kirche liegt. Sie wollen als Priesterinnen für eine Kirche eintreten und arbeiten, in der die Menschen, unabhängig von **Geschlecht** und Rasse, in Gerechtigkeit und Freiheit miteinander leben und so Gott dienen können.

Die Gruppe der Frauen empfiehlt sich selbst und ihren risikoreichen Schritt der Güte Gottes und der Fürsprache aller Heiligen, besonders der Mutter Jesu und der 1997 zur Kirchenlehrerin (*doctor Ecclesiae universalis*) erklärten hl. Therese von Lisieux. Sie hat von sich gesagt: »Ich fühle mich zum Priester berufen!"

Im Juni 2002 für die Gruppe der ordinierten Frauen:
Iris Müller, Ida Raming

Viktoria Sperrer   Adelinde Roitinger   Gisela Forster   Christine Mayr-Lumetzberger   Ida Raming   Iris Müller

Wagnis Priesterinnenweihe – Wegmarken und Stationen

»Wir sind bereit« – Priesterinnen aus Österreich, Deutschland und den USA stellen sich vor

Christine Mayr-Lumetzberger
Mit Mut und Zorn

Augen-Sache
In jener Zeit – so beginnen viele biblische Erzählungen – in jener Zeit also lebte ein Mann namens Jesus. In den Geschichten der Frohen Botschaft wird er beschrieben als ein Mann, der sich den Menschen zuwandte, sie heilte und zu ihnen vom Vater im Himmel und dem Himmelreich sprach. Er hatte Freunde und Freundinnen und die meisten blieben es auch nach seinem Tod. Im Lauf der Jahrhunderte kam vieles aus dem Gleichgewicht und auch die Sicht der Freunde Jesu – gar zu gern sahen sie die Freundinnen Jesu zuerst auf der Zuhörerinnenseite, dann nur mehr Zuseherinnenseite und dann auf der ... Garnichtmehrseite. Irgendwie war das Ungleichgewicht am Ende des 2. Jahrtausends schon ziemlich unangenehm ... für die Frauen. Das weibliche Auge der Kirche war blind geworden. Die Kirche sah nur mehr mit Männeraugen, sprach nur mehr Männerworte, und der Papst definierte das Wesen der Frauen, obwohl er doch ein Mann war. Das meiste zum Thema »Weiheämter für Frauen« ist erforscht, es ist Zeit zu handeln, die Zeit ist reif. 2002 wurde zum Jahr der Berufungen erklärt, von den Männern in Rom und das ist gut so. Die Chris-

tinnen und Christen in der römisch-katholischen Kirche haben um Priesterberufungen gebetet. Gott hat sie erhört und gibt der Kirche, was ihr fehlt: weibliche Berufungen, Frauen die zum priesterlichen Dienst berufen sind. Wir haben uns das nicht ausgesucht, wir haben Gott gesucht in unserem Leben und haben uns auf das Abenteuer des Priesterin-Werdens eingelassen. Ich bete und hoffe, dass in diesem Jahr der Kirche das weibliche Auge aufgeht und sie zu sehen beginnt als Männer und Frauen!

Sache der Gerechtigkeit
Seit 30 Jahren arbeite ich in der Kirche, zumeist im Ehrenamt. Ich habe von dieser Arbeit viel profitiert. Mein Glaube ist in diesen Jahren nicht beständig nur gewachsen angesichts all der Ungerechtigkeit, die ich erlebt habe, bei den Zurücksetzungen und Zurückweisungen, die ich ebenfalls erlebt habe. Ich habe aber auch viele Menschen getroffen, die mit mir auf dem Weg des Glaubens unterwegs waren und sind und die unbedingt mit mir gehen wollten. Durfte gerade ich, weil ich eine Frau bin, ihnen nicht auch Priesterin sein? Das konnte der gute Gott doch nicht gewollt haben! Gott ist auch gerecht und er hat mir als Frau seine Talente anvertraut. Sollte ich sie nicht richtig verwalten? Man muss Gott mehr gehorchen als den Menschen und schon gar dem Codex Iuris Canonici!

Sache des Handelns
Wenn manche Menschen meine Ausgangsposition für die Weihe kritisieren, gebe ich ihnen Recht. Mir wäre auch lieber gewesen, Rom hätte nach dem II. Vatikanischen Konzil die Sache in die gesalbten Hände genommen, eine Ausbildung vorgeschrieben, Anmeldekriterien festgelegt, Prüfungen verlangt und eine Anmeldebehörde eingerichtet. Ich hätte alles getan, was sie verlangt hätten. Aber was taten sie: nichts. Und dann haben mir die Priester während der letzten 30 Jahre erklärt: Gott hat keine anderen Hände als die deinen, und Herr, gib uns Mut zum Handeln usw. Was sollte ich tun? Nachdem es für mich jenseits der 40 Jahre immer noch keine Anmeldestelle gab, eröffnete ich sie und machte

mich mit anderen tapferen Frauen auf den Weg. Immer hörend »wenn Gott Priesterinnen will, wird er sie bekommen«, wohl wissend, dass diese Formulierung auch ein wenig frivol klingt. In den letzen Jahren habe ich erfahren, dass Gott Priesterinnen will: von Freunden und Freundinnen, durch Zu-Fälle, die gar keine waren, durch Erfahrungen mit Menschen, die gerne Priesterinnen wollten, weil für sie dann der Weg zu Gott einfach wieder gangbar erschien. War da nicht die Zeit gekommen zu handeln?

Sache des Gesetzes
Der Canon 1024 des CIC ist ein Paragraph, der für das männliche Denken typisch ist. Wahrscheinlich hat kein Mann eine Frau überhaupt je gefragt, ob sie den priesterlichen Dienst ausüben möchte. Wahrscheinlich stand auch gar nicht böse Absicht oder beabsichtigte Ungerechtigkeit dahinter. Wahrscheinlich war es einfach nur Gedankenlosigkeit – das ist jetzt so Usus, das schreiben wir fest. Das Unglück ist aber, dass vielen denkenden Frauen und Männern dieser Unrechtsparagraph aufgefallen ist und sie nach Denken, Beten und Fasten zu dem Ergebnis gekommen sind, das der CIC auch irren kann. Gesetze, die Unrecht oder sittenwidrig sind, müssen im bürgerlichen Recht nicht befolgt werden. Warum gilt dies nicht im Fall des CIC?

Sache der Geschichte
Ich habe meiner Eltern- und Großelterngeneration immer den Vorwurf gemacht: »Warum habt ihr euch im Dritten Reich nicht gegen das Unrechtsregime Hitlers aufgelehnt? Warum habt ihr nichts gemacht, um diese Diktatur zu bekämpfen?« Als Antwort erhielt ich Achselzucken und Erklärungen, dass man sich damit in Lebensgefahr gebracht hätte – Deportation, Fronteinsatz, Gefangenschaft, Konzentrationslager, Folter bis hin zur Ermordung wären die mögliche Folge gewesen. Vergleiche hinken, aber diktatorische Herrschaftssysteme ähneln einander.
Ich möchte nicht die Fragen meiner Kinder- und Enkelgeneration hören: »Warum habt ihr euch nach dem Konzil nicht gegen die

Restauration gewehrt? Warum habt ihr nichts gemacht, dass die Kirche ein gerechtes Haus mit offenen Fenstern wird. Warum habt ihr euch von einem toten Recht von der Nachfolge Christi abhalten lassen?« Ich möchte nicht mit einem Achselzucken antworten müssen. Ich habe wenig zu befürchten: Mein Arbeitsplatz ist jetzt staatlich, denn meinen kirchlichen Lehrauftrag habe ich lange verloren. Ich besitze ein schönes Haus mit einer neuen Kapelle. Ich habe so viele Freundinnen und Freunde, die mich ermutigen! Ich habe ganz wenige Gegner, denen vielleicht noch die Einsicht fehlt, wie schön es in dieser Kirche werden könnte mit ein wenig mehr Gerechtigkeit und Geschwisterlichkeit.

Absolut Frauensache
Die Hoffnung, dass sich zölibatäre Männer für möglicherweise verheiratete Frauen einsetzen, habe ich im Lauf der Jahrzehnte aufgegeben. Ich bin zu dem Entschluss gekommen, wenn sich etwas ändern soll, dann möge Gott mein Bitten erhören: »Herr, gib uns Mut zum Handeln …« Irgendwann sind Mut und Zorn stark geworden und jetzt sind wir lange über die Frage hinaus: Sollen wir oder sollen wir nicht? Die Antwort ist uns klar geworden: Wir müssen! Wir müssen die Wege finden, die es Frauen ermöglichen, ihren Weg im priesterlichen Dienst zu gehen.
Bischöfe haben sich bei uns gemeldet und uns versprochen, uns ihre Hände aufzulegen. Sie werden um die Heilige Geistin bitten, um uns den Auftrag zu geben, als geweihte Priesterinnen mit den Menschen zu Gott unterwegs zu sein, die Frohe Botschaft zu verkünden und die Sakramente zu feiern. Diese Bischöfe haben begriffen, dass die Gerechtigkeit mit der Hälfte der Katholiken, also den Katholikinnen, beginnen muss. Das ist nicht alles. Diese Bischöfe haben Wort gehalten. Diese Bischöfe haben uns bereits zu Diakoninnen geweiht und weihen uns zu Priesterinnen. Und für diese Männer danken wir Gott und sind froh, mit ihnen auf dem Weg zu Gott sein zu können.

Zukunftssache
Und es fragen alle: Und was ist jetzt? Du bist geweiht: Warum? Wozu?
Ja, jetzt habe ich ein Ziel erreicht, ich bin geweihte Priesterin. Nein, nicht Systemerhalterin. Ich werde Priesterin sein für jene Menschen, die ich bereits schon begleitet habe. Ich bin Ansprechpartnerin in religiösen Fragen. Ich höre zu, wenn es eine Krise gibt, manchmal kann ich in einem Konflikt vermitteln. Ein paar Menschen kommen in unsere Stube, sind hungrig und freuen sich über eine gute Jause. Meine alte Tante wartet auf meinen Anruf, und während ich zur Schule fahre, rufe ich sie auch an. Es stirbt ein Bekannter, ich werde gebeten, das Begräbnis zu halten. Ein Paar hat geheiratet, es möchte einen Segensgottesdienst; der Sohn ist nicht getauft, ich soll ihn taufen. Die Eltern eines kranken Kindes bitten um die Krankensalbung. Einige junge Menschen, alle aus der Kirche ausgetreten, möchten einen Gottesdienst feiern. Die meisten dieser Dienste habe ich bisher schon wahrgenommen. Ich habe liturgische Kleidung getragen, wenn es gepasst hat. Ich bin den Gottesdiensten vorgestanden, ich habe mit den Menschen an Lebensschnittpunkten Sakramente gefeiert.
Nein, es ist wenig anders geworden. Gott sei Dank, denn das sollte eine Priesterin-Weihe nicht sein: ein magischer Akt, der allem einen besonderen Glanz verleiht.
Das Wenige, das anders geworden ist: Sie haben mir die Hände aufgelegt und für mich und die anderen Frauen um den Heiligen Geist gebetet – die Brüder im Bischofsamt, die Priesterinnen und Priester und eine große Gemeinde. Dieses Wissen, dass Gott mich in diesem Dienst will, gibt mir Kraft und erfüllt mich mit Freude. Ja, und warum weiß ich das? Weil wir das sonst nicht zusammengebracht hätten, den Weihegottesdienst! Wenn Gott Priesterinnen will, wird er sie bekommen! Gott wollte.

Christine Mayr-Lumetzberger, geboren 1956 in Linz (Oberösterreich), drei Geschwister
Vater: Baumeister, Mutter: im Haushalt tätig

Schulzeit (14 Jahre) bei den Kreuzschwestern Linz,
danach Eintritt in den Orden der Benediktinerinnen von Steinerkirchen,
nach fünf Jahren Heirat mit Dipl. Ing. Michael Mayr, Vater von 4 Kindern aus erster Ehe
Kindergärtnerin, Religionslehrerin, Hauptschullehrerin für Deutsch und Werken,
Sonderpädagogik
1996 Beginn Theologiestudium Universität Linz
1999 Ausarbeitung eines dreijährigen, berufsbegleitenden Lehrgangs zur Priesterin
2002 Lehrgangsabschluss mit Prüfungen durch eine unabhängige deutsche Theologenkommission

Michael Mayr
Was ich davon halte

Als Ehemann einer der Kandidatinnen – ich bin mit Christine seit rund 20 Jahren verheiratet und habe das als eine sehr glückliche Zeit erlebt – werde ich im Zusammenhang mit der Priesterinnenweihe immer wieder mit diesen Fragen konfrontiert: »Willst du nicht auch für dich selbst die Priesterweihe anstreben?« – »Was sagst du zu den hochfliegenden Plänen deiner Frau?« – »Was hältst du überhaupt von Frauen am Altar?« und so weiter. Eine verständliche Antwort in drei Sätzen ist nicht möglich, ich muss etwas weiter ausholen.

Eine nicht gestellte Frage
Bevor ich auf diese Fragen eingehe, möchte ich anmerken, dass ich es bemerkenswert finde, dass manche nahe liegende Frage nicht gestellt wird, wie etwa die Frage nach dem priesterlichen Zölibat. Dass diese Frage nicht begegnet, führe ich darauf zurück, dass sie für die große Mehrheit der Katholiken einfach keine Frage mehr ist. Ein Hinweis in diese Richtung ist etwa, dass kaum mehr diese früher so beliebten blöden Witze über Priester mit dem »blonden Glaubenszweifel« erzählt werden. Die Leute wissen meist Bescheid

über die Beziehungen ihres Priesters zu einer Frau und zeigen Verständnis, indem sie nicht besonders darüber reden. Sie verstehen nicht, dass ein guter Priester, der sich zu seiner Frau bekennt, aus seinem Amt entfernt werden muss. Die große Mehrheit der Katholiken vertritt den Standpunkt, dass ein Mann, der Weib und Kind – und in der Folge ein ganzes Paket von Problemen – zu Hause hat, das Leben besser kennt, als ein heiligmäßig-zölibatärer Priester, der von Ehe- und Familienproblemen nur wie der Blinde von der Farbe reden kann.
Nachdem ich beides ausprobiert habe, das Leben alleine und das Leben in der Familie, nachdem ich die schlimmsten Tiefen und die beglückendsten Höhen erlebt habe, meine ich: die Leute haben Recht. Wenn mir ein Mensch, der diese Erfahrungen nicht gemacht hat, zu einem Problem des menschlichen Miteinanders einen gescheiten Kommentar gibt, so ist für mich seine Kompetenz und seine Glaubwürdigkeit von vornherein fragwürdig. Ein Gespräch mit jemandem, der in einer ähnlichen Lebenssituation steht, der ähnliche Erfahrungen gemacht hat wie ich, kann dagegen wesentlich wertvoller, hilfreicher und bereichernder sein – auch dann, wenn der Gesprächspartner kein akademisches Studium absolviert hat, sondern einfach ein ehrlicher Mensch ist. Außerdem: ob Mann oder Frau, ist hier bedeutungslos.
Nach dem Grundsatz »vox populi – vox dei« stünde es den Oberhirten gut an, die Meinung der Mehrheit der Katholiken endlich zur Kenntnis zu nehmen und ihre Bunker-Strategie zu hinterfragen. Damit will ich es zum Thema »Zölibat« bewenden lassen.

Der »kleine Unterschied«
Auf die kindlich anmutende Frage, ob der liebe Gott männlich oder weiblich sei, hat ein kluger Mensch einmal geantwortet: »Gott ist nicht gefangen in der Halbheit eines Geschlechtes.«
Mit den bescheidenen Erfahrungen, die ich im Laufe meiner inzwischen 57 Lebensjahre aufgenommen habe, hat sich dieser Spruch immer mehr in mein Denken eingeprägt.
In meiner Schulzeit wurden Mädchen und Buben noch getrennt

voneinander erzogen. Als Halbwüchsiger merke ich allmählich, dass neben dem »kleinen (biologischen) Unterschied« auch noch andere Unterschiede zwischen Frau und Mann bestehen. Ich merkte: Frauen denken anders. Weibliche Gedankengänge waren für mich oft unverständlich. Was wir Burschen lustig fanden, gefiel den Mädchen überhaupt nicht – und umgekehrt.

Als Spät-Jugendlichem haben mir die Argumente zur Untermauerung der männlichen Überlegenheit und Vorherrschaft über das weibliche Geschlecht natürlich auch gefallen. Auch den Ausspruch von Pius XII., wonach der Mann der Kopf und die Frau das Herz der Familie sei, habe ich damals in dieses Argumentationssystem eingereiht, denn der Kopf ist allemal wichtiger als das (unverlässliche) Herz.

Mit der Zeit hat sich diese Überlegenheit des Mannes für mich immer deutlicher als blanker Unsinn entlarvt. Zur Illustration möchte ich eines meiner Schlüsselerlebnisse erzählen:

In meinen früheren Berufsjahren hatte ich eine kleine Abteilung im Forschungsbereich eines Industriebetriebes zu führen. In dieser Abteilung hatte es immer nur Männer gegeben, bis uns von oben her eine junge Dame, die sich als Laborantin beworben hatte, so richtig »hineingedrückt« wurde. Ich hatte größte Bedenken, wie sich die Anwesenheit dieser jungen Frau, die außerdem noch recht sympathisch und attraktiv war, auf das Arbeitsklima in diesem Männerstall auswirken würde. Aber ich wurde eines Besseren belehrt. Innerhalb kurzer Zeit ist es der jungen Dame gelungen, auf die eingefahrenen (Un-)Sitten und Gebräuche der Männer einen sehr positiven Einfluss in einer fast mütterlichen und sehr wohl auch korrigierenden Rolle zu gewinnen. Bestes Beispiel dafür sind die Betriebs-Weihnachtsfeiern, die mir immer ein Dorn im Auge waren, weil sie in ihrer Inhaltsleere oft einfach in eine Sauferei ausarteten. Nachdem es mir nie gelungen war, diese Dinge in kultivierte Bahnen zu lenken, nahm unsere Dame die Organisation der Weihnachtsfeiern in die Hand, entwarf ein Programm und sorgte für einen geordneten Ablauf. Zu meinem großen Erstaunen haben alle Männer (nach anfänglichem Maulen natürlich) die neue Form des Feierns ohne Ausnahme sehr positiv angenommen. Alle diese Männer scheinen die Erfahrung gemacht zu haben, dass es zuweilen auch für einen Mann Sinn macht, sich von einer Frau etwas sagen zu lassen.

Gemeinsam Defizite überwinden
Jeder Mensch hat seine Fähigkeiten und seine Defizite. Es scheint, dass es wirklich »typisch männliche« und »typisch weibliche« Defizite gibt. Jede(r) Einzelne ist für sich in gewisser Weise nur ein halber Mensch.

In den gemeinsamen Jahren mit Christine habe ich immer wieder erlebt, dass die gegenseitige Ergänzung von Frau und Mann beide dem vollen Menschsein näher bringt. Es ist uns beiden – Gott sei Dank – gelungen, unsere Energien nicht in Vorherrschaftskämpfen vergeuden zu müssen, sondern wir haben entdeckt und vielfach erlebt, dass wir zu zweit gemeinsam ein überaus starkes Team sind.

Eine von Christines herausragenden Fähigkeiten ist ihre Kreativität. Ideen in ihrem beruflichen Umfeld aber ebenso auch etwa im liturgischen oder künstlerischen Bereich schüttelt sie nur so aus dem Ärmel. Naturgemäß hat ihre Ideenflut etwas Chaotisches in sich. Im Gegensatz dazu bin ich als gelernter Naturwissenschaftler auf diszipliniertes und ordnendes Denken trainiert. Für uns beide ist es immer wieder ein bereicherndes Erlebnis, wenn wir nach dem Zusammenschalten unserer Fähigkeiten gemeinsam etwas Neues zustande bringen. Beispielsweise stammen alle Ideen zur Frauenausbildung für Weiheämter in der römisch-katholischen Kirche ausschließlich von Christine. Bei ihrer Strukturierung konnte ich meinen Beitrag einbringen. So ist eine runde Sache daraus geworden, was an dem enormen Interesse, das diese Ausbildung weltweit gefunden hat, abzulesen ist.

Mit beiden Augen sehen
Die Kirche sei »auf einem Auge blind«, sagt man, sie »sehe nur mit dem männlichen Auge«. Ich meine, dass dies tatsächlich zu-

trifft und dass die Kirche gut beraten wäre, sich gegenüber den Frauen zu öffnen und sich zuweilen auch von den Frauen etwas sagen zu lassen.

Dass Frauen in der Kirche über die Jahrhunderte hindurch diskriminiert worden sind, daran kann kein Zweifel bestehen. Als Antwort darauf die Männerkirche durch eine Frauenkirche ersetzen zu wollen, das kann es auch nicht sein. Der einzige Weg in eine hoffnungsvolle Zukunft der Kirche kann nur eine gleichwertige Gemeinsamkeit, ein Zusammenwirken von Frauen und Männern in der Kirche sein.

Als ich vor Jahren zum ersten Mal in einer evangelischen Kirche eine Frau als Pastorin und Predigerin erlebte, reagierte ich innerlich spontan mit einem »na klar, warum denn nicht?«. Wenn ich – wie vor kurzem erlebt – bei einem ökumenischen Gottesdienst einen katholischen Pfarrer und eine protestantische Pastorin gemeinsam am Altar stehen sehe, dann ist das für mich ein Wegweiser in die Zukunft unserer Kirche. Frauen am Altar sind daher für mich überhaupt keine Frage mehr.

Hochfliegende Pläne?
Die Diskussion über die Frage der Priesterweihe für Frauen wurde nun schon jahrzehntelang auf den verschiedensten Ebenen geführt. Zahlreiche namhafte Theologen haben keinen einzigen zwingenden Grund gefunden, Frauen im priesterlichen Dienst abzulehnen. Die von den amtskirchlichen Verfechtern des ausschließlich männlichen Priestertums vorgebrachten Argumente gehen im Wesentlichen von der Tradition aus. Dabei wird übersehen, dass Traditionen nicht von vornherein Ewigkeitswert haben, sondern dass es auch manchmal – bei allem Respekt – sinnvoll erscheint, eine Tradition zu beenden. Dafür gibt es genügend Beispiele. Etwa die antiken und mittelalterlichen Vorstellungen, mit denen die Minderwertigkeit der Frau (und damit ihr Ausschluss vom priesterlichen Dienst) begründet wurden, sollten heute wirklich nur mehr von historischem Interesse sein. Ganz laienhaft denke ich, die Diskussion ist im Wesentlichen

abgeschlossen. Mit anderen Worten: die Zeit ist reif. Nur die Führung der römisch-katholischen Kirche beharrt (noch) auf dem ausschließlich männlichen Priestertum – und das übrigens keineswegs einhellig.

Oft genug bekommt man – auch von hochrangigen Vertretern des Klerus – zu hören, dass es Frauen als Priesterinnen eines Tages geben wird, aber eben jetzt noch nicht, es sei noch zu früh und man müsse Geduld haben. Wiederum ganz laienhaft meine ich, wenn die Zeitspanne, in der wir immer nur Geduld haben sollten, ein Menschenleben übersteigt, so geht das einfach zu weit. Dann sind die Zeichen der Zeit übersehen worden. Es ist daher nicht nur die Zeit reif, es ist auch die Zeit des Handelns gekommen. »Ja, schon, aber – so geht das doch nicht!« – so lautet die beinahe standardisierte Antwort darauf, manchmal mit ein paar theologisch klingenden Argumenten, oftmals mit Polemik ausgeschmückt. Gegenfrage: Wenn es so nicht gehen soll – wie soll's denn dann gehen? Die berufenen Frauen wurden zum großen Teil Jahrzehnte hindurch mit Geduldsappellen hingehalten. Sie haben von den Kirchenmännern immer und immer wieder gehört, wie es nicht geht, dass sie ihrer priesterlichen Berufung folgen. Dass sie nun nach Jahrzehnten ihr Vertrauen, dass die Kirchenmänner ihnen Wege öffnen werden, wie sie ihre Berufung verwirklichen und leben können, verloren haben, kann nicht verwundern. Dass sie nun zur Tat schreiten – entgegen dem geltenden Kirchenrecht (oder -unrecht?) – ist folgerichtig und konsequent. So hochfliegend sind diese Pläne also gar nicht. Aber es sind mutige Frauen, die diese Pläne geschmiedet haben und nun verwirklichen. Sie haben meinen tiefsten Respekt.

Meine Rolle

Für mich selbst strebe ich die Priesterweihe nicht an. Diese Berufung habe ich nicht verspürt und die Fähigkeit dazu sehe ich auch nicht. Mein Platz ist ein anderer. Für mich ist es faszinierend, was meine Frau – meine Christine – in Bewegung gebracht hat. Sie ist drauf und dran, der Kirchengeschichte ein neues Kapitel hinzuzufügen. Ich freue mich darauf, Christine in ihrem zukünftigen priesterlichen Dienst zu unterstützen so gut ich kann. Des Segens von oben bin ich mir sicher.

Sr. Adelinde Roitinger
Der Mut einer Ordensschwester

Ich wurde 1935 als jüngste Tochter einer sehr christlichen Familie in Weibern in Oberösterreich geboren. Schon am dritten Tag wurde ich getauft, und zwar auf den Namen der Heiligen Theresia vom Kinde Jesu.
Mein Leben wurde geprägt von einer christlich-katholischen Erziehung in Elternhaus und Schule. Besonders meine Mutter war eine fromme, gläubige Frau. Sie liebte die Kirche – und in mir entwickelte sich schon als Kind und Jugendliche ein starkes Idealbild von Kirche, Papst, Bischöfen, von Priestern und vom Ordensstand. Von der katholischen Jugendarbeit führte mich mein selbstloser Einsatz für die Sache Christi direkt zum Eintritt in den Ordensstand, zu den Halleiner Schulschwestern.
Dieser Entschluss war und blieb für meine Familie schmerzvoll; meine Mutter weinte und litt darunter. Je älter sie wurde, desto weniger wollte sie mein Fernbleiben akzeptieren – so erbettelte ich mir im Orden den regelmäßigen Besuch bei meiner Mutter. Ihre Freude war groß.
Die Idealbilder meiner Jugend von der römisch-katholischen Kirche haben sich im Lauf meiner Entwicklung verändert. Ich suchte meinen Weg und orientierte mich dabei am Wort Jesu von Nazareth. Ich war als Ordensschwester tätig in der Jugendarbeit, im Schulunterricht, in der Pfarre ebenso wie in meiner Ordensgemeinschaft. Mehr und mehr besuchte ich Seminare, Kurse, Schulungen, bildete mich weiter, suchte die Lektüre neuerer Theologen und Theologinnen. Mein Interesse an einer Gleichstellung der Frau in der römisch-katholischen Kirche sowie an der drei-

jährigen Ausbildung zur Frauenordination brachte mir große Probleme mit meiner Ordensgemeinschaft ein; ich erbat eine Exklaustrierung, das heißt, ich blieb Ordensmitglied, lebe aber außerhalb der Gemeinschaft.

»Entweder – oder«
Nach Abschluss unseres dreijährigen Lehrgangs zur Priesterinnenweihe stellte mich meine Ordensoberin im April 2002 vor die Alternative, entweder von einer Priesterweihe Abstand zu nehmen und in den Orden zurückzukehren, oder die Konsequenzen aus meinem »Schritt in ein Schisma« zu ziehen und den Orden zu verlassen. Meine Antwort an sie erfolgte ein Monat vor dieser Weihe, im Mai, kurz bevor sie eine Reise nach Lateinamerika zu den Niederlassungen unseres Ordens antrat. Ich schreibe meiner Mutter Oberin darin unter anderem:
»Wer sind ‚wir', die meiner Weihe zur Priesterin in der röm.-kath. Kirche nicht zustimmen können? Was du als Schisma bezeichnest – heißt das abtrünnig zu sein? Meinst du damit die Männermacht über uns Frauen? Was in der Männerkirche gerade jetzt passiert, ist nicht gut zu heißen. Die Weihe der Frau ist meiner Meinung nach kein Grund zur Trennung und Ausschließung aus dem Orden. Nach unseren zahlreichen Gesprächen in den vergangenen Jahren hatte ich den Eindruck gewonnen, dass auch du dir persönlich nicht sicher bist, ob die kirchenrechtlichen Vorgaben mit den Möglichkeiten Gottes übereinstimmen.
In meinem langen Ordensleben habe ich gelernt, auf Gott zu hören, habe auch mein Gewissen gebildet. Im Gebet, in der geistlichen Begleitung, durch Lernen und Lehren, in der Arbeit und im Gemeinschaftsleben mit unseren Schwestern habe ich versucht, den Sinn des franziskanischen Lebens immer tiefer zu begreifen. Dafür danke ich Gott und allen Schwestern. Gottes Ruf hat keine Zensur durch ein Elternhaus, einen Freundeskreis, durch Welt- oder Ordenspriester, durch den Bischof und – auch nicht durch dich.
Jetzt frage ich mich nach 48 Ordensjahren: hörst du den Ruf an

unsere Gemeinschaft nicht? Als Halleiner Schulschwester habe ich nicht gebetet, um ungehorsam zu sein oder meine Gelübde zu brechen. Ich habe gebetet und gearbeitet, gefastet und in Armut gelebt, um Gottes Willen zu erfüllen und Gott näher zu kommen. Hast du als meine Ordensoberin dies nie bemerkt?

»Ich will keine Trennung«
Eine Berufung wie meine habe ich nicht wollen und auch nicht angestrebt. Ich habe diese Berufung nicht als Theresia, sondern als Schwester Adelinde erhalten, als Schwester unserer Gemeinschaft. Die Zeit der Exklaustrierung habe ich dazu genützt, um mir über diese Berufung klar zu werden, um sie zu prüfen und prüfen zu lassen. Ich habe durch die Exklaustrierung auch Irritationen in unserer Gemeinschaft vermeiden wollen. Dennoch ist manchen Mitschwestern mein Ruf nicht verborgen geblieben. Sie wissen darum und tragen ihn in ihrem Gebet und in ihrer Unterstützung mit. Andere tun dies nicht – auch sie werden dies im Gebet vor Gott betrachten. Mir ist klar, dass eine Berufung keine demokratische Entscheidung sein kann.
Ich möchte dir als Älterer aber zu bedenken geben, dass du der Gemeinschaft gegenüber Verantwortung trägst – auch meine Berufung betreffend.
Ich persönlich will nach so einem langen Ordensleben ausdrücklich *keine Trennung* von unserer Gemeinschaft der Halleiner Schulschwestern. Mein ausdrücklicher Wunsch ist es, in der Gemeinschaft zu bleiben. Dass dies neue Wege erfordert, ist eine Anfrage an die Gemeinschaft. Bedenke: ecclesia semper reformanda! Dies gilt auch für uns, da wir ein Teil dieser Kirche sind. Da ich aber auch gelernt und erfahren habe, dass ich Gott mehr gehorchen muss als den Menschen, werde ich versuchen, meinen Weg weiterzugehen. Ich bin Gott verpflichtet – ich habe meine Ordensprofess auch auf den Gehorsam Gott gegenüber abgelegt. Das ist meine erste Verpflichtung: wenn mich Gott auch in den priesterlichen Dienst berufen hat, habe ich nicht das Recht, nein zu sagen.

Ich bete, hoffe und erwarte, dass du den Ruf an eine Schwester deiner Gemeinschaft, der du als Oberin vorstehst, in größter Verantwortung in der Gemeinschaft besprichst und verantwortest.

Dir im Gebet innig verbunden,

Sr. M. Adelinde Roitinger«

Sr. Adelinde Roitinger, geboren 1935 in Weibern, OÖ
Bildungsanstalt für Kindergärtnerinnen u. Arbeitslehrerinnen Amstetten, NÖ
1954 Eintritt in den Orden der Halleiner Schulschwestern, SBG
1963 Ewige Profess
Lehramt für Volks- und Hauptschulen
Lehrbefähigung Musikerziehung am Mozarteum, Sbg.
Missio Canonica – Religionsunterricht
1993 Pensionierung als Lehrerin
1998 Tanzlehrerin »Seniorentanz«
1999 Ausbildungslehrgang zur Priesterin mit gleichzeitiger Exklaustrierung
2002 Palmsonntag: Diakoninnenweihe

Viktoria Sperrer
Die Freude an Gott ist meine Kraft

Mein Traum, Priesterin zu werden, begann vor vielen Jahren, als ich den Roman von Henry Queffelec las: »Gott braucht Menschen«. Das Buch wurde auch verfilmt. Der Inhalt, kurz gefasst: Auf einer einsamen, unwirtlichen Insel droht das kirchliche Leben in der Pfarrgemeinde zu sterben – kein Pfarrer hält es dort unter den harten, oft grausamen Menschen aus, die in bitterer Not leben. Thomas, ein Fischer und Mesner der Gemeinde, übernimmt nach und nach priesterliche Dienste und lässt sich von den Dorfbewohnern schließlich dazu drängen, eine Messe zu lesen, mit Predigt, Wandlung und Kommunion. Thomas bekommt schließlich eine Priesterausbildung und wird vom Bischof für die arme, verrufene Gemeinde geweiht.

Beim Lesen dieses Romans verspürte ich bereits die Sehnsucht, so wie Thomas, der Mesner, für Menschen da zu sein, die einen Priester brauchen. »Gott braucht Menschen«, ist der Titel des Buches, und nicht »Gott braucht Männer«.

Ich denke heute, dass es nicht nur ein Notfall sein dürfte, Frauen zu Priesterinnen zu weihen. Ich bin Lektorin und Kommunionspenderin in meiner Pfarre Vorchdorf, ich besuche alte und kranke Menschen, bringe ihnen die Kommunion, ich gestalte die Sonntagsgottesdienste mit und die monatliche Bibelrunde. Wir haben zwar aus dem nahen Kloster noch immer genügend Aushilfspriester, sodass die Priesternot bei uns nicht so drängend ist wie anderswo. Dennoch glaube ich, dass heute der Ruf auch an mich alte Frau ergeht, Priesterin zu werden – auch wenn meine Aufgabe eher ein Wegbereiten, ein Beispiel, eine Ermutigung für jüngere Frauen sein wird, diesen Beruf zu ergreifen.

Dass theologische Hochschulbildung verlangt wird, um weihewürdig zu sein, berührt mich schmerzlich. Erschüttert lese ich die Berichte von Dr. Gertrud Heinzelmann, Dr. Ida Raming und Dr. Iris Müller in dem Buch »Zur Priesterin berufen«: Diese Frauen haben schon beim Vatikanum II (1962–1965) in gut begründeten Eingaben die Zulassung der Frauen zum Priesteramt verlangt. Ich selber war damals begeistert von den Reformen des Konzils, von dem lieben Papst Johannes XXIII. und freute mich mit all meinen Freunden in der Kirche über die neuen Formen der Liturgie, den Volksaltar, über unsere eigene Sprache, die beim Gottesdienst gesprochen wurde.

Viele Dienste durften damals Laien, auch die Frauen übernehmen. Ich wurde Religionslehrerin in meiner Heimatgemeinde, durfte Gottesdienste mitgestalten – aber die schönsten Dienste waren und sind Priestern vorbehalten. Da muss es doch mehr zu erreichen geben!

Als Frau die Priesterweihe anstreben – das tue ich nicht, um Karriere zu machen oder mehr Macht zu haben. Ich möchte den Menschen helfen, dass ihr Leben gelingt, sie Hoffnung finden und Jesu befreiende Botschaft besser verstehen. Ich möchte Jesu

Auftrag »Tut dies zu meinem Andenken« selbst freudig erfüllen und nicht immer darauf warten müssen, dass von irgendwoher ein geweihter Priester-Mann kommt, um Eucharistie zu feiern oder einem kranken Menschen die Krankensalbung zu spenden.

Ausbildungsgruppe
Mitte der Neunzigerjahre fand ich die Zulassung von Frauen zu Weiheämtern als eine der Forderungen in unserem österreichischen Kirchenvolksbegehren, ich unterschrieb ein Anmeldeformular für eine etwaige Priesterinnen-Ausbildung. Von September 1999 bis Mai 2002 bereitete ich mich mit anderen Frauen auf die Priesterinnenweihe vor. Diese unsere Gruppe ist mir eine kleine, liebe Heimat geworden. Mit diesen Frauen verbindet mich eine schöne geschwisterliche Freundschaft; das erinnert mich ein bisschen an die Apostelgeschichte – »die Gemeinde der Gläubigen war ein Herz und eine Seele ...«.
Diese Ausbildung und Vorbereitung auf die Weihe ist verboten, ist unerlaubt – ich verstehe nicht, warum – aber ich bin froh, dass ich das gemacht habe. Schon bei meiner Ausbildung zur Religionslehrerin habe ich mich nicht abschrecken lassen davon, dass es so gut wie keine Anstellungsmöglichkeiten für mich als »diplomierte Laienkatechetin« gab.
Ohne Matura war ich nur als Gasthörerin zugelassen. Erst 16 Jahre nach diesem meinem Diplom wurde ich vom Pfarrer eingeladen, in der Volks- und Hauptschule Religionsunterricht zu geben.
Viele Jahre habe ich gearbeitet, gebetet, Seminare und Kurse besucht, gelernt und gelesen, viel nachgedacht. Ich habe mir immer gewünscht, dass alle Menschen, die sonntags zum Gottesdienst kommen, die ihre Kinder zur Taufe bringen und zum Fest der Erstkommunion, die eine kirchliche Hochzeit wollen und ein kirchliches Begräbnis – dass alle diese Christen in ihrer Pfarrgemeinde Freude, Hoffnung und Trost finden und eine frohe Gemeinschaft erleben. Ich hatte auch die Illusion, dass alle diese Kirchgänger Dienste in der Pfarrei übernehmen wollen, ein Gebet mitgestalten, eine Lesung vortragen. Die meisten scheuen sich,

Verantwortung zu übernehmen, ein Leitungsamt auszuüben. Mir macht es Freude, wenn ich Menschen ermutige, wenn ich Helferin, Trösterin sein kann, wenn ich Fähigkeiten in anderen entdecke und zur Entfaltung bringe, wenn ich den richtigen Menschen zum richtigen Zeitpunkt anspreche, einen Dienst in der Gemeinde zu übernehmen. Bei allen Rückschlägen bin ich nie an einen Punkt gelangt, wo ich mir gesagt hätte, jetzt reicht's mir, ich kann nicht mehr, ich mag nicht mehr. Immer fand ich den Mut, es wieder zu probieren, es besser zu machen als beim ersten Mal, neue Mitarbeiter zu finden.

Ich bin bereit
Fernsehen und Zeitungen haben unsere Absicht, uns weihen zu lassen, nach Abschluss unseres Ausbildungslehrgangs publik gemacht. Es gab wohlwollende Reaktionen ebenso wie Fragen, was ich denn da anstrebe, ob ich meine Kirche verlassen wolle, meinen Glauben verloren habe. Meinen Kritikern sage ich: Ihr braucht keine Angst zu haben davor, dass ich nach meiner Weihe in meiner Heimatpfarre ein Fest – ähnlich den männlichen Primizfeiern – veranstalten oder mich irgendwo in den Vordergrund drängen werde. Mein Leben wird so weitergehen wie bisher. Ich werde weiterhin jene Dienste in der Pfarre tun, die ich bisher schon getan habe – außer man verbietet sie mir. Ich werde auch das aushalten und dann nur noch bei mir zu Hause im »Obergemach« mit jenen singen, beten und feiern, die das wollen und meiner Einladung folgen. Niemand braucht sich davor fürchten, dass ich mich in einen Beichtstuhl setze und Beichte höre und ich werde mir auch nicht anmaßen, den geweihten Priestermann vom Altar zu verdrängen und die Wandlungsworte zu sprechen (welch armselige Bezeichnung für das Tun Jesu beim letzten Abendmahl!). Ich werde auf eine Einladung warten, mit dem Priester zu feiern. Sollte ich beauftragt werden, eine Eucharistiefeier zu leiten, werde ich alle Anwesenden einladen, mit mir gemeinsam die Abendmahlsworte zu sprechen. Dazu will ich eigene, schönere Worte suchen – entsprechend den Anregungen aus dem Buch von Peter

Trummer: »...dass alle eins sind!«. Ich werde auch keinen Anspruch erheben, im Gottesdienst das Evangelium zu verkünden, was jetzt nur dem Priester vorbehalten ist, oder zu predigen. Oft habe ich Abneigung gegen die Form der Evangelienauslegung und der Predigten. Lange schon übe ich mich darin ein, auf nichts einen Anspruch zu haben, kein Anrecht zu haben, auf das ich pochen könnte. Ich weiß, dass ich alles geschenkt bekomme. Zu Predigten oder Bibelauslegungen würde ich verschiedene Menschen einladen – aus Bibelrunden, Jugend- und Firmgruppen, aus Frauen- und Männerkreisen, Ministranten, Jungschar, Seniorenrunden, und natürlich auch den Priester, wenn er da ist.

Ich werde ganz sicher bereit sein, mit Kranken und all jenen, die nicht in die Kirche kommen können, Gottesdienst zu feiern. Ich werde mit ihnen und für sie beten; wir werden uns gegenseitig salben, wie es im Jakobusbrief 5,14 steht: »Ist einer von euch krank, dann rufe er die Ältesten der Gemeinde zu sich. Sie sollen für ihn beten und ihn im Namen des Herrn mit Öl salben.«

Pius Parsch, der große Liturgie-Erneuerer und Apostel für die Bibel, spricht von »Priestern der Kirche«. Aber wer sind diese? Nur jene, die nach dem Kirchenrecht rechtmäßig, erlaubt, gültig geweiht sind? Ob Pius Parsch über das Frauenpriestertum heute nicht anders reden würde als die derzeitigen Kirchenamtspersonen?

Ich werde mich auch wie bisher bemühen, gut zu sein, das Evangelium Jesu so zu leben, wie es mir möglich ist. Ich will Gott loben und preisen für alles, was er an mir schon getan hat, immer noch tut und tun wird. An dieser Freude, die mir mein Glaube schenkt, möchte ich möglichst viele Menschen teilhaben lassen. Wenn ich Jörg Zinks Übersetzung von Matthäus 11, 25–30 lese, überkommen mich Freude und Hoffnung und Trost, und ich werde diese Worte all jenen sagen, die sie brauchen und die sie hören wollen: »Jesus antwortete auf all das, was geschah, mit einem Lobgesang:

Ich preise dich Vater, Herr des Himmels und der Erde, dass du das Geheimnis verborgen hast vor den Weisen und Klugen, die von dir reden, und es denen anvertraut hast, die keine Macht und kein Wissen besitzen. Ja, Vater, so sollte es geschehen, denn es gefiel dir. Alles ist mir in die Hände gegeben von meinem Vater, und niemand kennt den Sohn als allein der Vater. Niemand kennt den Vater als der Sohn allein und die, denen der Sohn ihn zeigt. Kommt her zu mir, die ihr müde seid und ermattet von übermäßiger Last, die ihr seufzt unter harten Geboten und unter der Last eurer Schuld – aufatmen sollt ihr und frei sein. Dient Gott nach meiner Ordnung, ich will sie euch lehren, denn ich herrsche nicht über euch, und Gott ist in mir nahe, liebend und menschlich. Aufatmen sollt ihr, denen Gott ein Tyrann war, denn Gott zu dienen nach meiner Weisung ist schön, und leicht ist die Last, die der Glaube mir nachträgt.«

Diese Stelle ebenso wie das Wort Esras im Buch Nehemia (Neh 8, 10) »Die Freude an Gott ist unsere Kraft« wird mich halten und tragen, auch durch Bedrängnisse, wenn sie kommen.

Apostelgeschichte neu

In der Apostelgeschichte des Neuen Testaments werden Entstehung und Leben der jungen Kirche geschildert. Würden wir die Geschichte der Kirche im 21. Jahrhundert niederschreiben, würde das nicht ähnlich wunderbar und aufregend werden?

Apg 10, 44–48: »Während Petrus sprach, kam der Heilige Geist auf alle herab, die ihm zuhörten. Die Gläubigen jüdischer Herkunft, die mit Petrus aus Joppe gekommen waren, gerieten außer sich vor Staunen, dass Gott auch den Nichtjuden seinen Geist schenkte. Sie hörten nämlich, wie die Versammelten in unbekannten Sprachen redeten und Gott priesen.

Petrus aber sagte: Diese Leute werden genauso wie wir vom Heiligen Geist erfüllt. Wer kann ihnen dann die Taufe verweigern? Und er befahl, sie auf den Namen Jesu Christi zu taufen. Danach baten sie ihn, noch ein paar Tage bei ihnen zu bleiben.«

Und weiter, in der Apostelgeschichte 11, 15–18 – die Reaktion der anderen Apostel in Jerusalem, als Petrus ihnen erzählte, was sich in Cäsarea beim römischen Hauptmann Cornelius zugetragen hatte: »... ich hatte kaum begonnen, zu ihnen zu sprechen, da kam der Heilige Geist auf sie herab, genau wie damals auf uns. Da fiel mir ein, dass der Herr gesagt hatte: Johannes hat mit Wasser getauft, aber ihr werdet mit dem Geist Gottes getauft werden. Es ist klar: Gott hat ihnen das gleiche Geschenk gegeben wie uns, nachdem sie genau wie wir Jesus Christus als ihren Herrn angenommen hatten. Mit welchem Recht hätte ich mich da Gott in den Weg stellen können? Als die Apostel und die anderen Gläubigen in Jerusalem das hörten, gaben sie ihren Widerstand auf. Sie priesen Gott und sagten: Also hat Gott auch den Nichtjuden die Möglichkeit gegeben, zu ihm umzukehren und das wahre Leben zu gewinnen.«

Gisela Forster
In Gottes sanfte Hände eingebettet

Warum weihen ...
Warum in dieser Kirche ...
Warum römisch-katholisch ...
Warum gerade ich ...
Warum überhaupt ...

Sollen wir Frauen uns weihen lassen? Sollen wir nicht einfach zusehen, wie Kirche offenbar gedankenlos dahinschlitternd das 3. Jahrtausend beginnt?
Wäre es nicht besser, dass wir schweigen, angesichts der Missstände und Fehlentwicklungen in der Amtskirche? Ist es nicht eher unsere Aufgabe, weiterhin tatenlos, ohnmächtig und abwartend zu verharren? Sollten wir eine Kirche nicht einfach gewähren lassen, die in ihren eigenen Reihen keine Kraft findet, dringend notwendige Reformen zu beginnen, eine Kirche, die über problematische Gebiete Diskussionsverbote verhängt und so jedes Eingehen auf die aktuellen Bedürfnisse der Menschen verhindert? Haben

nicht Inquisition, Hexenverbrennung, »Heilige Kriege« und die Glaubensschlachten, die bis zum heutigen Tage anhalten, das System Kirche als absurd, als nicht lebbar bewiesen?
Müssen wir Frauen uns weihen lassen? Vielleicht gerade deswegen, weil wir ein Interesse an Kirche haben, weil wir Kirche nicht als jahrhundertealtes Versagergebilde, sondern als für das Verständnis des menschlichen Lebens notwendig ansehen.
Als Kunsthistorikerin gleiten die Bilder von Christenschlachten täglich durch meine Finger, blutige Jesus-Christus-Darstellungen lassen mich vermuten, dass die Farbe ROT als »rotes Blut« nicht nur auf der Leinwand, sondern auch in den Köpfen vieler begeisterter Christenschlachtenanhänger kreist. Genau betrachtet scheint die Überhöhung und Überbedeutung der Begriffe Kreuz, Leid und Qual in den Worten der Kirche, die Bevorzugung der »Leidenswörter« gegenüber den »Frohbotschaften« symptomatisch für eine Kirche zu sein, die sich mehr am Elend als an der hoffnungsvollen Zukunftsvision eines Jesus Christus erfreuen will.
Und doch: Es gibt einen Grundgedanken in der Kirche und dieser Grundgedanke überzeugt auch heute noch: Die Botschaft, dass das menschliche Leben in die sanften und wissenden Hände eines Gottes eingebettet ist. Es gibt jemand, der mit seinem Wissen und Wollen daran interessiert ist, dass *jeder* Mensch auf Erden existiert, lebendige Wesen sie bevölkern, um mit Wissen und Können, Talenten und Neigungen, Liebesfähigkeit, Handlungsbereitschaft und Begabungen im Einklang mit ihrem Gewissen zu wandeln und zu handeln – diese Botschaft ist es wert, nicht aufgegeben zu werden und das Nachdenken herauszufordern.
Wir Menschen haben so wenig, kaum Sicherheit. Alles um uns herum ist ein Rätsel. Der Tod ist nicht begreifbar, das Leben nicht kalkulierbar, die Vergangenheit unbewältigt, die Gegenwart unfassbar, die Zukunft uns entzogen. Was haben wir Menschen angesichts dieser Unklarheiten und Unsicherheiten anderes als ein übersteigendes Denken, ausgerichtet auf ein unendliches, übergreifendes Wesen, eine andere Entität ...? Wohin sollen wir denken, wenn wir die Beschränktheit des menschlichen Vorstellungsver-

mögens wahrnehmen? Sollen wir uns auf das Nichts zubewegen ... auf das siegende »Böse« ... auf Gleichgültigkeit und Abhängigkeit ... auf Fremdbestimmung und Uniformität oder auf einen alles in der Hand haltenden Gott?

Gewiss: Niemand zwingt uns zu denken, niemand nötigt uns, an Gott zu glauben oder eine Theologie zu entwickeln. Hunderte Menschen vor uns haben bewiesen: Es ist möglich, so wie es von der überwiegenden Zahl der Menschen praktiziert wird, allein mit dem Zustand zufrieden zu sein, dass die *eigene* Wohnung warm ist, der Lieblingssessel Bequemlichkeit verschafft, die Erdnüsse und der Whisky auf dem Tisch zum Genuss bereit stehen, dass es Gesetze gibt, die sich gegen Menschengruppen richten und die akzeptiert werden müssen.

Niemand zwingt uns weiterzudenken. Wir können uns immer entschuldigen: Es wird schon jemand geben, der verantwortlich ist … Es zwingt uns auch niemand, selbst nachzudenken. Es geht doch auch, dass man bei allem, was zur Positionsbestimmung ansteht, andere entscheiden lässt, andere die Ziele vorgeben, andere den eigenen Tag und den Ablauf des eigenen Lebens bestimmen. Geradezu als entspannend empfinden es viele, wenn sie rundherum fremdbestimmt sind ...

Wie erfüllend auch, in der Rolle der Helfenden, der 24-Stunden-Samariterin aufzugehen, die eigene Wichtigkeit als die Entschuldigung für jegliche eigene Gedankenaktivität zu sehen und sich im Wohlgefühl der Hilfsbereitschaft zu suhlen. Helfen reicht: Denken ist nicht notwendig!

Doch: Warum selbst denken, tätig werden, das Leben und die Entscheidungen selbst in die Hand nehmen? Die Bequemlichkeit sagt uns doch, dass am Ende alles genauso ist wie am Anfang. Warum sich dem oft mühsamen, aufwändigen Prozess des Lebens unterwerfen?

Oder ist das *Dasein* allein doch zu wenig?

Ist es zu wenig, wenn eine Kirche glaubt, der Mensch müsse nur irgendwie das Erdendasein »überleben«? Müssen wir nicht als Menschen gefordert, als Handelnde erwünscht sein? Sollten wir nicht gestalten, wirken für andere, für uns? Vielleicht im Einklang mit uns durch die tägliche Auseinandersetzung mit unserem Gewissen, durch die Reflexion über unser Handeln und der kritischen Betrachtung unseres Lebensweges ... durch einen bewussten Denkprozess über den Sinn und die Aufgabe des Lebensablaufes?

Ist es nicht zu wenig, dass es uns nur genügen soll, so wie die Kirche es oft von uns will, dass wir »sündig geboren werden«, »sündig handeln«, ständig »erlöst«, »sündenvergebend« dahingleiten, bis der Leib zerfällt und die Seele dem »Gericht Gottes« ausgeliefert wird? Oder müssen wir das Denken über das Leben nicht doch weiträumiger und selbstverantwortlicher ansetzen? Geht es im Leben vielleicht gar nicht darum, dass wir als »Einzelne siegen« und »die Besten« und »Paradiesanwärter« sind, sondern geht es vielleicht um ein metaphysisches Geschehen mit weit größeren Dimensionen, als es die Kirche mit ihrer oft einfältigen Interpretation der Geschichte und der Geschehnisse zulässt?

Wir Menschen sind in unserem Denken begrenzt. Wir können aus Gegebenem Rückschlüsse ziehen und folgern, aber letztlich können wir die Zusammenhänge und Gesetze der Welt nur bis zu bestimmten Grenzen überschauen, dann entzieht sich uns alles in nebulöser Unerkennbarkeit. Dass wir aber nicht alles denken können, sollte uns nicht dazu verleiten, passiv zu bleiben, das Denken zu verhindern, uns gegen Visionen zu wehren, aufzugeben. Vielmehr sollten wir die Logiken der Naturwissenschaften bis zu dem Punkt zu begreifen versuchen, bis zu dem sie schlüssig sind, die Sprache bis zu den Wortzusammenhängen gebrauchen, die wir verstehen können, die Philosophie in alle jene Windungen und Visionen ergründen, bis die Logik keine weiteren Gedanken mehr zulässt, und die Religion da ansetzen lassen, wo die Philosophie schweigt.

Das Problem der gegenwärtigen Religionssysteme, gerade der westlichen ist, dass viel zu schnell, zu früh und zu banal begonnen wird, sich in das Leben der einzelnen Menschen »einzumischen«, zu »diktieren«, zu »bestimmen«, »vorzuschreiben« und im wei-

teren unter grober Überschätzung der eigenen Aufgaben zu »befehlen«, zu »strafen«, zu »verdammen«, »in die Hölle zu stoßen«.
Kirchen praktizieren und verteidigen Ausgrenzungen und Foltermethoden, als hätten sie nie die Bibel gelesen und nie die Worte Jesu Christi gehört: Du sollst nicht richten. Amtsträger erlassen »Diskussionsverbote« und verhängen »Geschlechterausgrenzungen«, als hätten sie nicht begriffen, wie sprachtolerant Jesus Christus auf die Menschen zuging und wie sehr er die Frauen schätzte. Psychopathische Geistliche verfangen sich in Phantasiegebilden über Sexualität, Empfängnisverhütung, Kondom-Ängste und treiben damit Völker in den Aidstod. Pädophile finden in den Kirchengemäuern Schutzräume für ihre jugendzerstörenden Phantasien, »schmutzige Frauenleiber« geistern in den Köpfen der Kleriker, als wäre diese Fixierung auf den Unterleib ein Wesensmerkmal des Christentums, als gäbe es nichts Wichtigeres in dieser Kirche, als das Kreisen um die Sinnlichkeit der Menschen.
Weltherrscher neigen erneut dazu, »Heilige Kriege« auszurufen und »Achsen des Bösen« zu sehen, als hätten sie niemals von der Botschaft der Gewaltlosigkeit des Christentums gehört.
Es gilt zu sehen, zu erkennen und zu reagieren.
Wir Frauen innerhalb der katholischen Kirche, die wir uns für das Amt der Priesterin bewerben, halten die Augen offen, gehen keinem Tabu aus dem Weg, schauen kritisch in die Philosophie und Religion der Gegenwart, tragen keine »Kirchenschädigungen« oder »ekklesiogenen Neurosen« vor uns her, weichen keinem Dialog aus, scheuen keinen Konflikt und vor allem: Wir fürchten uns nicht vor dem Teil der Kirche, der uns jeden Dialog und jede Anerkennung verweigert.
Wir sehen den eklatanten, selbst verschuldeten Priestermangel in der römisch-katholischen Kirche, erkennen ebenso klar wie fassungslos, wie grausam die römisch-katholische Kirche mit Menschen in ihren eigenen Reihen umgeht, wie sie verheiratete Priester niederdrückt, die nichts anderes »anstellen«, als absurde Gesetze beiseite zu lassen. Wir sehen die Unterdrückung der katholischen Nonnen, die in Abhängigkeit von Männerherrschern

gehalten werden. Wir sehen die Kluft zwischen politischen Demokratien, welche die Gleichberechtigung der Frauen gesetzlich garantieren und die Missachtung der Frau überwunden haben, und einer rückständigen katholischen Kirche, welche die eine Hälfte der Menschheit untere die andere stellt. Wir sehen, dass die Gleichwertigkeit der Frauen den Staaten und Gemeinschaften nutzt: Frauen haben den Parlamenten nicht geschadet, sie haben Gremien belebt, sie leisten wertvolle wissenschaftliche und menschliche Beiträge, sie bringen Kommunikationsbewusstsein und Nähe zu den Menschen, den Kindern, den alten Menschen. Die Kirche soll und wird auf sie im beginnenden 3. Jahrtausend nicht mehr verzichten dürfen.

Das klingt wie eine Selbstverständlichkeit. Aber ich sehe schon den Klerus aufstehen und lamentieren: Aber ihr dürft doch – im Pfarrgemeinderat, beim Kommunionausteilen, bei der Lesung, beim Blumenschmuck, bei der Raumreinigung ... . Frauenverbände werden, wie zuletzt schon geschehen, rufen: Es reicht doch, wenn ihr Mütter seid, so wie Maria die Mutter Jesus Christi war! Nein, antworten wir: Es reicht uns in unserer heutigen Welt nicht, eine »Maria zu sein«, die nur für ihren Sohn aufgeht. Es ist doch diese verzerrt dargestellte Mariengestalt, die viele Frauen vom Denken abhielt und immer noch abhält, weil sie ihre Erfüllung nur noch in der Geburt ihres eigenen Sohnes sahen und sehen, weil sie ihre Knaben vergötterten, diese zu Priestern erzogen, um sie »Gott zu schenken«. Viele Priester und viele Ordensgeistliche »verdanken« ihre »Berufung« dem Gelübde einer in ihrer Sohngebärfreudigkeit aufgehenden, überzogenen »Mutterliebe«, die den Sohn als eigenständiges, geschlechtliches Wesen nicht zulassen kann. Vieles aus der verqueren katholischen Sexualmoral hat seinen Ursprung in der Reduktion der Persönlichkeit der Frau auf eine gebärmutterfixierte Mutter, deren einzige Aufgabe es ist, »Erlöser« auf die Welt zu bringen. Kein Wunder, dass die Kirche auf diese Handlungen fixiert, die Frau immerzu als »geistloses« Wesen sieht und ihr außer Sexualität keine Fähigkeiten zugesteht. Frauen, die ein angesehenes Amt in der katholischen Kirche ausüben wollen, werden aus der Mutterfigur Maria rausschlüpfen – hin zu einer partnerschaftlichen gleichberechtigten Person, die neben dem Mann der Kirche steht, nicht darunter, nicht darüber, nicht erhöht, nicht geknechtet, nicht nur »empfangend«, sondern mitgestaltend und vor allem mitredend, nicht länger Weib, starr und bewegungslos, ein lustloses Wesen, unter dem Mann liegend, sondern Frau mit dem Mann gleichwertig am Tisch sitzend: Mitdenkend, mitentscheidend und mithandelnd.

Wir Frauen, die wir am 29. Juni 2002 zur ersten Priesterinnenweihe in Deutschland und Österreich starten, sind Frauen, deren Leben nicht fern der Kirche, sondern in der Kirche ablief: Religionslehrerinnen, Theologinnen, Philosophinnen, Nonnen, Hospizmitarbeiterinnen, Kirchenangestellte. Jede von uns hat eine »kirchliche Vergangenheit«. In die Ausbildungskurse wurden nur Frauen aufgenommen, die seit Jahren im Pastoralbereich, bei der Betreuung von Menschen und im Wissenschaftsbereich der Kirchen arbeiten. Kirche war uns, als wir uns vor drei Jahren zu Beginn der Ausbildungskurse trafen, nicht fremd. Der »Dienst in der Kirche« hatte für viele von uns schon vor Jahrzehnten begonnen, wenn auch nebenberuflich, an der Schwelle, ohne großes Aufsehen. Alle Themen der Ausbildung waren uns bekannt, mit Dozenten und Dozentinnen aus der katholischen Wissenschaft wurden sie vertieft, es wurde übernommen, ebenso wie gezwefelt, es wurde begrüßt, wie abgelehnt, es wurden Lösungen gefunden oder es wurde im Zweifel verharrt.

Mein persönlicher Lebensweg bis zum 29. Juni 2002 sieht so aus: Geboren in München am 27. März 1946 in ein katholisches Elternhaus, eher liberal als fanatisch, eher distanziert als fundamentalistisch, eher kritisch, als geistlos fromm.

Mit Kirche hatte ich durchweg freudvolle Erfahrungen: Schöne Räume, bewegende Lieder, wunderbare Prozessionen, ergreifende kirchliche Hochämter, stille lange Gebetsstunden in kalten dunklen Kirchenräumen, viel Gemeinschaft, viel Kommunikation. Eine Jugend bei den evangelischen Pfadfinderinnen: Lager, Abendgebete, Besinnungen, Hinterfragen, Reden, Reisen zum evangelischen Weltkongress in Helsinki, Finnland. Erlebnis großer Gemeinschaft. Teilnahme am katholischen Weltkongress in München, ebenso schön, wie der evangelische, dazu Freude an den Worten des Papstes Johannes XXIII., der die Kirche zum Thema für *alle* Menschen, auch der Jugend machte. Immer ein mieser Religionsunterricht in den Schulen, der aber zumindest keinerlei religiösen Fanatismus hinterließ, sondern eher eine Gelassenheit gegenüber den großen Themen – meistens sprachen wir über etwas anderes, als die Religion, und das war gut so.

Nach dem Abitur 1966 nach langem Überlegen kein Theologiestudium, da nur die unattraktivsten und unerotischsten Mädchen und Knaben der Schule Theologie studierten. Stattdessen Philosophie, Pädagogik, Kunst: Bildhauerei an der Akademie der bildenden Künste in München, Bildhauerei, die sich intensiv mit dem Menschen, seinem Erscheinungsbild, seinem Ausdruck, seiner Mimik und Gestik beschäftigt. 4 Jahre täglich Aktmodellieren: Ergründen der Bewegungen und Wirkungen des Menschen. Gleichzeitig volle Teilnahme an der 68er Revolution an den bayerischen Hochschulen: Täglich nach dem Aktmodellieren Demozüge durch die Landeshauptstadt auf der Ludwigsstraße zum Stachus, Sitzblockaden; Reden, endlose Nachtdiskussionen, Widerstand, Selbstbehauptung, Durchsetzung, Veränderung, Mut zum eigenen Denken. Ankratzen der politischen Hierarchien ebenso wie der kirchlichen Absolutismen. Aus Protest über verstaubte Politik Demos mit den verstaubten Talaren (»Unter den Talaren der Staub von 1000 Jahren«) und gegen die Kirchenpolitik. Weihnachtsfest mit geliehenen Roben und selbst gedichteten Versen im Juli 1969 im Foyer und der Aula der Kunstakademie München. Mit 24 Jahren Abschluss des Kunststudiums mit dem ersten Staatsexamen, Referendarszeit, 2. Staatsexamen. Gleichzeitig Studium von Architektur und Städtebau an der Technischen Universität München, Abschluss Dipl. Ing. (UNI) mit 27 Jahren. Beginn als Gymnasiallehrkraft an einem katholischen Klostergymnasium mit einer zauberhaften südbayerischen Barockkirche und einem lebenslustigen, freundlichen, dynamischen Konvent, einem modernen kritischen und selbstbewussten Abt, einer engagierten, weitdenkenden weltlichen Lehrerschaft und vielen begeisterten Jugendlichen. Kirche von der schönsten und besten Seite: tolerant, intelligent, froh, ausstrahlend und gleichzeitig tief gläubig. Bis 1980 Geburt von 3 Kindern – 2 Söhne, eine Tochter: Magnus, Thomas und Gabriele. Der Erste, Sohn von einem Architekten; die Jüngeren, Kinder von einem katholischen Priester. Selbst: Alleinerziehende begeisterte Mutter, engagierte Pädagogin, bewusste Kirchgängerin.

1989 fristlose Kündigung durch die katholische Kirche nach 17 Dienstjahren ohne Beanstandung, weil der Priester sagte, dass er der Vater der beiden jüngeren Kinder sei – Arbeitsprozess bis hin zum Verfassungsgericht, bei dem der Richter die Billigung der Kündigung damit begründete, dass die Kinder (des Priesters) aus einem »kirchlich zu missbilligenden Konkubinat« stammten. Flucht aus der Kirche, Verweigerung der Alimente für die Priesterkinder trotz »Titels« des Amtsgerichtes. Standesamtliche Ehe mit der Folge des Rausschmisses des Vaters der Kinder (eo ipso= durch die sündige Tat, eben weil er sich zu seinen Kindern bekannt hatte). Arbeitslos, ohne Einkommen für die Versorgung der drei minderjährigen Kinder. Neubeginn als Pflegefachkraft, Stationsleitung in der Kranken- und Altenpflege, Ausbildung zur Pflegedienstleitung bei den Anthroposophen, Leitung einer Alzheimerpatientenstation, physische und psychische Betreuung am Krankenbett, Sterbebegleitung. Wegen Priestermangels Übernahme der kirchlichen Handlungen an den Betten todkranker Menschen, Leitung und Durchführung von Beerdigungen. Dann große Existenzbelastungen: Krankheit des Partners, schwerste Erkrankung des Sohnes Thomas, Tag und Nacht am Bett des Kindes, 1 Jahr Krankenhausaufenthalt. 1997 Heilung des Kindes.

Beginn des Philosophiestudiums. Promotion zum Dr. phil. 1998 in den Fächern Philosophie, Religionsphilosophie, buddhistische Kunstgeschichte und Kunstdidaktik.

1998 Beginn des Ausbildungskurses für Weiheämter in der

katholischen Kirche. Ende 2001 Prüfung bei katholischen Professoren und Theologen für die Befähigung zur Weihe. Weihetermin: 29. Juni 2002.

Zukunftsvisionen: Arbeit in der Wissenschaft der katholischen Lehre, Erarbeiten neuer Denkformen im System der christlichen Kirche. Ökumenisches gleichberechtigtes, achtungsvolles Miteinander aller christlichen Kirchen, Übernahme positiver Aussagen aus den anderen Kirchen, Erhaltung des Gesamtkunstwerks der Kirchenbauten, der Kirchenmusik, Erneuerung der Kirchensprache, Reformen durchsetzen.

Mein Leben: Ein Leben in Bewegung, so sehe ich es, mit kaum zu bewältigenden Tiefen, aber dem immer gegenwärtigen Bewusstsein, dass eigenes Handeln gefordert ist, damit das Leben nicht das irgendeines Menschen ist, sondern ein persönliches. Ich freue mich auf die Weihe im Hinblick auf die gesamte Kirche und mit dem Blick auf mich selbst. Ich werde nicht erhöht, nicht besser, nicht erkoren und nicht herausgehoben, sondern eher noch näher an der Erde, der Materie, der Basis sein: Priestertum ist keine Heraushebung, sondern ein Dienst, im Bewusstsein der Vergänglichkeit der Welt und der Ewigkeit des Menschen.

Iris Müller
Kampf für die Gleichberechtigung der Frau

Meine Kindheit verlebte ich in der ehemaligen DDR in Magdeburg, wo ich am 11. 09. 1930 geboren wurde. Magdeburg ist eine mittlere Industriestadt, von Haus aus vorwiegend evangelisch geprägt, aber seit dem 19./20. Jh. stark säkularisiert. Ich wuchs als Einzelkind auf, meine Eltern gehörten zwar der evangelischen Kirche an und standen ihr auch nicht ablehnend gegenüber, waren aber auch keine so genannten Kirchgänger. Als uns Schulkindern aufgrund der Nazi-Ideologie nahe gelegt wurde, aus der Kirche auszutreten, lehnten meine Eltern einen solchen Schritt dezidiert ab.

Religionsunterricht fand während meiner Schulzeit nur noch sporadisch statt. Ich erinnere mich an solchen Unterricht in der ersten Volksschulklasse, er hinterließ einen tieferen Eindruck auf mich, so dass ich davon zu Hause und anlässlich von Familientreffen erzählte. Ich fühlte aber, dass die Erwachsenen diese Informationen als »Erzählungen eines Kindes« betrachteten und nicht ernst nahmen.

Ab 1942 wurden die jüngeren Jahrgänge der Oberschule aus größeren Städten wegen des stärker werdenden Bombenkrieges in sog. Kinderlandverschickungslager gebracht, die von der Nazi-Partei eingerichtet worden waren. Entsprechend stark war die Indoktrination während des »Dienstes«, der erhebliche Zeit neben einem kriegsbedingt verkürzten Schulunterricht einnahm. Meine Schulklasse war in das Harzstädtchen Wernigerode geschickt worden, dort besuchte ich den evangelischen Vorkonfirmanden-Unterricht bei dem zuständigen Pfarrer. Ich war eine interessierte Schülerin.

Während der Jahre 1943/1944 hatte ich ein religiöses Schlüssel-Erlebnis: Eine Mitschülerin (selbst nicht katholisch) erzählte mir – in der Form eines jugendlichen Abenteuerberichtes – von ihrer Evakuierungszeit im katholischen Rheinland und ihrer dortigen Begegnung mit Katholiken. Um ihre Erzählungen zu untermauern, bat sie mich, einmal gemeinsam mit ihr einen katholischen Gottesdienst zu besuchen. Ich willigte sofort ein. Ein solches Unternehmen fiel in die Zeit meiner »ersten philosophischen Versuche«; ich war ein außerordentlich nach Wahrheit suchender junger Mensch. Meine Lieblingslektüre waren die Reiseberichte des schwedischen Forschers Sven Hedin, seine Beschreibungen tibetischer Klöster und buddhistischer Frömmigkeit beeindruckten mich tief.

Wir beiden abenteuerlustigen Mädchen besuchten einen katholischen Sonntagsgottesdienst. Dort sah ich ein ganz anderes liturgisches Geschehen am Altar und ein anderes Verhalten der Gottesdienstbesucherinnen und -besucher, als ich es in einem evangelischen Gemeindegottesdienst gewöhnt war. Obwohl mir alles sehr fremd war und ich das Geschehen überhaupt nicht verstand, fühlte ich mich, wie von einer Macht getrieben, dazu veranlasst, mich hinzuknien. Ich empfand eine mir sonst unbekannte Ergriffenheit, die mich von dieser Stunde an nie mehr losließ. Von da an spürte ich oftmals den Wunsch, diese Gottesdienstbesuche zu wiederholen, allerdings hatte ich aber auch eine gewisse Scheu, in der katholischen Kirche etwas falsch zu machen und mich auf diese Weise als Nichtkatholikin erkennen zu geben.

Nach einem Gottesdienst fragte eine Ordensschwester uns Kinder, aus welcher Pfarrei wir kämen. Ganz schüchtern und leise sagte ich, ich sei überhaupt nicht katholisch. Sofort war ich für die Nonne »Luft«, sie würdigte mich keines Blickes mehr. Ich fühlte mich getroffen und unangenehm berührt. Während meiner letzten Schuljahre in der Oberschule – nun wieder in Magdeburg, inzwischen war nach dem Kriege die »DDR« entstanden – stand für mich fest, dass ich Theologie studieren wollte, allerdings ließ mich die Frage nach dem Phänomen Katholizismus nicht mehr los. Ich hoffte durch das Theologie-Studium mehr Klarheit darüber gewinnen zu können. Den Entstehungsprozess der DDR beobachtete ich sehr kritisch, ich äußerte vor allem im Geschichtsunterricht meine Bedenken und Einwände gegen die neue Staatsdoktrin und bezeichnete die entstehende DDR als eine Einparteiendiktatur – Äußerungen, die für mich schwere Folgen haben sollten.

In einer Magdeburger Kirche besuchte ich den Gottesdienst einer »Vikarin« (damals bekleideten Frauen in der evangelischen Kirche noch kein volles Pfarramt), und so sah ich zum ersten Mal eine Frau auf der Kanzel – ein beeindruckendes Erlebnis für mich.

Während meiner letzten Schuljahre in der Oberschule suchte ich oftmals meinen evangelischen Gemeindepfarrer auf, um »philosophische« und »theologische« Gespräche zu führen (in Ermangelung meines Vaters, der in der Kriegsgefangenschaft verstorben war). Mein Verhalten war für ein junges Mädchen in der damaligen Zeit völlig ungewöhnlich, daher geriet ich in schwere Rollenkonflikte, denn ich erkannte, dass Frauen in der Gesellschaft unterprivilegiert und abgewertet waren, mit ihnen verband »man(n)« fast ausschließlich das Aufgehen in Haushalt und Familie.

Im Jahr 1950, kurz vor meinem Abitur, hatte sich die DDR so weit gefestigt, dass vor allem im Schulwesen alle »regimefeindlichen Kräfte« unter den Schülerinnen und Schülern, aber auch aus den Reihen der Lehrpersonen entlassen wurden. Auch ich fiel aufgrund meiner regimekritischen Äußerungen im Unterricht der so genannten »Säuberungswelle« zum Opfer.

In West-Berlin hatte sich eine Schule bereit erklärt, den entlassenen Schülerinnen und Schülern das Abitur-Examen zu ermöglichen. Ich machte in dieser Schule mein Abitur, zumal West-Berlin damals für DDR-Bewohnerinnen und -bewohner noch problemlos zu erreichen war. Nach meinem Abitur-Examen kehrte ich aus familiären Gründen wieder in meine Heimat zurück; andere Schülerinnen und Schüler verließen dagegen mit ihren Familien nach dem Examen die DDR.

Ab 1950 begann ich ein evangelisches Theologiestudium in Naumbug/Saale, in einer kirchlichen Einrichtung für solche Studenten, die aus politischen Gründen keine Universität besuchen durften. Während der ersten Semester meines evangelischen Theologiestudiums zeigte sich bei mir immer stärker ein Interesse an Mystik und an religiösen Orden. Seit 1955 setzte ich mein Studium an der Martin Luther-Universität Halle/Saale fort. Dies war aufgrund einer gewissen Lockerung der Verhältnisse in der DDR als Folge des Besuchs Chruschtschows in den USA möglich geworden. Während meines Studiums in Halle besuchte ich öfter die nahe an den Franckeschen Stiftungen, wo ich wohnte, gelegene kath. Propstei-Kirche. Es ergaben sich, außer zu dem Propst, auch Kontakte zu einem Studentenpfarrer (Jesuit), mit dem ich religionsphilosophische Gespräche führte.

Im Januar 1956 verstarb meine Mutter, ich verlor damit meine engere Familie und blieb allein übrig. Meine Großmutter verstarb im Jahr 1954, von der Familie lebte damit nur noch mein Onkel mütterlicherseits, dessen Ehe kinderlos war. Dieser Onkel stand mir von frühester Kindheit an sehr nahe.

Ein besonderes religiöses Erlebnis bedeutete für mich der Probegottesdienst mit Predigt, den alle Theologiestudent/inn/en vor dem Abschlussexamen in der evangelischen Kapelle der Universität Halle halten mussten. Ich war tief beeindruckt von dem Sinn des Theologiestudiums, das zur Übernahme eines Pfarramtes führte. Ich versuchte vergeblich, den Propst zur Teilnahme an einem solchen Probegottesdienst zu bewegen, damit er sich selbst überzeugen sollte, dass wir evangelische Theologiestudentinnen gleichberechtigt den Beruf des Pfarrers/Pfarrerin in unserer Landeskirche anstreben konnten.

Nach Abschluss des Diploms an der Martin-Luther-Universität in Halle/Saale konvertierte ich im Jahr 1958 zur kath. Kirche. Der Propst gestaltete diesen Akt besonders feierlich. Die berufliche Konsequenz, welche die Konversion für mich als Theologin nach sich zog, war allerdings katastrophal: Ich fiel als Frau unter die Bestimmungen des katholischen Kirchenrechts. Ich war nun gemäß can. 968 § 1, CIC/1917 (can. 1024 CIC/1983) ein weiheunfähiges Geschöpf geworden und sollte auf katholischer Seite von meiner Frage nach der Frauenordination Abstand nehmen. Ich litt schwer unter der Spannung, dass die katholische Umgebung (Priester und Laien) von mir verlangte, meinen Beruf zur Pastorin als erloschen zu betrachten und zu bestätigen, dass das »weibliche Wesen« einen solchen Beruf unmöglich mache. Als katholische Frau (in den Augen der Katholiken war ich keine Theologin, Theologen konnten nur Männer sein!) sollte ich die Stellung und Wertung der Frau in der katholischen Kirche als »gottgewollt« und damit als der Schöpfung gemäß akzeptieren. Konnte ich das nicht, sollte ich die katholische Glaubensgemeinschaft wieder verlassen, so wurde mir zu verstehen gegeben.

Der Übertritt zur katholischen Kirche in der DDR hatte für mich als nunmehr katholische Theologin völlige Existenzlosigkeit zur Folge. Als Frau war für mich ein Zweitstudium an der einzigen Ausbildungsstätte für katholische Theologie, am Erfurter Priesterseminar, unmöglich: eine erste Kontaktaufnahme (noch kurz vor meiner Konversion) und Darlegung des Konflikts, den eine Konversion für mich als Theologin nach sich ziehen würde, löste bei dem dort lehrenden Professor für neutestamentliche Exegese, Prof. Schürmann, nur Erheiterung aus, vermischt mit Spott. Ich begriff, dass ich in seinen Augen nicht als ernst zu nehmender Mensch betrachtet wurde. Eine junge Frau war nach seinem Verständnis anscheinend allenfalls zum Amüsement da.

Da man mir auf katholischer Seite keine beruflichen Chancen aufzeigen konnte, die meiner Ausbildung und beruflichen Ausrichtung auf evangelischer Seite Rechnung trugen, geriet ich in schwere existentielle Bedrängnisse, die ich aber meinem Onkel gegenüber verschwieg, weil er meinen Übertritt zur katholischen Kirche mit solchen Folgen nicht hätte tolerieren können. Mein evangelischer Gemeindepfarrer, die Gemeindeschwester meiner Heimatkirche und meine Lehrerin, die ich als evangelische Theologiestudentin oftmals in den Ferien besucht hatte, brachen den Kontakt zu mir ab. Meine existentielle Lage spitzte sich derartig zu, dass ich mich zur Flucht aus meiner Heimat entschließen musste. Der katholische Studentenpfarrer und Jesuitenpater aus Halle gab mir in dieser Notlage eine gewisse Hilfestellung: Ich sollte in West-Berlin das Jesuiten-Kolleg in Charlottenburg aufsuchen, von dort aus wollte er mir dann weiterhelfen. Im Herbst 1959 verließ ich die DDR als Flüchtling. Nach einem Kurzaufenthalt im Jesuitenkolleg in Berlin-Charlottenburg strebte ich das Notaufnahme-Verfahren in Berlin-Marienfelde an. Im Oktober 1959 wurde ich nach Westdeutschland ausgeflogen.

In einer Gesellschaft, die mir völlig fremd war, musste ich nun als mittellose, alleinstehende katholische Theologin versuchen, einen existentiellen Neuanfang zu machen. Nach großen Schwierigkeiten gelang es mir mit Hilfe von Lehrerinnen aus dem katholischen Lehrerinnen-Verband, ab April 1960 an der Fakultät für katholische Theologie der Universität Münster/Westf. ein Zweitstudium aufzunehmen. Meine finanzielle Startbasis waren das Honnefer-Modell (ein kleines Stipendium) und gelegentliche Zuwendungen von mir bekannten Lehrerinnen aus dem kath. Lehrerinnen-Verband.

Auch die mir in Westdeutschland inzwischen bekannten Frauen und Männer verlangten von mir, dass ich mich so schnell wie möglich um eine bürgerliche Existenz als Lehrerin bemühen solle; meine Frage nach der Frauenordination in der kath. Kirche taten sie als »absurde Marotte« ab, die in ihren Augen nur aus meiner ungesicherten Existenz resultieren konnte.

Was ich in den Vorlesungen zur Wertung der Frau hörte – darüber wurde vor allem in Dogmatik und in der Moraltheologie gesprochen –, empfand ich als schockierend. Ich suchte daher den damaligen Professor für Ökumenische Theologie auf: Prof. Dr. Hermann Volk. Die Antwort, die er mir auf meine Frage gab, weshalb Frauen in der katholischen Kirche nicht ordiniert werden können, erschütterte mich tief. Er argumentierte: Da der Mann keine Kinder gebären könne, habe er als Ausgleich dafür das Privileg, an den Altar treten zu dürfen, die Frau habe dagegen das Privileg der Mutterschaft!

Im Laufe meines Zweitstudiums stieg meine innere Spannung immer mehr: Einerseits fühlte ich, dass mein geistlicher Beruf auf katholischer Seite nicht erloschen war, andererseits verlangte die katholische Umgebung von mir, ich solle die Wertung und Stellung der Frau in der katholischen Kirche unhinterfragt akzeptieren und endlich den Lehrerinnenberuf anstreben, der mir eine existentielle Absicherung bieten könne. Da ich mich als katholische Theologin verstand, suchte ich dringend nach einem geistlichen Ort in der Kirche; ein bürgerlicher Beruf konnte mir nicht den Ausweg aus meiner Misere bieten.

Nach Kontakten mit dem Benediktinerinnen-Kloster in Eibingen erkannte ich, dass für mich ein Leben in einem weiblichen Orden nur möglich war, wenn ich das kirchliche Bild vom Wesen der Frau bedingungs- und kritiklos übernehmen würde. Ein kritisches Hinterfragen dieses Wesensbildes war nicht möglich, das gaben mir die Nonnen, die im Besuchszimmer hinter einem großen Gitter mit mir sprachen, deutlich zu verstehen: Ihrer Überzeugung nach konnte eine Frau in der katholischen Kirche nur eine geistliche Brautschaft verkörpern, was durch den Schleier und den

Ring ausgedrückt wurde. Ähnliche Aussagen hörte ich anlässlich einer Einkleidungsfeier im Kölner Karmel: Die als Schwester Ancilla eingekleidete Kommilitonin sagte unverblümt, dass man alles, was man im Theologiestudium gelernt habe, vergessen müsse, weil der Lebensstil im Kloster völlig anders ausgerichtet sei.

Als ich erkannte, dass ich in einem Frauenorden, zu dem ich mich an und für sich hingezogen fühlte, keinen geistlichen Ort finden konnte, war mein Schmerz übermächtig: Ich fühlte, dass ich mich selbst vergewaltigen würde, wenn ich um jeden Preis entweder in einen Orden eintreten oder einen weltlichen Beruf anstreben würde, ohne weiter nach der Frauenordination zu fragen, nur um wie jede andere katholische Frau eine Existenz zu besitzen: also entweder als Nonne oder als verheiratete Frau – oder, wenn das nicht in Frage käme, als unverheiratete Lehrerin.

Alle auf katholischer Seite angewandten Maßnahmen, mich von meinem Verlangen nach der Ordination und dem priesterlichen Beruf abzubringen, fruchteten nichts. Ich fühlte, dass ich davon nicht abgehen durfte und konnte, wenn ich nicht meine tiefste Identität und Überzeugung wider besseres Wissen verraten wollte. Ich kam zu der Erkenntnis, dass ich zu meiner Überzeugung stehen müsse, weil ich einen priesterlichen Beruf habe, den ich gerade in einem solchen frauenfeindlichen Milieu, wie es meine Umgebung war, bezeugen musste. Ich litt daran, dass ich dieses Zeugnis ohne »Legitimation«, allein aufgrund des Charismas, abgeben sollte; denn für meine Umgebung war ich doch nur eine Dahergelaufene, ein Nichts, das keine Geschichte hatte, die man hätte respektieren müssen.

Die Bekanntschaft und spätere Freundschaft mit Ida Raming, die als einzige Katholikin mich in meinen Anliegen ernst nahm und zu mir hielt, hat mich auf meinem katholischen Weg bis heute gestärkt, – dies ist mein beglückendstes Erlebnis auf katholischer Seite. Ohne ihre durch nichts zu erschütternde Treue und liebevolle Zuwendung hätte ich diesen Weg kaum gehen können. In einer inneren Eingebung fühlte ich bereits in den frühen sechziger Jahren den tiefen Wunsch, mit gleich gesinnten Frauen eine geistliche Gemeinschaft aufzubauen, in der sich berufene Frauen gegenseitig stärken und auf ihrem Weg zum Priesteramt unterstützen sollten, hatte ich doch erfasst, dass die ersten Generationen künftiger katholischer Priesterinnen es in ihrem Amt angesichts der jahrhundertealten frauenfeindlichen kirchlichen Tradition außerordentlich schwer haben würden. Mir schwebte vor, dass geeignete katholische Frauen eine vom emanzipatorischen Ansatz her neukonzipierte Gemeinschaft aufbauen sollten, weil die traditionellen Frauenorden wegen des patriarchalischen Frauenverständnisses für unsere Anliegen und Ziele keine Plattform bieten. Ich erkannte, dass katholische Frauen an ein aktives liturgisches Handeln ganz langsam herangeführt werden müssen, um überhaupt ein Wertgefühl und eine Selbstachtung als Personen entwickeln zu können; haben sie doch das Bewusstsein, dass sie als Frauen vom Dienst am Altar auszuschließen sind, tief verinnerlicht.

In einer solchen geistlichen Gemeinschaft möchte ich mich als Priesterin darum bemühen, die geistlichen Schwestern in ihrer Berufung zu stärken und sie darin zu ermutigen, ihre Charismen weiterzuentwickeln. Darüber hinaus möchte ich mich dafür einsetzen, dass in dieser geistlichen Gemeinschaft theologische Frauenforschung einen großen Stellenwert erhält, da es dringend notwendig ist, die traditionelle Theologie auf ihre Frauenfeindlichkeit hin zu überprüfen und neue theologische Antworten zu finden, die der Jesusbotschaft entsprechen, die zeitgemäß und menschenfreundlich sind. Ferner sollte auf religions- und kulturvergleichende Forschungen großer Wert gelegt werden, damit auf der Grundlage entsprechender Forschungsergebnisse ein interreligiöser Ideen- und Gedankenaustausch von Frauen fruchtbar gemacht werden kann (interreligiöse Ökumene von Frauen).

Dabei sollten die geistlichen Schwestern ihre Betätigungsfelder je nach ihren Begabungen selbst entwickeln und ausbauen können. Alle diese Ideale und Hoffnungen, die ich seit langen Jahren in mir trage, warten noch auf eine Realisierung.

Nach über 40 Jahren aktiven Einsatzes für die Frauenordination ist in mir die Erkenntnis gewachsen, dass der Zugang der Frau zum Priesteramt durch Fortsetzung der Argumentation in Wort und Schrift allein nicht erreicht werden kann, jedenfalls nicht in absehbarer Zeit. Ich habe erleben müssen, dass Vorkämpferinnen für die Frauenordination, wie z. B. Gertrud Heinzelmann (gest. 1999), die Verwirklichung ihrer Hoffnungen nicht mehr erleben konnten: Die anhaltende Restauration in der römisch-katholischen Kirche nach dem 2. Vatikanischen Konzil hat ihre Lebenskraft und -zeit erschöpft.

Aufgrund all dieser negativen Erfahrungen haben sich im Jahr 2002 mutige Frauen aus Österreich und Deutschland zusammengeschlossen, um sich contra legem von römisch-katholischen Bischöfen ordinieren zu lassen. Sie fühlen sich zu diesem Schritt genötigt, weil ihr jahrzehntelanger Kampf für die Gleichberechtigung der Frau in Wort und Schrift bislang zu keinem Durchbruch geführt hat. Dieser Gruppe habe ich mich angeschlossen, zusammen mit meiner Weggefährtin Ida Raming. Am Palmsonntag 2002 empfingen wir die Diakonatsweihe und am Fest Peter und Paul (29. Juni 2002) werden wir zu Priesterinnen ordiniert.

Die Weihegnade möge uns in unserem weiteren Kampf für die Frauenordination in der römisch-katholischen Kirche stärken! Sie möge uns für die schwere Überzeugungsarbeit, die noch zu leisten ist, Kraft geben. Sie wird uns helfen, gesinnungsgleiche Frauen zu finden, mit denen wir gemeinsam – jede gemäß ihrer Begabung – den Weg für die Erneuerung der Kirche weitergehen können.

Als Priesterin der katholischen Kirche werde ich versuchen, unsere Anliegen auch Männern nahe zu bringen und sie für eine Mitarbeit zu gewinnen, damit ein herrschaftsfreies und entkrampftes Geschlechterverhältnis entstehen kann. Darüber hinaus möchte ich mich für einen strukturellen Umbau der katholischen Kirche einsetzen, wobei u.a. folgende Ziele angestrebt werden: Abbau der monarchisch-hierarchischen Strukturen zugunsten von demokratischen Erneuerungen; Mündigwerdung der Laien auf allen

Ebenen kirchlicher Strukturen; Gewährleistung von Meinungsfreiheit in der Kirche; Erneuerung eines am biblischen Befund orientierten Verständnisses vom kirchlichen Lehramt – Abbau aller theologisch nicht haltbaren Rechtsbestimmungen und wissenschaftlich nicht mehr vertretbaren Lehrinhalte.
Nur durch solche Reformen kann die römisch-katholische Kirche nach meiner Meinung ihre innere und äußere Glaubwürdigkeit (zurück)gewinnen.

Iris Müller geboren 1930 in Magdeburg
Studium der evangelischen Theologie am Katechetischen Oberseminar in Naumburg/Saale, ab 1955 an der Martin Luther-Universität Halle/Saale (Abschluss: Diplom).
September 1958: Konversion zur katholischen Kirche in Halle/Saale.
Herbst 1959: Flucht aus der ehemaligen DDR über West-Berlin nach West-Deutschland (BRD).
Zweit-Studium der katholischen Theologie an der Westfälischen Wilhelms-Universität Münster/Westf. (Abschluss: Promotion). Nach bestandenem Doktor-Examen zunächst studentische, dann wissenschaftliche Hilfskraft im Fachbereich kath. Theologie der Univ. Münster/Westf.; während dieser Zeit Zusatzstudien auf dem Gebiet der Altorientalistik.
Ab 1971: wissenschaftliche Mitarbeiterin im Fachbereich kath. Theologie an verschiedenen Lehrstühlen; ab 1980: wissenschaftliche Mitarbeiterin am Seminar für Religionswissenschaft im Fachbereich kath. Theologie. Aufbau einer Spezialbibliothek zum Themengebiet: Stellung der Frau in den drei monotheistischen Hochreligionen, um interreligiöse und kulturvergleichende Frauenforschungen zu ermöglichen. Ab 1990 wurde diese inzwischen im In- und Ausland bekannt gewordene Bibliothek erweitert, deshalb wurde die Bibliothek umbenannt: Frau in den Religionen.
Seit September 1994 im Ruhestand; weiterhin wissenschaftlich tätig.
Mehrere Veröffentlichungen, u.a. über die Stellung der Frau im Judentum, Christentum, Islam.

Ida Raming
Überwindung der kirchlichen Diskriminierung der Frau

In einem katholischen Elternhaus einer ländlichen Gemeinde wuchs ich auf. Im Unterschied zu den meisten, sehr traditionsgebundenen Familien in dem Dorf war mein Elternhaus nicht von so großer geistiger Enge geprägt, wie sie oftmals charakteristisch war oder noch ist für eine rein katholische Bevölkerung auf dem Lande. Meine Eltern waren zwar religiös, aber nicht übermäßig kirchlich gebunden; dennoch wirkte sich die kirchliche Lehre, z. B. in Bezug auf die Vorherrschaft des Mannes in der Familie und die Sexualmoral (Verbot der Geburtenplanung) besonders für meine Mutter sehr belastend aus.

Ich sollte eigentlich ein Junge werden, – sicher hatte meine Mutter sehr darum gebetet, zumal vier Schwestern vorausgegangen waren. Aber es kam anders; dennoch sahen mich meine Eltern als Gottesgeschenk an.

Ich erinnere mich, dass ich früh eine Sensibilität für die religiöse »Welt« entwickelte. Als ich noch zu klein war, um zur Schule zu gehen und den Gottesdienst regelmäßig zu besuchen, betete meine Oma sonntags vormittags mit mir. Sie bevorzugte als Gebetsformen Litaneien: Anrufungen Gottes, Jesu und der Gottesmutter, wobei es dann meine Aufgabe war, jeweils nach den Anrufungen »erbarme dich unser!« oder »bitte für uns!« zu sprechen, da ich ja noch nicht lesen konnte. Ich empfand dieses gemeinsame Gebet keineswegs als langweilig, sondern als ein wichtiges Geschehen, das früh eine religiöse Prägung in mir hinterlassen hat.

Nach ein paar Jahren durfte ich mit meinen Schwestern zur Kirche gehen. Was ich dort am Altar sah und miterlebte, die Eucharistiefeier, spielte ich später im Wald, zusammen mit meinen Schwestern oder Nachbarskindern: Wir bauten uns einen Altar an einem Baum und suchten uns ein Glas (anstelle des Kelches) und etwas Brot. Gern übernahm ich bei diesen kindlichen Spielen die Priester-Funktion.

Der Religionsunterricht, der sowohl in der Schule als auch in der

Kirche erteilt wurde, hatte eine besondere Bedeutung für mich. Ich war sehr aufmerksam dabei und erinnere mich, dass meine Lehrerin in der Grundschule den Kreuzweg Jesu so lebendig und anrührend schildern konnte, dass ich tiefes Mitgefühl empfand und nachhaltig davon beeindruckt war. Durch die Vorbereitung auf die Erstkommunionfeier wurde eine erste Beziehung zu Jesus in mir grundgelegt, zwar noch in traditioneller Weise, aber doch von nachhaltiger religiöser Wirkung. Für die Gestaltung dieser großen Feier wurde vorher in der Kirche geübt. Ich erinnere mich an Gefühle der Erhabenheit und Feierlichkeit, wenn wir Kinder alle im Chorraum stehen durften, in der Nähe des Altares, was damals für Mädchen noch nicht gestattet war!

Nach der 4-jährigen Grundschulzeit besuchte ich zunächst eine nahe gelegene Realschule, anschließend ein Gymnasium in privater Trägerschaft, das von Ordensschwestern geleitet wurde. Der Religionsunterricht, der von einem Franziskaner-Pater, später von einer Ordensschwester erteilt wurde, blieb weiterhin sehr wichtig für mich, wenngleich er noch völlig traditionell und ohne die Möglichkeit von kritischen An- und Rückfragen gestaltet wurde. Aber auch für die anderen Fächer, besonders Deutsch, empfand ich Interesse. Als wir im Deutsch-Unterricht die »Iphigenie« von Goethe lasen, faszinierte mich die erhabene Gestalt dieser Priesterin, besonders ihre sittliche Größe und Unbestechlichkeit. Ich stellte sie mir ganz anschaulich/bildlich vor. Überhaupt beeindruckten mich große Frauengestalten in der Literatur in besonderer Weise. Als ideale Persönlichkeiten waren sie zugleich Vorbilder und Identifikationsangebote für mich. In einem Theaterstück über die hl. Elisabeth von Thüringen, das Schülerinnen unserer Schule aufführten, durfte ich die Hauptrolle übernehmen. Durch ihren Einsatz für die Armen und in ihrer Hingabe an Gott verkörperte die Gestalt der Elisabeth in vorbildlicher Weise Selbstlosigkeit und Größe.

Nach dem Abitur stand für mich fest, dass ich Theologie studieren wollte, was für Frauen damals noch eine große Ausnahme war. Mein Religionslehrer, ein Franziskanerpater, sah in meinem

Entschluss anscheinend ein Anzeichen für einen Ordensberuf; er fragte mich, ob ich nicht in den Orden der Franziskanerinnen, welche die Schule leiteten, eintreten wolle. Ich lehnte das ab, da ich die Enge des in den Frauenorden verkörperten und propagierten Frauenbildes (z. B. die Verschleierung, die Vorstellungen vom Wesen und der Rolle der Frau) intuitiv fühlte; solche Enge widerstrebte mir, weil ich sehr freiheitsliebend war. Dennoch stand ich fest zu meinem Entschluss, Theologie studieren zu wollen, und begründete das gegenüber dem Religionslehrer mit den Worten: »Religion ist das Wichtigste im Leben.«

Die Auswahl eines zweiten Faches – neben Theologie – fiel mir sehr schwer; am liebsten wolle ich nur das eine Fach studieren, aber damit hatte ich damals als Frau praktisch keine Berufsaussichten. (Allenfalls konnte ich mit einem Diplom in Theologie Berufsschullehrerin werden, was ich aber ablehnte.) So entschied ich mich schließlich neben Theologie für das Fach Germanistik. Theologie blieb aber immer mein Hauptfach. Ich schrieb in diesem Fach meine Staatsarbeit für das Lehramt an Gymnasien, und zwar über den Wahrheitsbegriff im Johannes-Evangelium. Diese Untersuchung war mir bei meiner religiösen Standortsuche hilfreich. Als schwere innere Last empfand ich es während des Studiums, dass ich keinen geistlichen bzw. beruflichen Ort für mich fand: ein Ordensberuf im herkömmlichen Sinne kam aus den bereits erwähnten Gründen nicht für mich in Frage, aber auch ein Säkularinstitut entsprach nicht meinen Vorstellungen. Ich litt sehr unter dieser geistlichen Ortlosigkeit. Im Studium erhielten wir als Theologinnen, deren Zahl in der Zeit vor dem 2. Vatikanischen Konzil noch sehr gering war, keinerlei Anregungen, die Stellung der Frauen in der Kirche kritisch zu hinterfragen – im Gegenteil: das traditionelle Rollenbild der Frau wurde propagiert und verteidigt. Der Dogmatik-Professor, Hermann Volk, späterer Bischof von Mainz, machte klar, dass Männer die Möglichkeit hätten, zwischen Ehe, Priesteramt und Ordensstand zu entscheiden, für Frauen blieb nur die erste und dritte Möglichkeit: Ehe und gottgeweihte Jungfräulichkeit, übrig. Wiederum wurde mir die Einengung der beruflichen Möglichkeiten für Frauen in der Kirche bedrückend deutlich, aber ich sah sie noch als (unabänderliches) Verhängnis an.

Die Teilnahme an einer Priesterweihe eines Studienkollegens löste große Betroffenheit und Erregung in mir aus. Ich fühlte: Dies war auch mein Weg. Warum war er für mich verschlossen? Ich litt unter der Unmöglichkeit, mich nicht zwischen Priester- und Lehrerberuf frei entscheiden zu können – wie es die Männer konnten, die mit mir zusammen studierten. Dennoch war ich überzeugt: Als Frau bin ich genauso viel wert wie ein Mann, aber die Einschränkung der Entscheidungsfreiheit und die berufliche Ortlosigkeit blieben als schwere Belastung bestehen.

Infolge dieses Dilemmas erkrankte ich schließlich während des Studiums an einer schweren, langwierigen Krankheit (Polyarthritis). In der Rückschau sehe ich darin eine psychosomatische Erkrankung – wegen fehlender Berufsperspektive, die eine klare, zielgerichtete Ausrichtung auf die Zukunft blockierte und dadurch die inneren Antriebskräfte lähmte.

In dieser Zeit der inneren und äußeren Anfechtung, auch der Glaubenszweifel, betete ich intensiv um die Erkenntnis meines geistlichen Weges und Ortes. Die Begegnung mit Frau Dr. Iris Müller, meiner späteren Kollegin und Freundin, die ebenfalls in dem Studentinnenheim wohnte, in dem ich – noch halb krank – 1961 ein Zimmer bezog, wurden mir neue und hilfreiche Perspektiven eröffnet: Geschult durch die historisch-kritische Bibelexegese in ihrem bereits absolvierten Studium der evangelischen Theologie und aufgrund des in der evangelischen Kirche bereits bestehenden Pastorinnenamtes, sprach Frau Müller – als konvertierte evangelische Theologin – ganz unbefangen kritisch über die Stellung der Frau in Kirche und Gesellschaft. Sie stellte den Beruf der Priesterin als Selbstverständlichkeit, ja als ein Erfordernis der Gerechtigkeit für Frauen in der katholischen Kirche dar. Dadurch erhielt ich gewissermaßen den Impuls, diesen Beruf auch für mich als meinen eigenen, im Grunde lange gesuchten, anzusehen, mich damit zu identifizieren; dies war endlich die Antwort auf die Frage nach meinem geistlichen Ort. Ich erinnere mich, dass diese Erkenntnis in mir ein Glücksgefühl und eine innere Befreiung auslöste, – die Krankheit wurde im Zusammenhang damit allmählich auch überwunden.

Nach meinem Staatsexamen entschied ich mich, das Theologiestudium fortzusetzen und eine Promotion anzustreben. Es gelang mir, einen »Doktorvater« als Betreuer einer Untersuchung über die Stellung und Wertung der Frau in der katholischen Kirche, unter besonderer Berücksichtigung ihres Ausschlusses vom Priesteramt, zu finden: Der damalige Professor für Kirchenrecht an der katholisch-theologischen Fakultät der Universität Münster, Peter-Josef Keßler (gest. 1988), unterstützte dieses außergewöhnlichen Vorhaben durch sachkundige Leitung – das verdient besonders hervorgehoben zu werden, war es doch damals eine große Seltenheit! Durch diese wissenschaftliche Arbeit gewann ich einen tiefen Einblick in die lange Geschichte der Frauendiskriminierung in der christlichen Tradition. Anhand von zahlreichen Quellenbelegen aus der frühen Kirche und aus dem Mittelalter konnte ich nachweisen, dass der Ausschluss der Frau vom Priesteramt auf der Vorstellung vom seinsmäßigen und ethischen Minderwert der Frau basiert und dass bestimmte Bibelstellen (z. B. Gen 2 u. 3: Erschaffung der Frau aus der »Rippe« des Mannes und ihre angebliche Erstsünde) sowie deren Rezeptions- und Wirkungsgeschichte durch Jahrhunderte hindurch dafür die Grundlage boten. Die kritische Auseinandersetzung mit dieser Tradition machte mich zunehmend sicherer in der Zurückweisung von Argumenten, die sich gegen das Frauenpriestertum richteten; aufgrund der Quellenkenntnis, die ich nun besaß, konnte ich diesen frauenfeindlichen Positionen gegenüber standhalten. Ich sah meine geistliche Berufung nun mehr und mehr darin, für den Zugang von Frauen zum Priesteramt einzutreten.

Wichtige Schritte auf diesem Weg waren:
– die Abfassung einer Konzilseingabe, zusammen mit meiner Weggefährtin Frau Iris Müller, im Jahr 1963, während des 2. Vatikanischen Konzils, die zusammen mit Eingaben einiger anderer

Frauen in dem von Gertrud Heinzelmann herausgegebenen (deutsch-englischen) Buch: Wir schweigen nicht länger! Frauen äußern sich zum II. Vatikanischen Konzil (Zürich 1964) veröffentlicht wurde;
– die Abfassung meiner Dissertation, der ersten frauenspezifischen und kritischen, an der theologischen Fakultät der Universität Münster und in Deutschland, mit dem Titel: Der Ausschluss der Frau vom priesterlichen Amt – gottgewollte Tradition oder Diskriminierung? Köln – Wien 1973.
Diese Vorstöße blieben jedoch nicht ohne schwere existentielle Folgen und Belastungen für mich: nämlich ein totales Berufsverbot im kirchlichen Bereich, keinerlei Aussicht auf Fortsetzung meiner wissenschaftlichen Laufbahn in Deutschland (nur durch Auswanderung, z. B. in die USA, hätte dazu eine Chance bestanden), ferner Diffamierungen meiner Person, die nicht offen ausgesprochen wurden, sondern nur hinterrücks über mich verbreitet wurden. Dennoch meinte ich diesen Weg gehen zu müssen, da ich eine opportunistische Anpassung um des eigenen Vorteils willen, die mir das freie Wort verwehrt hätte, aus innerem Gefühl ablehnte.
In unserm Einsatz für volle Gleichberechtigung der Frauen in der Kirche vermissten meine Weggefährtin Iris Müller und ich in Deutschland eine Gemeinschaft von Frauen, die sich vorbehaltlos für eine Verbesserung der Stellung der Frau in Kirche und Hochschule einsetzte: Auf dem Katholikentag von unten in Aachen im Jahr 1986 sammelten wir im Anschluss an Vorträge, die wir dort über die Situation der Frauen in der katholischen Kirche und an den deutschen Hochschulen hielten, Unterschriften von Frauen, die dazu bereit waren, sich für volle Gleichberechtigung der Frauen in der Kirche einzusetzen. Diese Frauen wurden von uns zu einer ersten Versammlung im März 1987 in Münster eingeladen, auf der die Gründung der hierarchieunabhängigen Organisation »Maria von Magdala. Initiative Gleichberechtigung für Frauen in der Kirche e.V.« zustande kam. Zusammen mit gleichgesinnten Frauen aus diesem Verein setzten wir uns immer wieder

durch Vorträge und Schriften, z. B. auf Katholikentagen, für den Zugang zu Diakonat und Presbyterat ein. Weitere Ziele dieser Organisation, z. B. die Veränderung des einseitig patriarchalen Gottesbildes hin zu frauengerechten Gottesbildern, eine frauengerechte Sprache und Liturgie, dienen alle der Überwindung frauendiskriminierender Traditionen in der Kirche. Das fortdauernde »endgültige« Nein der obersten Kirchenleitung gegen die Frauenordination belastete mich während der vergangenen Jahrzehnte tief und bedrückt mich auch weiterhin. Es löst zuweilen auch Zweifel daran aus, ob sich die römisch-katholische Kirche überhaupt so reformieren lässt, dass sie wirklich »bewohnbar« wird für Frauen.

Seit meinem ersten öffentlichen Eintreten für die Frauenordination sind inzwischen 40 Jahre vergangen – und noch immer ist das Ziel nicht erreicht! Die Frage: Wie kommen wir als Frauen in dieser Kirche weiter? hat mich immer wieder umgetrieben. Eine Änderung der Rechtslage der Frau in der römisch-katholischen Kirche ist in Anbetracht ihrer hierarchischen und zentralistischen Struktur in absehbarer Zeit nicht zu erwarten. Und bekanntlich haben in einem Konzil, das über die Frage der Zulassung der Frau zu den Weiheämtern künftig einmal beraten könnte, nur Bischöfe (also ausschließlich Männer!) Stimmrecht, und diese haben sich in der Vergangenheit mehrheitlich als sehr angepasst an Papst und Lehramt erwiesen.

Diese Überlegungen haben in mir die Einsicht reifen lassen, dass nur durch eine ‚unerlaubte' Ordination (contra legem) ein Fortschritt für Frauen in dieser Kirche erreicht werden könnte. (Für solches Vorgehen gibt es in der Geschichte der Frauenordinationsbewegung einige ermutigende Beispiele, auch aus anderen Kirchen ...). Zusammen mit meiner Weggefährtin Iris Müller habe ich mich daher, gemeinsam mit einigen Frauen aus Österreich und Deutschland, zu diesem Akt entschlossen. Durch dieses außergewöhnliche Vorgehen soll ein unübersehbares Zeichen für die ganze Kirche, besonders auch für die Kirchenleitung, gesetzt werden: Es will ausdrücken, dass die geistlichen Berufungen und

Charismen von Frauen endlich respektiert werden müssen und nicht länger zum Schaden der Kirche durch ein unhaltbares Gesetz (c. 1024 CIC) unterdrückt werden. Bei diesem Akt sehen wir uns durchaus in der Nachfolge Jesu. Er hat Gesetze, die von der hierarchischen religiösen Autorität seiner Zeit und Religion aufgestellt wurden, öffentlich gebrochen. Dabei handelte Jesus aus der Erkenntnis, dass die Menschen nicht für die Einhaltung ungerechter und unmenschlicher Gesetze da sind, sondern umgekehrt, dass die Gesetze von religiösen Institutionen den Menschen dienen sollen (vgl. Mk 2,27 u. ö.).

Den neu ordinierten Priesterinnen tut sich ein weites Betätigungsfeld auf, dem ich mich mit meinen (allerdings eingeschränkten) gesundheitlichen Kräften stellen möchte: Auf theoretischer und praktischer Ebene ist weiterhin noch viel Überzeugungsarbeit für die (offizielle) Durchsetzung der Frauenordination und damit auch für die Erneuerung der Kirche im Ganzen zu leisten. Für diese Aufgabe wird mich die Ordination stärken und geistlich ausrüsten.

Mit dem Beruf der Priesterin verbinde ich darüber hinaus bestimmte Ideale, Erwartungen und Perspektiven im Hinblick auf die Ausgestaltung dieses Amtes:

– Frauen, die den priesterlichen Dienst ausüben wollen, sollten eine tiefe Bindung zu Jesus haben, in dem die Fülle der »Weisheit Gottes« wohnt und der sie in seine Nachfolge gerufen hat.

– Auch die Verehrung Marias und das Gebet zur Mutter Jesu wird für die künftige Priesterin große Bedeutung haben; denn Maria ist gewissermaßen ein Urbild des priesterlichen Berufes, da sie der Menschheit den Messias Jesus leibhaftig geschenkt hat und so Himmel und Erde miteinander verbindet. Durch solche grundlegende religiöse Ausrichtung können Priesterinnen Vorbilder sein für die Menschen, für die sie Verantwortung tragen.

– Die Priesterinnen, besonders auch die jetzt geweihten, werden sich gegenseitig stärken müssen; es wäre daher sehr erstrebenswert, dass Frauen, die sich zum Priesteramt berufen fühlen, künftig eine geistliche Gemeinschaft bilden, gerade weil sie noch um

Anerkennung ihres Berufes ringen müssen und die Umwelt voraussichtlich noch eine Zeitlang abweisend auf sie reagieren wird.
– Für die ihnen anvertrauten Menschen sollten sie Begleiterinnen und Förderinnen sein auf ihrem Weg zu Gott, nicht Herrschaft ausüben, sondern sich am dienenden Jesus orientieren.
– Einen besonderen Schwerpunkt meiner/unserer Arbeit als Priesterin(nen) sollte die Frauenseelsorge bilden: Die in ihrer Persönlichkeit oftmals noch unterentwickelten und verkrümmten Frauen brauchen dringend Priesterinnen als anspornende Vorbilder. Eine seelsorgliche Begleitung von Schwestern im Amt könnte ihnen helfen, zu einem befreiten, würdigen und verantwortungsbewussten Menschsein zu finden.
– Als Frau der Kirche, die eine lange Unterdrückungsgeschichte gerade in der Kirche erfahren hat, wird es mir als Priesterin weiterhin ein Anliegen sein, mich für eine grundlegende Erneuerung der Kirche – für eine Entpatriarchalisierung und Demokratisierung der Strukturen in der Kirche, also für eine neue Verfassung der Kirche – einzusetzen.
Auf diese Weise wird sich durch den Dienst von Priesterinnen neues, geisterfülltes Leben in der Kirche entfalten. Die Verheißung Jesu, dass seine Jünger/innen »Salz der Erde« und »Licht für die Welt« sein sollen (vgl. Mt 5,13-16), möge durch den priesterlichen Dienst von Frauen erfahrbar werden!

Studium der kath. Theologie und Germanistik in Münster und Freiburg (Br.); Staatsexamen für das Lehramt an Gymnasien; Fortsetzung des Studiums der katholischen Theologie;
Eingabe an das 2. Vatikanische Konzil (zusammen mit Iris Müller): Forderung und theologische Begründung des Zugangs der Frauen zu den kirchlichen Weiheämtern (1963); Promotion in Theologie; (Diss.: Der Ausschluss der Frau vom priesterlichen Amt – gottgewollte Tradition oder Diskriminierung? Köln – Wien 1973); Tätigkeit als wiss. Assistentin am FB kath. Theologie der Universität Münster, anschließend Lehrtätigkeit an Gymnasien und in der Erwachsenenbildung; mehrfach Lehraufträge an theologischen Hochschulen.
Zahlreiche Veröffentlichungen, besonders zur Thematik: Stellung und Wertung der Frau in der (röm.-kath.) Kirche.

Diana Wear
Berufung zum Priesteramt in der römisch-katholischen Kirche

Meinem Priesteramt sehe ich mit einer Mischung aus Freude, Begeisterung, Erstaunen, Ehrfurcht, Ängstlichkeit und Kampfgeist entgegen. Aus historischer Sicht steht die Entscheidung einer Frau, sich zum gegenwärtigen Zeitpunkt in der römisch-katholischen Kirche ordinieren lassen zu wollen, für vielfältige neue Möglichkeiten und Herausforderungen. Einerseits setzt sie eine große Zuversicht voraus, andererseits stellt sie nur den notwendig nächsten Schritt in einer längeren Entwicklung dar. Da ich Ihnen meine Vision, Priesterin zu werden, nahe bringen möchte, stelle ich Ihnen meine Biografie, meine Persönlichkeit und das erhoffte Ziel meiner spirituellen Reise vor.

Der Hintergrund
Ich wuchs in einer jüdischen, weißen Mittelschichtfamilie in Südkalifornien (USA) auf und konvertierte mit Mitte zwanzig zum Katholizismus. Damals hatte ich ein Studium an der Universität Berkeley aufgenommen, das ich mit einem *Master's degree* in öffentlicher Gesundheitspflege, Biostatistik, abschloss. Da ich in diesem Zusammenhang positive Erfahrungen mit der Kirche gemacht hatte, wollte ich geistliche Aufgaben übernehmen. Zunächst betreute ich in einem Hospiz Krebskranke und ihre Angehörigen, denen ich in Gesprächen über den Tod und den Sterbeprozess Trost spendete.

Später engagierte ich mich fünf Jahre lang in der *Sanctuary Movement*, einer Bewegung, die Flüchtlingen aus El Salvador und Guatemala Schutz und Unterstützung bot. Damals fühlte ich mich erstmals zum Priesteramt berufen. In der *Sanctuary Movement* bestand meine Aufgabe darin, in öffentlichen Reden die Interessen der Flüchtlinge zu vertreten und eine leitende Funktion beim Aufbau der *East Bay Sanctuary Covenant* (EBSC) wahrzunehmen. EBSC setzte sich aus 26 – katholischen, jüdischen, protestantischen, universalistischen und buddhistischen – Kongregationen zusammen, die sich jener Flüchtlinge annahmen, welche auf Grund ihrer religiösen Überzeugungen ihr Land verlassen hatten. Ich erlebte, wie Frauen in Gebetsgottesdiensten, öffentlichen Reden, in Projekten zur Durchsetzung sozialer Gerechtigkeit, politischen Aktionen und in der Arbeit mit Angehörigen verschiedener Konfessionen und Religionen leitende Funktionen wahrnahmen. Es mag zwar naiv wirken, aber ich konnte mir nicht vorstellen, dass Frauen in der römisch-katholischen Kirche noch lange von der Ordination ausgeschlossen bleiben würden. Seinerzeit hatte ich noch nicht begriffen, wie tief verwurzelt Diskriminierungen gegen Frauen in der römisch-katholischen Kirche sind. Ich war vom Eifer einer Frischkonvertierten beseelt, und mein Gefühl, zum Priesteramt berufen zu sein, entsprang der Arbeit mit Menschen, denen ich diente, die mir die Kraft gaben, mich für ihre berechtigten Forderungen einzusetzen und mich immer wieder baten, leitende Funktionen wahrzunehmen.

Bald verspürte ich jedoch das Verlangen, meinen Glauben tiefgründiger zu verstehen. Mir war klar, dass ich keinen Wandel in der Kirche herbeiführen konnte, ohne mich intensiv mit der Frage auseinander gesetzt zu haben, wofür die Kirche steht und wie sie zu dem geworden ist, was sie heute ist. Ich wusste, dass ich mir die Instrumente und Sprache der Kirche aneignen musste, um mit ihr in einen ernsthaften Dialog eintreten zu können. Im *Office for History of Science and Technology* an der Universität arbeitete ich für einen Historiker, der mir die Bedeutung einer Beschäftigung mit Geschichte bewusst machte. Er regte mich dazu an, bei den Jesuiten, über die er schwerpunktmäßig geforscht hatte, zu studieren und diese intellektuelle Herausforderung ebenso ernst zu nehmen wie meine Berufung zum Priesteramt. Ich war in der privilegierten Lage, diese Ausbildung finanzieren zu können, und ein Arbeitsumfeld zu haben, das es mir erlaubte, meine Arbeitszeit dem Studium anzupassen.

Ich hatte keine konkreten Vorstellungen darüber, wohin mein Studium mich führen würde. Zu Beginn, 1992, dachte ich noch, mich damit abgefunden zu haben, dass ich in der römisch-katholischen Kirche nicht ordiniert werden würde. Damals wollte ich einfach nur Theologie studieren und mich spirituell weiterentwickeln. Da ich dennoch meiner Berufung treu bleiben wollte, schrieb ich mich in das *Master of Divinity Program*, den Studiengang für Priesteramtsanwärter, ein. An fast allen Studieninhalten war ich leidenschaftlich interessiert. Ich war von der Schönheit und Tiefgründigkeit des Katholizismus ergriffen und überzeugt davon, dass er meine spirituelle Heimat ist. Der Rechtsausschluss der Frauen vom Priesteramt bereitete mir großen Kummer, veränderte gleichzeitig aber auch mein Bewusstsein als Frau, als Katholikin, als Frau in der katholischen Kirche und als zukünftige Priesterin.

Die Eigenart meiner geistlichen Tätigkeit
Bedauerlicherweise gibt es in der römisch-katholischen Kirche kein Modell für weibliche Priester. Ich zähle zu den *Legionen* von Frauen, die formal für das Priesteramt ausgebildet sind, ohne die gleichen beruflichen Perspektiven zu haben wie Männer. Viele Frauen haben zwar in der Kirche gearbeitet, aber immer nur an den Rändern der Institution. Ich hoffe, mit meinem Engagement einen Beitrag zu einem zukunftsweisenden Modell leisten zu können, das Frauen den Zugang zum Priesteramt eröffnet.
Seit einigen Jahren setze ich mich aktiv für die Ordination von Frauen in der römisch-katholischen Kirche ein, weil ich davon überzeugt bin, dass tief in der Geschichte verankerte, längst nicht mehr zeitgemäße Privilegien abgebaut werden müssen. Vor dem Hintergrund meiner kirchengeschichtlichen Studien sehe ich es als Teil meiner Mission an, verschleierte Argumentationsstrategien aufzudecken, an denen die Kirche zur Legitimation ihrer – auf lokaler wie globaler Ebene vertretenen – Definition der »Rolle der Frau« rigide festhält. Auf diese Weise möchte ich Anstöße zur Reform des Priesteramtes geben.
Schon lange bin ich Mitglied der *Women's Ordination Conference* (WOC). Seit Oktober 2001 nehme ich Funktionen im Direkto-

rium wahr. Ich bin mir im Klaren darüber, dass ich meine Vorstellungen vom Priesteramt auf traditionelle Weise nicht voll ausleben kann, mein Engagement aber ebenso ein Engagement für die Kirche, für das Volk Gottes und die Bewegung, die für die Ordination von Frauen kämpft, wie für mich persönlich ist. Hätte ich die Hoffnung, dass sich in der Kirche zu ihrem eigenen Vorteil, aus Vernunftgründen, zum Wohl der Gläubigen oder auf Grund der Offenbarungen der Heiligen Schrift allmählich ein Bewusstseinswandel vollziehen würde, wäre ich bereit zu warten. Aber gegenwärtig gibt es keine Anzeichen für einen solchen Wandel. Meine Entscheidung für die Ordination soll ein Zeichen der Hoffnung für das Volk Gottes setzen. Sie ist eine Entscheidung für die vielen Frauen, die vor mir kämpften, die an meiner Seite stehen, und für die, die sich in Zukunft nach öffentlicher Anerkennung sehnen. Meine Ordination wird ein Zeichen für eine ehrenvollere Zukunft sein.

Im Moment gehöre ich einer Pfarrei an, übe im konventionellen Sinne aber keines ihrer Ämter aus. Ich würde das Wort Gottes gerne auf einer rechtlich fundierten Grundlage verkünden – d*enn für mich gibt es keine größere Freude, als mich in die Heilige Schrift zu vertiefen und die Frohe Botschaft zu verkünden.* Seit einiger Zeit verfasse ich für *New Women New Church*, das Publikationsorgan der WOC, Buchrezensionen und gelegentlich auch eigene Artikel. Außerdem bin ich Mitherausgeberin des lokalen Nachrichtenmagazins *Sequoia: News of Religion and Society*, das sich mit Aspekten interreligiösen Zusammenlebens beschäftigt. Öffentliche Reden und schriftliche Darlegungen sind wichtige Elemente meiner geistlichen Tätigkeit.

Einsichten aus der Arbeit

Besonders gerne würde ich Kranke, Sterbende und Gefangene besuchen, den Glauben lehren, Obdachlose mit Essen versorgen, die Bibel auslegen, Gebetsgottesdienste leiten, an Projekten zur Durchsetzung sozialer Gerechtigkeit mitwirken und viel Zeit mit Gebeten, theologischen Studien, Schriften und Reflexionen verbrin-

gen. Dies sind keine geistlichen Tätigkeiten, von den ich nur »meine«, dass ich sie gerne ausführte, denn jede kenne ich aus eigener Erfahrung, und *jede von ihnen liebe ich.* Bei keiner Tätigkeit, die ich mit Engagement ausgeführt habe, habe ich jedoch Arbeitsbedingungen vorgefunden, die mir eine berufliche Sicherheit geboten hätten. Ich habe erneut eine Stelle an der Universität Berkeley angenommen und diese Institution als Ort schätzen gelernt, an dem ich auch die Frohe Botschaft verkünden kann. Ich habe lange und hart für eine Arbeitsatmosphäre gekämpft, die wesentlich von Ehrlichkeit, Gerechtigkeit, Freundlichkeit und Offenheit geprägt ist. Ich bin auch Mitglied des *University Religious Council.*
Im vergangenen Sommer habe ich eine Studentin, die die Ehe mit einem ehemaligen Franziskaner eingehen wollte, getraut (Im Staat Kalifornien kann man diese Tätigkeit für einen Tag ausführen und ein Paar rechtskräftig trauen). Schon einige Jahre zuvor habe ich eine junge Frau in der Gemeinde, in der ich aktiv war, getraut. Für sie war ich ihre Beichtmutter. Als ich sie darauf hinwies, dass ich ihr nicht die Absolution erteilen konnte, erwiderte sie, dass sie über ihr Problem nicht mit einem Mann sprechen könne. Als sie mich um die Trauung bat, sagte sie (sie hat wohlgemerkt einen Onkel, der römisch-katholischer Priester ist): »*Sie sind ein Priester.*« Dieses Gespräch hat mich meine Berufung in einem neuen Licht sehen lassen. Seitdem bin ich davon überzeugt, dass es nicht mehr lange dauern wird, bis ich »Anspruch auf ein Priesteramt erheben« kann.
In dem Bewusstsein, dass es auch für andere Frauen wichtig ist, »Anspruch auf ein Priesteramt zu erheben«, habe ich begonnen ein Buch mit dem Arbeitstitel »*Keep Your Day Job: Advice for Catholic Women Priests*« zu schreiben. Dieses Buch geht von der Prämisse aus, dass sich die römisch-katholische Kirche gegenwärtig in der Phase eines historischen Umbruchs befindet. Es zeigt vielfältige Möglichkeiten auf, wie Frauen ihre Berufung zum Priesteramt wahrhaftig und würdevoll annehmen und wie sie die Kirche darin unterstützen können, das Priesteramt neu zu verstehen.

Priesterschaft bedeutet, sich im umfassendsten Sinn auf das Leben einzulassen und danach zu streben, Christus zu verkörpern. Die Heilige Schrift bietet Orientierung für viele Lebensbereiche an. Wenn ich das Gebot des Evangeliums befolge, meinen Nächsten zu lieben und ihm zu dienen, erfahre ich das Leben in seiner ganzen Fülle. Ich kann es wahrhaftig feiern. Deshalb strebe ich intensiv und in tiefer Freude als Frau die Priesterschaft in der römisch-katholischen Kirche an.

Übersetzung: C. K.-H.

Angela White
Den Ruf Gottes vernehmen

Ich kreise um Gott, um den uralten Turm,
und ich kreise jahrtausendelang;
und ich weiß noch nicht: bin ich Falke, ein Sturm
oder ein großer Gesang.

Rainer Maria Rilke, Vom mönchischen Leben

Ich hole euch heraus aus den Völkern,
ich sammle euch aus allen Ländern
und bringe euch in euer Land ...
Ich schenke euch ein neues Herz ...
Ihr werdet mein Volk sein,
und ich werde euer Gott sein.

Ezechiel 36, 24-28

Nach meiner Erinnerung war ich etwa sechs Jahre alt, als ich an einem Ostersonntagmorgen zum ersten Mal den Ruf Gottes vernahm. An jenem Tag machte ich mich mit meiner Familie auf den Weg zu unserem Garten. Unterwegs entdeckte ich inmitten von Katzengold eine einzelne tiefpurpurrote Frühlingsblume. Erstaunt darüber, dass sie in einer so kargen Umgebung überhaupt gedeihen konnte, blieb ich eine Weile gebannt vor ihr stehen. Von der einfachen Schönheit dieser einzelnen Frühlingsblume angerührt, verspürte ich erstmals die zärtliche Stimme Gottes.

Jahre später brachte ein Foto, das Herbert Pirker für Barbara Frischmuths Buch *Fingerkraut & Feenhandschuh* angefertigt hatte, diese Erinnerung an meine Kindheit schlagartig zurück. Für Frischmuth, wie für mich » ... darf ein Garten mehr als bloß dürfen, denn ich erwarte mir von ihm, dass er mich überwältigt mit der Vielfalt seiner Formen, seiner Farben, seiner Düfte und mit all den Veränderungen, die in der Natur liegen. Nur dann bleibt mein Interesse an ihm so wach, dass ich alles für ihn tue, was er mir abverlangt ... Der Garten sucht sich seine Gärtnerin – während unsereins nur bemüht ist, ihn seine Möglichkeiten leben und bis an seine Grenzen gehen zu lassen.« Der in diesem Zitat beschriebene Garten steht nach meinem Verständnis symbolisch für Gott. Während des Zweiten Weltkrieges geboren, habe ich seit jeher eine tiefe Sehnsucht nach einer friedlichen Welt in mir getragen. Seit jenem Ostersonntag ist Gott mir immer, besonders aber in Momenten, in denen sich mein Leben änderte, gegenwärtig. Ich erinnere mich an meine Kommunion, an meine erste Beichte, die ich im selben Jahr, 1950, bei Padre Pio ablegte, vor allem aber an den Tag meiner Firmung, an dem ich zu einer geistlichen Kämpferin wurde, die bereit war, aus Liebe zu Gott ihr Leben hinzugeben.

Einer inneren Stimme folgend, verließ ich meine Geburtsstadt Krems an der Donau und lebte zunächst in Italien, später in England, Amerika, Indien und in Ohio. Anfang der sechziger Jahre begegnete ich Mutter Theresa, die mich lehrte, auch kleine Dinge mit großer Liebe zu tun. Während meiner ganzen Kindheit und Jugend haben mich Frauen, die ihr Leben in den Dienst Gottes stellten, nachhaltig geprägt. Zu ihnen zählte, neben meiner Mutter und Großmutter, Frau Dr. Leitmeier, die mir die Schriften Theresas von Avila nahe brachte. Damals lernte ich, dass Frauen voll göttlicher Gnade sein können und selbst hinter den besten Männern nicht zurückstehen sollten.

1962 lernte ich meinen späteren Mann kennen, dem ich im Laufe der Jahre sechs Kinder schenkte. Über dreißig Jahre lang meinte ich, dass nichts die Freude, die ich an unserem Hochzeitstag empfunden hatte, würde übertreffen können. Deshalb konnte ich unsere Scheidung nur schwer verkraften. Mit der Geburt zweier Enkelkinder kehrte mein Lebensmut zurück.

Am 28. Februar 2002 erhielt ich einen Anruf aus Österreich, der meinem Leben erneut eine andere Richtung geben sollte. Ich wurde gebeten, mich einer kleinen Gruppe von Frauen in Österreich anzuschließen, die sich ordinieren lassen wollten. Mit Christine Mayr-Lumetzberger, der Leiterin dieser Gruppe, hatte ich mich schon etwa drei Jahre zuvor ausgetauscht. Ihrer Prognose, dass in absehbarer Zeit Bischöfe bereit sein würden, auch Frauen zu ordinieren, stand ich sehr skeptisch gegenüber. Dass ich meine Meinung ändern würde, hätte ich schon damals wissen können. Schließlich hatte ich viele Jahre im Staat Ohio gelebt, dessen Motto »Mit Gott ist alles möglich« lautet.

Seit den frühen siebziger Jahren habe ich mich in zahlreichen Projekten für die Rechte der Frauen engagiert. 1975 nahm ich in Detroit an der weltweit ersten *Women's Ordination Conference* (Konferenz zur Ordination von Frauen) teil. Ich arbeitete im *Institute for Women Today* (Institut für Frauen in der heutigen Gesellschaft), das Margaret Ellen Traxler (1924–2001) leitete, erfolgreich mit. Margaret Traxler hatte im Rahmen der Frauenbewegung über Jahrzehnte hinweg mit besonderer Zivilcourage gegen herrschende Machtstrukturen opponiert. 1994 entfaltete sie mit Mitgliedern der *National Coalition of American Nuns* (Nationale Vereinigung amerikanischer Nonnen) auf einem Protestmarsch in Rom ein riesiges Banner mit der programmatischen Aufschrift »Sie treffen sich wegen uns, aber nicht mit uns.«

Zum ersten Mal habe ich Margaret in einer Talk-Show gesehen, in der sie zur Unterstützung der Hungerleidenden in Biafra aufrief. Ich setzte mich umgehend mit Bruder Charles Van Winkle von der St. Edward's High School in Verbindung, der bereits eine Spendenaktion ins Leben gerufen hatte. Gemeinsam brachten wir

100.000 Dollar auf, die in den Bau eines Krankenhauses in Biafra investiert wurden. Viele Jahre später besuchte ich als First Lady von Ohio Nigeria und half, das erste Handelsbüro von Ohio in Lagos mit aufzubauen, das seiner Zeit das einzige von einem US-Staat betriebene Handelsbüro auf dem afrikanischen Kontinent war. Zum Zeichen der Dankbarkeit führten Oni of Ife, Häuptling der Yoruba, und Golden Mother, eine alte Priesterin, meinen Mann und mich 1988 in ihre Gesellschaft ein. Während dieser heidnischen Initiationszeremonie wurde mir plötzlich bewusst, dass an diesem Tag gleichzeitig in der katholischen Kirche Karfreitag gefeiert wurde. Zwei Tage später besuchte ich eine Ostersonntagsmesse, die mir nachhaltig in Erinnerung geblieben ist, weil afrikanische und europäische Elemente harmonisch in ihr verschmolzen. Nach der Kommunion dachte ich an die alte Priesterin. Sie hatte mir versprochen, dass ich der Kraft ihres Titels, den ich nach der Initiation mit ihr teilte, nach ihrem Tod voll teilhaftig würde – ich würde es schon merken.

So dankbar ich Golden Mother und allen anderen, besonders den katholischen Frauen, bin, die mich unterstützt und gefördert haben, so will ich doch einräumen, dass zwei Methodistinnen auf Kelly's Island die Ersten waren, die mir die Augen für die Möglichkeit meiner Berufung öffneten und mich fragten, ob ich mich nicht ordinieren lassen wollte. Ihr Angebot lehnte ich in der Gewissheit ab, mich von keiner anderen als der katholischen Kirche ordinieren lassen zu wollen. Für mich war es unvorstellbar, Entscheidungen zu treffen, die meinen Exodus aus der katholischen Kirche, der Kirche meiner Eltern, bedeutet hätten. Wenn ich ordiniert werden sollte, sollte der Ruf aus der katholischen Kirche kommen, sollte ein katholischer Bischof die Weihe vornehmen. Nun ist es soweit. Die Exkommunikation ist möglicherweise unvermeidbar und der Preis für die Weihe. Zu meiner Entscheidung haben Freunde mir gesagt: »Wenn dies Gottes Wille ist, kann dem nichts entgegenstehen, und wenn es nicht so ist, kann nichts es ändern.«

In Gesprächen mit meinen katholischen FreundInnen habe ich

dargelegt, dass ich im Fall meiner Ordination mein politisches Engagement der vergangenen Jahrzehnte fortsetzen und weitere Projekte zur Unterstützung gesellschaftspolitisch Benachteiligter initiieren wollte. Ich hoffe, dass ich nach meiner Weihe das, wofür ich mich engagiere, besser ausfüllen kann.

Ich habe dich beim Namen gerufen.

Der Herr hat mich schon im Mutterleib berufen;
als ich noch im Schoß meiner Mutter war,
hat er meinen Namen genannt.

Jesaja 43, 1; 49,1

Meine Mutter, Dora Prohaska Braun, hatte ursprünglich ihre Freundin Anna Steinbach Blei zu meiner Patin machen wollen. Doch da deren Mann, ein bekennender Nazi, sich dagegen aussprach, übernahm meine Großmutter, die nach ihrer zweiten Heirat zur altkatholischen Kirche übergetreten war, diese Aufgabe. Getauft wurde ich auf die Namen Dagmar, Ingrid, Josephine. Meine Mutter liebte den Namen Dagmar so sehr, dass sie ihn schon meiner knapp ein Jahr älteren Schwester, die kurz nach ihrer Geburt starb, gegeben hatte. Als Kind war ich traurig darüber, dass es keine Heilige Dagmar gab. Erst viele Jahre später, als ich erfuhr, dass Dag-mar »ein Tag mit Maria« bedeutet, gewann mein erster Vorname eine Bedeutung für mich, nach der ich lange gesucht hatte. Im vergangenen Jahr erzählte mir eine Augustinerin, dass das Dagmarkreuz zum Gedenken an Königin Margarethe Dagmar in Dänemark bis heute anlässlich von Taufen, Firmungen und Hochzeiten verschenkt wird. Bei einer späteren Verlegung des Grabes der im Jahr 1212 verstorbenen Königin wurde ein kleines Kreuz entdeckt, das auf einer Seite Christus am Kreuz, auf der anderen Seite fünf Medaillons zeigt, dessen mittleres Christus als Herrscher über die Welt mit Maria zu seiner Rechten und Johannes dem Täufer zu seiner Linken darstellt.

Am 9. Mai 2002, an Christi Himmelfahrt, lautete der Vers eines Psalms, der in der Messe vorgetragen wurde: »Singt dem Herrn ein neues Lied, denn er hat Wunderbares vollbracht.« Dass ich es mir vorzustellen wage, einen Ruf zur Ordination in der römisch-katholischen Kirche anzunehmen, erfordert die Bereitschaft, ein neues Lied anzustimmen.

Nach dem Kirchgang entdeckte ich zu Hause eine Karte mit einer Madonnaabbildung und einem kurzen Text, welcher der heiligen Brigida, der Gründerin des Klosters Kildare, zuzuschreiben sein soll. Der Legende nach wurde Brigida vom Heiligen Mel, dessen Namen Honig bedeutet, zur Bischöfin geweiht. In ihrem Kloster brannte zum Gedächtnis an sie ein Feuer, das erst während der Reformationszeit gelöscht wurde. Diese Karte, die mir meine Freundin, Schwester Ruthmary P. geschickt hatte, hat für mich eine besondere symbolische Bedeutung, weil wir Brigida als Schutzherrin unseres gemeinnützigen Erziehungsprojekts TYRIAN auserkoren haben – vielleicht aber auch, weil der beste Honig aus purpurroten Blumen wie jener Frühlingsblume gewonnen wird, bei deren Anblick ich an einem Ostersonntag zum ersten Mal den Ruf Gottes vernahm.

Vielleicht sind die Frauen, die im Jahr 2002 am Gedenktag von Peter und Paul ordiniert werden sollen, dazu aufgefordert, jenes vor Jahrhunderten erloschene Feuer wieder anzuzünden, um der Berufung zur Priesterweihe von Frauen in der römisch-katholischen Kirche Gewicht zu verleihen.

Übersetzung: C. K.-H.

Christine Mayr-Lumetzberger
**Weiheämter für Frauen in der römisch-katholischen Kirche –
Das Ausbildungsprogramm**

1 Ziel, Voraussetzungen und Grundprinzipien der Ausbildung
1.1 Ziel der Ausbildung
Ziel der Ausbildung ist eine spirituelle und praktische Vorbereitung von Frauen für Weiheämter in der römisch-katholischen Kirche.

1.2 Voraussetzungen für die Teilnahme
– Der persönliche Glaube jeder Teilnehmerin ist selbstverständliche Voraussetzung. Eine »Prüfung des Glaubens« werden sich die Organisatoren der Ausbildung nie anmaßen.
– Eine theologische Ausbildung jeder Teilnehmerin wird vorausgesetzt.
– Von jeder Teilnehmerin wird psychische Stabilität in ausreichendem Maße vorausgesetzt. Die Ausbildungsgruppe ist keine Selbsthilfegruppe.

1.3 Grundprinzipien der Ausbildung
– Das Ausbildungsprogramm ist kein theologisches Ersatzstudium (theologische Ausbildung wird vorausgesetzt), sondern ist ein »training on the job«.
– Die Teilnehmerinnen sind kompetent – Frauen bilden einander aus. Weitere ReferentInnen werden bei speziellem Bedarf eingeladen.
– Kern der Ausbildung sind 10 Ausbildungseinheiten über jeweils ein Wochenende. Jede Ausbildungseinheit steht unter einem eigenen Thema (siehe unten).
– Die Ausbildungsinhalte sind zu einem großen Teil außerhalb der Ausbildungseinheiten vor allem auch im Wege der Praxis zu erarbeiten.
– Die Ausbildung dauert 6 Semester.

– Jede Teilnehmerin wählt für sich zwei pastorale Schwerpunktfelder aus, die nicht nur persönliches Weiterbildungsziel sein sollen, sondern auch über gruppendynamische Prozesse in die Ausbildung einfließen sollen.
– Jede Teilnehmerin erstellt eine umfassende persönliche Dokumentation über die Ausbildung.

2 Ausbildungsinhalte
– *Spiritualität*: Erforschen und Erfahren des priesterlichen Lebens; jede Teilnehmerin wählt sich für die Ausbildung eine Person zur geistlichen Begleitung; Praxis geistlicher Übungen und Formen
– *Sakramentenlehre*: Theologie, Spiritualität und praktische Übungen zu allen katholischen Sakramenten und Sakramentalien
– *Liturgie*: Theologie und Praxis verschiedener Gottesdienstformen; Funktion der Vorsteherin; Praxis vor allem auch außerhalb der Ausbildungseinheiten
– *Pastoral*: Alle pastoralen Bereiche mit ihren speziellen Anforderungen; Sterbe- und Trauerbegleitung; Ökumene; Grundkenntnisse auch in EDV, Buchhaltung, Medienkunde
– *Rhetorik und Homiletik*: Anleitungen, Fertigkeiten und Hilfen für den Predigtdienst; Praktische Übungen zu vielfältigen Themen; Vertiefung der Verkündigung
– *Psychologie*: Einüben des Zuhörens; Konflikte: Zulassung, Bewältigung, Lösung; Streitkultur; Gruppendynamik; Teamarbeit, Führungsarbeit
– *Kreativität*: Sakramente für alle Sinne; Kreativität in allen Bereichen der Seelsorge
– *Berufungsgeschichte*: Jede Teilnehmerin schreibt ihre persönliche Berufungsgeschichte. Weitergabe persönlicher Erfahrung; Intensivierung der eigenen Reflexion über die Berufung.

3 Aufbau und Themen der Ausbildungseinheiten
3.1 Grundstruktur der Ausbildungseinheiten
Die Bausteine für die Einheiten stehen jeweils unter einem Thema, mit dem versucht wird, viele einzelne Elemente zu vernetzen.

Die Einheiten sind wie folgt strukturiert:
- Abend: gemeinsamer spiritueller Raum
- Erster Halbtag: Gruppenarbeiten in Theorie und Praxis
- Zweiter Halbtag: persönliche Auseinandersetzung und Bearbeitung
- Dritter Halbtag: Praktische pastorale Übungen

3.2 Themen der Ausbildungseinheiten:
1. Einheit: »Ich steh vor dir mit leeren Händen am Anfang eines Weges«
Beginn der Ausbildung
2. Einheit: »Prophetin durch die Taufe«
Taufe und Ostern
3. Einheit: »Frauen gehen uns voran«
Salbung in Taufe, Firmung, Weihe, Krankheit
4. Einheit: »Das Feuer der Ruach hat mich hergetrieben«
Pfingsten und Firmung
5. Einheit: »Du reichst mir das Brot und füllst mir den Becher«
Wir sind zum Mahl geladen – Eucharistie, Gründonnerstag, Fronleichnam, Anbetung
6. Einheit: »Befähigt zum Neubeginn«
Buße, Umkehr, Aschermittwoch, Fastenzeit, Advent, Neubeginn, Wallfahrt
7. Einheit: »Gott hat mir einen Liebsten geschenkt«
Beziehungen, Ehe, Alleinleben, Hoch- und Tiefzeiten, Mutter-, Vater-, Elternsein, Kinderlosigkeit, Evangelische Räte
8. Einheit: »Da hast du mein Klagen in Tanzen verwandelt«
Tod und Leben, Sterben und Auferstehen – Lebenskrisen, Krankheit, Krankensalbung, »Heil werden«, Sterben, Begräbnis
9. Einheit: »Du hast mich gerufen, ich bin gekommen«
Berufen zum Weiheamt, Stundengebet
10. Einheit: »Ich breite meine Hände aus und weiß, dass du sie füllst«
Bereit zum Fest, bereit für den Dienst
Linz, im April 1999

Gisela Forster
Ausbildung mit Power – Ein Bericht

In den basistheologischen Kreisen Bayerns war es im Juli 1998 Gesprächsthema Nummer eins: die geplante Ausbildung zur römisch-katholischen Priesterin unter der Leitung von Christine Mayr-Lumetzberger. Diese Ex-Klosterfrau der Benediktinerinnen von Steinerkirchen (Oberösterreich) war zu jener Zeit auf der Suche nach Gleichgesinnten für einen Ausbildungslehrgang zur römisch-katholischen Priesterin. Dies war nicht der erste Versuch in dieser Richtung. 30 Jahre zuvor hatten Frauen erste Initiativen gestartet, um eine Gleichberechtigung der Frau innerhalb der römisch-katholischen Kirche zu erreichen und in den Achtzigerjahren, beim Kirchentag in Aachen, hatten sich acht Theologinnen und Philosophinnen aus Deutschland zu einem erneuten Vorstoß in Richtung Priestertum der Frau zusammengefunden. Diese Aachener Gruppe institutionalisierte sich in der Vereinigung »Maria von Magdala« und versucht seither, dem Amt Schritt für Schritt näher zu kommen.

Nun also, 1998, der Vorstoß der Österreicherinnen. Ich war seit 1980 Mitglied der »Kirche von unten«, regelmäßige Kirchentagsbesucherin, Aktive bei der »Vereinigung katholischer Priester und ihrer Frauen«, eines der ersten Mitglieder der »Initiativgruppe vom Zölibat betroffener Frauen«, Mitwirkende in zahlreichen weiteren kirchlichen Basisgruppen und Initiativen. Als der Ruf von Christine Mayr-Lumetzberger an die Kirchenbasis erging, war ich zunächst unentschlossen. Ich hatte meine Zweifel und war eher skeptisch. Am ersten Informationsabend nahm ich bewusst nicht teil, erst zum zweiten Abend rang ich mich durch: Ort war eine Adresse im alten Schwabing in München. Als ich durch die eichene Eingangstüre ging, spürte ich sofort die angenehme, entspannte Atmosphäre. In dem schön hergerichteten Schwabinger »Salon« hatte die Gastgeberin im hohen Jugendstilraum dreißig Stühle an den Wänden aufgestellt. Theologinnen, Theologen, amtierende Priester, Priester ohne Amt, Frauen aus allen seelsorglichen Bereichen der Kirche nahmen Platz. In der Ecke vor dem großen roten Lehnstuhl stand Christine Mayr-Lumetzberger. Mit bewegter und bewegender Stimme sprach sie von dem Auftrag der Frauen, von den Talenten, die zum Priesteramt befähigen und vor allem von ihrer Strategie: »Wir Frauen sind gut ausgebildet, kundig der Pastoral und Seelsorge, wir sind schon lange in Pfarrämtern tätig, wir sind Krankenhausseelsorgerinnen oder Katechetinnen und wir werden durch die dreijährige Ausbildung fähig sein, das Amt der römisch-katholischen Priesterin ebenso gut, oder – mit einem Schmunzeln – vielleicht sogar besser als mancher Mann auszuüben.« Die forsche Linzerin gab sich zuversichtlich, dass sich nach Absolvieren des zehn Blockseminare umfassenden Ausbildungskatalogs und nach Abschlussprüfungen durch wissenschaftliche Theologinnen und Theologen ein römisch-katholischen Bischof finden würde, der zur Weihe bereit sein würde.

Wer wagt es?
Christine Mayr-Lumetzberger war überzeugt, dass diese Strategie den Weg für Frauen ins katholische Priesteramt frei machen würde. Die anwesenden Katholikinnen und Katholiken ließen sich von ihrer Begeisterung anstecken. Der Weg wurde uns immer klarer, nur: Wer sollte sich angesprochen fühlen? Wer sollte, wer würde mitmachen, wer würde es wagen, wer traute sich?
Christine Mayr-Lumetzberger richtete zum Schluss die Gretchenfrage an jede einzelne von uns anwesenden Frauen: Würdest du dich anschließen? Gleichzeitig schränkte sie ein: sinnvoll sei eine Anmeldung nur für Frauen, die wirtschaftlich nicht von der Kirche abhängig seien, die keine Prozesse vor dem Arbeitsgericht befürchten müssten, und – wieder mit einem Schmunzeln – eben solche, die bereits »aus den Diensten der Kirche rausgeflogen« seien. Sie selbst war Nonne gewesen, aus ihrem Orden ausgeschieden, hatte in der Krankenhausseelsorge gearbeitet, war durch die Heirat mit einem geschiedenen Mann aus dem Dienst der katholischen Kirche entlassen worden. Die Ausführungen und Fragen berührten mich. Auch ich war lange Zeit im Dienst der

katholischen Kirche tätig gewesen: 17 Jahre unterrichtete ich an einem katholischen Gymnasium Kunst, bis ich eines Tages die fristlose Kündigung erhielt, weil der Vater meiner beiden Kinder ein katholischer Priester war. Von meinem Werdegang, von der wirtschaftlichen Unabhängigkeit war ich geeignet, war ich es aber auch von der Eignung her? Und vor allem: Wollte ich das, wollte ich römisch-katholische Priesterin werden?

Ich beschloss, diese Fragen nicht gleich endgültig zu beantworten, sondern mich erst einmal zur Ausbildung anzumelden. Vielleicht würden sich in der Auseinandersetzung mit den Ausbildungsthemen, in den Gesprächen alle anderen Fragen klären ...

Das kleine Österreich, von dem bereits 1995 das Kirchenvolksbegehren ausgegangen war, hatte nun auch die Durchführung der Ausbildung zu organisieren. Einhundert Frauen hatten sich in die Interessentinnenlisten eingetragen, etwa 30 waren entschlossen, bei den ersten Ausbildungsgruppen mitzumachen. Als Ausbildungsorte entschied man sich für Linz, Innsbruck und Wien. Wir Frauen aus Bayern wurden der Linzer Gruppe zugeteilt. Im September 1998 traf sich unsere Gruppe zum ersten Mal. Als Ort hatten wir ein Kloster gewählt. Die Tagungsräume wurden unter dem Thema: »Kirchliche Frauenarbeit« gemietet. Gleich neben unseren Tagungsräumen fanden Frauen-Stick-Kurse, Frauen-Handarbeitskurse, und dergleichen statt. Wir ließen die anderen in dem Glauben, dass auch wir »handarbeiten« würden. Man wunderte sich dann allerdings, dass nichts »Vorzeigbares« bei unserer Gruppe herauskam. Die anderen Frauen entwarfen Dirndln, Taschen, Patchworks –, bei uns ging höchstens ein Leuchten über das Gesicht mancher Teilnehmerin, denn vom ersten Moment an war eine besondere Verbindung zwischen uns, ja noch mehr: Schon bei der ersten Kennenlern- und Vorstellungsrunde hatte sich gezeigt, welch starke Frauen aus den verschiedenen Teilen Bayerns und Oberösterreichs da zusammengekommen waren. Es war so, als hätten wir einander gefunden. Wir verstanden einander, redeten eine ähnliche Sprache, wir zeigten unser Engagement, fanden ähnliche Formulierungen. Wir waren gewissermaßen von Anfang an ein unschlagbares Team. Zwar zeigten wir in unseren Wortmeldungen auch ganz offen Zweifel an unserem Tun und verbargen nicht unsere Skepsis, ob der Weg, den wir gehen wollten, der richtige sei. Auch überlegten einige von uns lange und selbstkritisch, ob gerade sie die geeigneten Personen seien, die es wagen sollten ... aber die Hoffnung überwiegte. Als wir am ersten Abend in einer Lichterprozession eng aneinander durch den Innenhof des Klosters gingen, uns am Brunnen in der Mitte aufstellten, Photos machten und uns zum ersten Mal als Gruppe empfanden, da ging eine Gewissheit durch unsere Reihen, die uns Zuversicht gab. Wir wussten, der Start war geglückt, das Unternehmen »Gleichberechtigung der Frau in der katholischen Kirche« hatte mit dieser Stunde begonnen.

Wir alle standen dahinter. Gewiss, einige konnten sich offener zeigen, konnten sich persönlicher und stärker mit dem Vorhaben identifizieren als andere. Der Grund dafür war, dass entgegen unseren Vorsätzen auch Frauen in unseren Reihen waren, die von der katholischen Kirche doch nicht so ganz unabhängig waren. Diese Frauen sagten ganz offen: Ich mache mit, ich stehe dahinter, aber weihen lassen kann ich mich nicht. Daneben gab es Frauen, die lange Zeit in der katholischen Kirche ganz vorne gestanden waren, denen aber schlimm mitgespielt worden war. Von Demütigungen, Unlogik, Befremdlichkeiten, Unterdrückung war da die Rede. Diese Kirchengeschädigten hatten nicht mehr die Kraft für dieses unser Reformvorhaben, aber sie versicherten, sie würden voll dahinter stehen und zur Gruppe halten.

Powerfrauen
Wir einigten uns darauf, dass die Ausbildungstexte in Eigenstudium oder mit Kleingruppen am Heimatort erarbeitet werden sollten, so dass jede Auszubildende bereits den Inhalt des bevorstehenden Wochenendes durchdacht haben sollte, bevor sie in die Gruppe kam. Wenn wir dann beisammen waren, wollten wir uns vor allem mit den Hintergründen, den Zweifeln, der Kompatibilität, der Verifizierbarkeit, der Logik und Durchführbarkeit

beschäftigen. Dazu sollte jede Frau zu jedem Ausbildungsabschnitt etwas ganz Persönliches beitragen – inhaltlich, wissenschaftlich oder empirisch.

Diese Vorgehensweise hatte zur Konsequenz, dass wir nicht in ermüdenden klerikalen Vorträgen stecken blieben, sondern sofort mit Diskussion, Hinterfragung und – warum auch nicht – harter Kritik beginnen konnten. Von Anfang an war Power in den Diskussionen, gab es Konflikte, gegensätzliche Ansichten, schmerzliche und schöne Erfahrungen, Visionen und Inspirationen. Wir blieben nie in Nachahmungen oder sinnlosem Befürworten stecken, sondern öffneten einander unsere ganz eigenen Denkansätze. Schon nach dem ersten Ausbildungswochenende war uns klar: Diesmal waren wir Frauen auf dem richtigen Weg. Die nächsten Treffen wurden in Pfadfinderlagern, kirchlichen Einrichtungen, Schlössern und Burgen organisiert. Die Diskussionen wurden noch intensiver, zum Teil auch kritischer und es mangelte nicht an zum Teil sehr harten Konfrontationen. Hierbei zeigte sich, wie nahe die einzelnen Frauen der herkömmlichen Kirche in ihren derzeitigen Erscheinungsformen waren, wie sehr sie sich entfernt hatten, oder wie weit sie bereit waren, kirchendistanziert zu denken. Die Konservativeren unter uns setzten sich mit den Liberaleren auseinander, einige zeigten ihre Besorgnis, Tradiertes unverändert weiterzugeben, doch zum Schluss war uns stets klar, dass es nicht darum ging, dass bei einem Seminar Einzelne über andere siegten, sondern darum, dass sich der Gesamtverband der römisch-katholischen Kirche verändert, und zwar einerseits nach innen, sodass die Frau ihren legitimen Platz in allen Ebenen der römisch-katholischen Kirche erhalte und andererseits grundsätzlich, nämlich durch gleichberechtigte Anerkennung des weiblichen Geschlechts, wie es die Menschenrechtserklärungen der Länder der Welt vorschreiben.

Ein großes Problem blieb bis zum Schluss: Würde sich weltweit ein mutiger Bischof finden, der weihen würde? Die Kriterien für uns: Es sollte ein Bischof sein, der selbst nach römisch-katholischem Ritus geweiht worden war und der nachweislich in der

Apostolischen Sukzession stand. Diese Frage nach der Sukzession beschäftigte die Frauen unserer Gruppe unterschiedlich. Die einen meinten, eine Sukzession ließe sich sowieso nicht bis Petrus nachweisen, andere sprachen davon, dass Sukzessionen grundsätzlich zu einer bestimmten Zeit immer gefälscht wurden, wieder andere maßen dem keinerlei Bedeutung bei. Der Wert der Sukzession, so kamen wir überein, sei eher ein ideeller, als ein materieller. Es gehe nicht darum, Sukzession als Faktum nachzuweisen, sondern vielmehr darum, dass ein Amt, ein Auftrag, eine Art Kraft von einer Person auf die nächste weitergegeben werde, so wie etwas Wertvolles, etwas Wichtiges, etwas für den Gebenden Bedeutendes aktiviert werde, das der Person, an die diese Geste weitergegeben werde, Auftrag und Kraft zugleich sei.

Schlussprüfungen
Ende 2001 hatte unsere Gruppe die 10 Ausbildungseinheiten durchlaufen. Wie im Ausbildungsprogramm vorgesehen, sollte eine Prüfung die Eignung und Befähigung zum römisch-katholischen Priesteramt zeigen. Die Prüfung fand als mündliche Prüfung statt, zu der die zu Prüfende Schwerpunkte vorbereiten konnte. Das Prüfungsgremium bestand aus einem katholischen Hochschulprofessor, einem Diplom-Theologen und einem Ordensangehörigen. Neben theologischem Wissen wurde vor allem die persönliche Eignung geprüft. Die zu Prüfende sollte ihre persönliche Einstellung zu Seelsorge, Pastoral, zur aktuellen Ethik, zu Gewissensentscheidungen und Konfliktbewältigungen darlegen können. Das Prüfungsgespräch fand in einer sachlichen Atmosphäre statt. Es stellte die letzte große Hürde vor dem Beginn der entscheidenden Phase der Weihe dar: Wer, so fragte sich jede von uns, würde es persönlich durchhalten, wer würde zur Weiheentscheidung stehen? Wer würde sich selbst so sicher sein, dass er Drohungen der amtierenden katholischen Hierarchie als nicht zu belastend erleben würde, wer würde schließlich für sich selbst erkennen, dass nicht das, was in menschenfeindlichen Formeln stehe, wichtig sei, sondern allein das, was der Mensch für sich

verantworten könne – im Einklang mit der letztgültigen Instanz des eigenen Gewissens.

Zum Schluss blieben Frauen, die zögerten und zweifelten, einige, die nicht die Ersten sein wollten, andere, die glaubten, die Zeit sei noch nicht reif. Es blieben aber auch Frauen, denen bewusst war, dass frau nicht länger zurückstecken und Entscheidungen hinausschieben könne. Es blieben Frauen, die erkannten, dass das Bewusstsein der Menschen für die Frauenpriesterweihe gebildet sei, Frauen, denen klar war, dass viele Suchende nicht nur männliche Priester finden wollten, sondern bewusst die Frau als Seelsorgerin wünschten.

Auswahlkriterien für die weihenden Bischöfe

Der Ausbildungslehrgang 2002 unter der Leitung von Christine Mayr-Lumetzberger stellte auf der Suche nach geeigneten Bischöfen einen Kriterienkatalog zusammen. Darin geht es der besonderen Situation entsprechend weniger um ein »Unbescholtenheitszeugnis« des Vatikans, sondern um die Motive des weihenden Bischofs, seine Ansichten zu Reformen in der Kirche, zur Ökumene und vor allem um seine lückenlose und offiziell bestätigte Apostolische Sukzession.

Kriterien:
1. Stehen Sie als Bischof in der Apostolischen Sukzession? Von welchem Bischof wurden Sie geweiht? Wer hat den Bischof geweiht, der Sie geweiht hat?
Wir Frauen brauchen eine transparente, klare Sukzession, die deutlich macht, dass der Bischof, der uns weiht, in den letzten drei Weihevorgängen die direkte Sukzession der römisch-katholischen Kirche nachweisen kann.
2. Können Sie sich vorstellen, Frauen zu weihen? Was sind Ihre Motive dafür?

3. Möchten Sie Frauen »heimlich« weihen, oder würden Sie sich offiziell zur Frauenweihe bekennen?
4. Haben Sie eine konkrete Diözese, eine »Personal-Prälatur« (wie die Integrierte Gemeinde oder Opus Dei), oder eine »virtuelle Diözese« (wie Bischof Gaillot)? – alle drei Formen sind willkommen.
5. Leben Sie ehelos, sind Sie verheiratet oder geschieden?
Zur Erläuterung: Wir greifen nicht in die Lebensform eines Bischofs ein. Jeder Mensch soll und muss selbst entscheiden, in welcher Kommunikations- und Liebesform er leben will. Ein »eheloser« Bischof ist für uns Frauen keine Bedingung für die Weihe. Wir würden es eher begrüßen, wenn er den Vorstellungen des Hl. Paulus im Brief an Timotheus von einem Bischof entspricht: »Der Bischof soll ein Mann ohne Tadel sein, nur einmal verheiratet, nüchtern, besonnen, von würdiger Haltung, gastfreundlich, fähig zu lehren ... ein guter Familienvater ...« (1Tim 3,2).
6. Halten Sie Reformen in der Kirche für eine stetige Erneuerung als unumgänglich?
7. Wollen Sie mit allen Kräften eine Kirchenspaltung vermeiden, auch wenn Sie sich zur Frauenpriesterweihe bekennen?
Wir Frauen wollen keine Konfrontation mit der römisch-katholischen Kirche, sondern zu einem vernünftigen Dialog mit ihr kommen, in dem die Notwendigkeit geklärt wird, dass auch Frauen geweiht werden.

Diese Fragen sind für uns wichtig, danach haben wir unsere »Weihebischöfe« ausgewählt. Diejenigen, die meinen, es müssten zusätzliche »Qualifikationen« bezüglich sexueller Orientierung vorliegen, irren sich grundlegend. Auf eine solch primitive Argumentationsebene begeben wir uns nicht. Die Kirche musste gerade in den letzten Jahren zur Kenntnis nehmen gesehen, zu welchen Abartigkeiten die Fixierung der Kirche auf eine unnatürliche Sexualität geführt hat. Diese Irrtümer werden wir nicht fortsetzen.

Für den Ausbildungslehrgang:
Christine Mayr-Lumetzberger, Gisela Forster

»Warum wir Frauen weihen« –
Die Antwort der Weihebischöfe

Warum ich Frauen weihe

Warum? Warum nicht, möchte ich entgegnen.
Ohne auf den kirchenrechtlichen oder theologischen Aspekt näher einzugehen, möchte ich die emotionalen Gründe für meinen Schritt betonen.
Aber es gibt auch ganz solide und ehrenwerte Begründungen für diese meine Position:
Aus Sensibilität, aus eigener Überzeugung, aus humanitären Gründen, aus dem Wesentlich-Christlichen heraus, aus Respekt vor der Moral, zur Erfüllung des Wortes Gottes, aus meinem eigenen Pflichtgefühl, aus meiner persönlichen Überzeugung, wegen der Ökumene, aus Ehrfurcht vor dem Hl. Geist – ich könnte noch viel mehr Gründe anführen, warum ich Frauen ins Priestertum integrieren möchte.
Auf einige Punkte möchte ich doch etwas ausführlicher eingehen.
1. Sensibilität: Meine Sensibilität verbietet es mir, die Priesterweihe jemandem einfach zu verweigern.
2. Persönliche Überzeugung: Ich finde keinen stichhaltigen Grund, warum eine Frau nicht die Aufgabe einer Priesterin erfüllen sollte.
3. Humanität: Es ist herzlos, dass ein männliches Wesen einem anderen Wesen den Zugang zum Weiheamt verweigert, nur weil dieses Wesen ein anderes Geschlecht hat.
4. Christentum: Jesus Christus hat weder öffentlich noch in kleinem Kreis je etwas gegen Frauen gesagt, aus dem man ableiten könnte, er wäre – zu welcher Zeit auch immer – gegen Frauen in Weiheämtern. Sich in dieser Frage auf ihn zu berufen, hieße, seine Botschaft zu verfälschen, nach der wir in ihm alle gleich sind vor dem Vater.
Noch einmal: Ich darf Frauen das Priesteramt nicht verweigern –

aus Respekt vor dem Nächsten, aus Respekt vor mir selbst und aus Respekt vor Gott und seiner Botschaft.
5. Was die Moral betrifft, ist es für mich absolut unmoralisch, ein menschliches Wesen nur wegen seines Geschlechts, seiner Rasse oder sonst einem Grund anders oder gesondert zu sehen. Das könnte die persönliche Entwicklung eines Individuums behindern. Des weiteren ist es meine Pflicht als Bischof, die apostolische Mission zu erfüllen und die Sakramente in der rechten Absicht zu spenden – in Erfüllung des Wortes Gottes. Jesus sagte seinen Jüngern: »Geht und verkündet das Wort Gottes!« – und er unterscheidet bei diesem Auftrag nicht zwischen Männern und Frauen, Weißen und Schwarzen, Lahmen oder Gehenden. Jeder Mensch, der in Übereinstimmung mit den grundsätzlichen menschlichen Prinzipien lebt, merkt, dass dieses Gebot nur von Rom erfunden ist, gegen jede Logik verstößt und ein feindliches Klima erzeugt. Und indem es so unlogisch und unvernünftig ist, wird es von selbst ungültig.
6. Unter Ökumene versteht man allgemein die von Menschen, von Männern und Frauen bewohnte Erde, im speziellen die Zusammenführung aller Religionen zum Wohl und zur Einheit der Menschen. Daraus folgt, dass die Frauen weder in persönlicher Hinsicht noch aus religiösen Gründen in irgendeiner Weise auszuschließen sind. Sie können das Priesteramt in vollem Umfang ausüben.
7. Der Heilige Geist bestimmt, wer eine Berufung hat und wer nicht – aus Respekt vor ihm sollten wir die göttliche Botschaft von der Berufung von Menschen anders interpretieren, als es derzeit in der römisch-katholischen Kirche geschieht. Es gilt, den Willen Gottes zu erfüllen, ohne Bedingungen, ohne Auflagen, ohne Behinderungen, ohne Ausgrenzungen. Gott macht keine Unterscheidung hinsichtlich des Geschlechts, wer Diener Gottes sein kann und wer nicht.
Es ist eine Diskriminierung der Frauen zu sagen, dass sie wegen ihres Geschlechts nicht berufen und nicht fähig sein können, diesen Dienst auszuüben. Eine solche Argumentation ist unehren-

haft und gegen die guten Sitten. Das Schlimmste aber ist, dass die römische Kirche das alles im Namen Gottes verkündet. Es ist eine Schmähung, eine Beleidigung Gottes, wenn ich Frauen als Wesen zweiter Klasse ansehe.

Der römisch-katholische Bischof, der mich geweiht hat, gab mir den Auftrag, explizit Frauen zu Priesterinnen zu weihen. Er machte es geradezu zu einer Bedingung für meine Weihe: Ich musste ihm versprechen, dass ich bereit sei, Frauen die Priesterinnenweihe zu spenden. Seine Überzeugung war, dass man die eine Hälfte der Menschheit nicht einfach ausgrenzen und ausschließen dürfe.

Dieser Bischof war ein sehr bekannter, berühmter Mann: Er war Vorsitzender und Leiter vieler kirchlicher Organisationen – und er war ein weiser Mann, denn er sah offen und bewusst die Probleme in der Kirche, die sich durch das Heruntersehen auf Frauen ergeben. Er war in der Priesterausbildung tätig und sah die negativen Folgen, die einen von der Frau abgewandten Klerus treffen, und die Probleme, die der Zölibat beinhaltet. Für ihn war es eine Notwendigkeit, den Frauen nicht nur untere administrative Aufgaben zu geben.

Heute spielt die Frau eine andere gesellschaftliche Rolle als zu der Zeit, als Jesus Christus wirkte. Die römische Kirchenleitung argumentiert gegen die Zulassung von Frauen zum Priesteramt mit der Behauptung: Jesus habe nur Apostel berufen. Das ist richtig, aber es ist ein Zeichen der damaligen Zeit. Heute haben Frauen andere gesellschaftliche Wirkungskreise und die Kirchenleitung sollte nicht die Augen von diesen Veränderungen abwenden. Heute kann man nicht mehr sagen, du darfst etwas, weil du ein Mann bist, oder du darfst etwas nicht, weil du eine Frau bist. Niemand hat das Recht eine andere Person zu diskriminieren.

Ich finde keinen Grund, warum man Frauen nicht weihen sollte. Gott ist der Gott aller Menschen, unabhängig vom Geschlecht. Die Kirche sollte keine Sekte, keine Bruderschaft sein, die derartige Bedingungen für die Aufnahme stellt.

Wir sollten auch nicht vergessen, dass es im ersten Jahrtausend

sehr wohl Priesterinnen und sogar Bischöfinnen gab – was die römische Kirche immer abzustreiten versucht.
Ich weihe Frauen in meiner Eigenschaft als Diener Gottes und als Bischof mit einer unzweifelhaften apostolischen Sukzession.
Ich verabschiede mich mit einer Umarmung in Christus.
Bischof Dr. N.N.*

**Warum ich Frauen weihe oder
Gott schreibt gerade auch auf krummen Zeilen**

Mein priesterliches Leben
Ich wurde vor über 40 Jahren zum Priester geweiht. Ich war religiös erzogen, Internatsschüler in einem Benediktinerstift und der Eintritt in diesen Orden war vorgesehen – auch bei mir, trotz aller Zweifel. Ich wurde zum Priester geweiht, es gab kleinere und größere Rebellionen, aber das passte ins Bild des modernen Kaplans. Ich war gerne Priester und ich hatte auch Erfolg bei den Menschen. Ich ging dann von meiner Pfarre weg als Missionar nach Lateinamerika und habe dort auch gerne gewirkt.
Die Probleme haben sich nach meiner Rückkehr nach drei Jahren allerdings aufgetürmt: Burn out nach vielen Dienstjahren, das Aufeinanderprallen von europäischer Kultur und südamerikanischer Tristesse und Lebensart, autoritäre Führungsstrukturen im Orden und der Kirche und letzlich auch die in meinen Vierzigern auftauchenden Midlife crisis. Ein meinem Orden gegenüber durchgesetztes Psychologiestudium und neue Lebensperspektiven führten dann zu Ordensaustritt und Abschied vom Priesterberuf.
Nach weiteren zehn Jahren heiratete ich eine frühere Ordens-

---

* Die Namen der Weihebischöfe waren zum Zeitpunkt der Drucklegung des Buches noch nicht bekannt. Nähere Informationen können der Tagespresse und den Medien entnommen werden; ab dem 1. 7. 2002 auch im Internet unter www.patmos.de unmittelbar bei den Angaben zum Buch.

schwester, die ich schon lange gekannt hatte. Die Ehe blieb kinderlos und endete nach 12 Jahren mit Scheidung.

Mein Weg in der Kirchenreform
Freunde nahmen mich in meiner Scheidungskrise mit in die Reformbewegung des Kirchenvolksbegehrens. Es gab wieder Hoffnung, dass sich in der Kirche etwas bewegen könnte. Christine Mayr-Lumetzberger begann mit der Ausbildung für Frauen zu Priesterinnen. Das betraf auch meine Lebens- und Berufungsfragen.

Die Frage der Disziplin
Bei der Weihe der Diakoninnen übernahm ich die Rolle des Diakons in der Liturgie. Mit dem Weihebischof hatte ich freundschaftliche Kontakte geknüpft, er überzeugte mich in seiner Haltung der Solidarität. Sein konsequenter Wunsch, mich zum Bischof zu weihen, traf mich allerdings überraschend.
Vieles war zu bedenken:
ich habe eine priesterliche Berufung, verspürte aber auch den Wunsch nach Ehe und Familie,
ich bin in allen Lebensformen anscheinend gescheitert,
ich fühlte und erlebte mich mein ganzes Leben als Priester,
ich hatte Gehorsam gelobt in meiner Ordensprofess.
Bei meiner Ordensprofess war es auch um die »conversatio morum« gegangen – die Bekehrung der Sitten, das heißt fallen und immer wieder aufstehen, neu anfangen, umkehren, neue, auch unbekannte Wege zu Gott und den Menschen suchen.
Natürlich fragte ich mich auch, was meine Mitbrüder und Freunde denken würden, wenn ich mich als Bischof besonders des Priesteramts der Frauen annehmen würde.

Es ist wie es ist
Ich habe in die Bischofsweihe eingewilligt und bin bereit, an der Weihe der Frauen mitzuwirken.

Ich bete darum, dass die Menschen, besonders die Frauen, mich jetzt als Bischof annehmen können. Ich werde für sie da sein. Wenn sie mich um meinen bischöflichen Dienst bitten, werde ich ihnen die Hände auflegen. Ich werde jene Dienste tun, die den amtlich bestellten Bischöfen nicht möglich sind.

Bischofsernennungen durch den Papst entsprechen nicht immer den pastoralen Bedürfnissen und scheinen eine Restauration konservativer Strömungen zu begünstigen. Sie dienen oftmals der Machterhaltung Roms und der zentralistischen Kontrolle. Gefragt sind nachgehende Pastoral und nicht »Regimesicherung« und Zentralismus. Der Bischof soll aus dem Volk und für das Volk geweiht sein – eine der Forderungen des Kirchenvolksbegehrens. Viele amtsführende Bischöfe fürchten Sanktionen, wenn sie die vatikanische Disziplin durchbrechen. Das hätte ihre Abberufung durch den Heiligen Stuhl und eine Neubesetzung ihrer Diözese zur Folge.

Da ich als Bischof nur jene pastoralen Bereiche abdecke, die dem amtierenden Diözesanbischof nicht möglich sind, bin ich für ihn keine Konkurrenz. Der Papst selbst akzeptiert das persönliche Gewissen als höchste Instanz in der Verantwortung vor Gott.

Ich hoffe und bete darum, dass Gott meinen Wahlspruch »Deus curat« – Gott heilt – für viele Menschen in der Kirche Wirklichkeit werden lässt.

Ich wünsche und bete, dass Wunden heilen mögen, Fenster geöffnet werden und der Geist Gottes uns alle führen möge.

Warum ich Frauen weihen werde

Gal 3,28: »Da gibt es kein Männliches und Weibliches. Denn alle seid ihr Einer – im Messias Jesus«.

Es ist eine Frage der Gerechtigkeit. Die weibliche Seite Gottes muss im 3. Jahrtausend auch in den Frauen sichtbar gemacht werden. Es ist traurig, dass wir »contra legem« zum Handeln gezwungen sind; das Gesetz der Liebe verpflichtet mich aber dazu. Denn Gerechtigkeit kann nur hergestellt werden, wenn auch in der römisch-katholischen Kirche diese Form der Diskriminierung der

Frauen beendet wird. Im »Jahr der Berufungen« 2002 hat Gott das Beten der Menschen in einer Art und Weise erhört, die sie so wohl nicht erwartet haben: ER beruft in Seinen Dienst, wen ER will.
Bischof N.N.*

Warum ich weihe

Sehr geehrte Schwestern,
Ihre Hoffnung auf das Priestertum und Ihre Bitte um die Weihe liegen mir schon lange auf dem Herzen. Ich persönlich begreife und erkenne, dass auch die Frau das Sakrament des Priestertums empfangen kann – aber ich stehe noch immer vor der Frage, ob eine Frau in der heutigen Welt das Priesteramt in gleicher Weise ausüben soll wie ein Mann.
Meine Erfahrungen mit Frauen, die das Priesteramt ausüben – z. B. in der evangelischen und anglikanischen Kirche – zeigen mir, dass Pfarrgemeinden mit solchen Frauen keine Fortschritte im geistlichen Leben machen.
Deswegen sehe ich das Sakrament der Priesterweihe bei den Frauen anders, in einer höheren Sendung und Beauftragung zur Verkündigung der Frohen Botschaft. Wenn Sie das Sakrament der Priesterweihe in eben dieser Art begreifen und nicht einfach die Priester-Männer in der römisch-katholischen Kirche imitieren wollen, dann habe ich überhaupt kein Problem, Ihnen die Hände aufzulegen.
Ich habe keine Angst, Frauen die Weihe zu spenden. Ich sehe es als meine Aufgabe, eben als die Aufgabe eines Bischofs, die Gnade Gottes zu übermitteln, ein Werkzeug eines allmächtigen Gottes zu sein.

* Die Namen der Weihebischöfe waren zum Zeitpunkt der Drucklegung des Buches noch nicht bekannt. Nähere Informationen können der Tagespresse und den Medien entnommen werden; ab dem 1. 7. 2002 auch im Internet unter www.patmos.de unmittelbar bei den Angaben zum Buch.

Ich werde die Schwestern, ebenso wie die Brüder, denen ich meine Hände auflege, nicht in ihrer Pastoralarbeit alleine lassen. Ich möchte auch in der Zukunft behilflich sein und mit den Priesterinnen, als Arbeiterinnen im Weinberg des Herrn, am Werke Gottes zusammenarbeiten.

Ich würde gerne von Ihnen näher erfahren, worin Sie Wesen und Sendung des Priestertums sehen und wie Sie diese Ihre Sendung und Beauftragung – in der offiziellen römisch-katholischen Kirche – erfüllen wollen.

Ich arbeite zur Zeit an einem Universitätsinstitut. Mit der Hierarchie der Kirche habe ich so meine Erfahrungen gemacht und sehe keinen Grund, warum ich mich vor ihr verstecken sollte. Ich verstehe auch Ihre Situation und fände es deshalb gut, wenn das Ganze inoffiziell wäre.

Schade, dass wir uns darüber nicht schon früher unterhalten konnten. Es wäre manches vielleicht klarer und deutlicher geworden, als es bei unserem kurzen Kennenlernen möglich war. Natürlich nehme ich Ihre Einladung an, wenn es mir meine Arbeitspflichten gestatten.

Im Gebet und Opfer
segnet Sie

Bischof Dr. N.N.*

---

* Die Namen der Weihebischöfe waren zum Zeitpunkt der Drucklegung des Buches noch nicht bekannt. Nähere Informationen können der Tagespresse und den Medien entnommen werden; ab dem 1. 7. 2002 auch im Internet unter www.patmos.de unmittelbar bei den Angaben zum Buch.

»Es ist an der Zeit« – Stellungnahmen kirchlicher Basisbewegungen zur Frauenordination

Plattform »Wir sind Kirche« Österreich

Komm und störe mich, wo ich gestört werden muss
Zur Priesterinnenweihe römisch-katholischer Frauen am 29. Juni 2002

Die Ankündigung schlug wie eine Bombe ein: Noch heuer werden mehrere Frauen aus Österreich und Deutschland zu Priesterinnen geweiht! Schien es zuerst ein doppelt »illegaler« Vorgang zu werden, da diese Weihen durch einen Bischof einer Schwesterkirche gespendet werden sollte, verdichteten sich bald die Gerüchte, dass es doch ein »lupenreiner« römisch-katholischer Bischof sein wird (oder sogar zwei) – aus verständlichen Gründen ist mir bis heute nicht bekannt, wer wirklich weihen wird (aber das ist auch nicht so wichtig).
Tatsache ist, dass die Reaktionen von Katholikinnen und Katholiken auf diese Ankündigung von begeisterter Zustimmung bis dezidierter Ablehnung reichten und eine Flut von Anfragen auch über die Plattform »Wir sind Kirche« hereinbrach. Im Jahr 1999 hatten wir einen für drei Jahre anberaumten Lehrgang zur Ausbildung von Frauen für Weiheämter initiiert in der tiefen Überzeugung, dass eines Tages auch in der römisch-katholischen Kirche die Weihe von Frauen möglich sein wird. Wir wollten so weit sein, wenn es so weit ist.
Dieser Lehrgang war von Christine Mayr-Lumetzberger konzipiert worden, und sie war es auch, die von Anfang des Kirchenvolks-Begehrens an nach außen hin am stärksten das Anliegen der Frauenweihe vertreten hatte – zumeist mit unserem Einverständnis, manchmal auch ohne dieses, nie aber ohne unsere Achtung für ihre zielgerichtete Leidenschaft.

Unterschiedlichste Frauen begaben sich also vor ca. 3 Jahren auf einen Weg, von dem keine wusste, wohin er sie führen wird. Einige Frauen aus den insgesamt drei Ausbildungsgruppen in Österreich sind jetzt – gemeinsam mit anderen Frauen – an einem ersten Ziel: Sie werden zu Priesterinnen geweiht.

Ihr eigentlicher Weg beginnt erst danach und es wird wahrscheinlich ein beschwerlicher Weg sein, wenn sie als Kundschafterinnen auf der Suche nach dem »gelobten Land« Wüsten durchqueren und Berge überwinden müssen. Aber sie sind eine Hoffnung unter vielen für ungezählte Menschen, dass es jenseits von Gesetzesbarrieren und Traditionen eine Kirche gibt, in der Frauen und Männer gemeinsam die Frohe Botschaft verkünden und der Ruf Gottes in seine Nachfolge mehr Beachtung findet als stures Beharren auf dem Standpunkt »Es war immer schon so«.

Diese Frauen gehen einen Weg, den nur wenige gehen können oder wollen. Dieser Weg erfordert auch eine gewisse Portion Härte, Unabhängigkeit, ja Rücksichtslosigkeit im Blick auf die Folgen für die Betroffenen selbst und für die ganze Kirche – ein Durchsetzungsvermögen, das nur wenigen gegeben ist, das sie zugleich aber auch sehr angreifbar macht und bei Vielen Ablehnung hervorruft.

«Wer sich einsetzt, setzt sich aus« – Missverständnissen, Angriffen, Unterstellungen, Verdächtigungen, ... – dieser Spruch ist immer noch schmerzliche Realität, gerade für Frauen, die sich in der Kirche und für sie einsetzen. Gerade deswegen bewundere ich diese Frauen für ihren Mut, den Weg zu gehen, den Gott sie führt – sei es gelegen oder nicht –, auch wenn es nicht mein Weg ist, auch wenn es nicht der offizielle Weg der Plattform »Wir sind Kirche« in Österreich ist und sein kann.

Vom Beginn des Kirchenvolks-Begehrens an haben wir uns für die Weihe von Frauen in der römisch-katholischen Kirche ausgesprochen und werden dies auch in Zukunft in aller Deutlichkeit tun. Wir sehen unseren Auftrag als »Weg der kleinen Schritte« im Kämpfen um die Veränderung des Kirchenrechts, gepaart mit der unverdrossenen Bereitschaft, den Dialog mit der Kirchenleitung nicht von uns aus zu blockieren, indem wir uns dezidiert außerhalb des geltenden Rechts stellen. Dass die Weihe von Frauen contra legem Ende Juni 2002 zu einer Veränderung führt, wird von vielen unserer Mitglieder bezweifelt, von vielen erhofft, von den meisten als wichtiger Anstoß gewertet, unsere Kirche aufzurütteln und zum Nachdenken anzuregen, damit sie nicht noch weiter erstarrt und sich »bequem« hinter vatikanischen Gesetzesmauern verschanzt.

Während ich schreibe, bereiten wir uns auf das Pfingstfest vor, auf das Kommen der Geisteskraft Gottes, die alles neu machen und alle Ängste der Jüngerinnen und Jünger Christi überwinden will. »Komm und störe uns, wo wir gestört werden müssen«, sollte in diesen Tagen das Gebet des Volkes Gottes und seiner Leitung sein und nicht ängstlicher Rückzug in beschauliche, gesicherte Räume einschließlich der flehentlichen Bitte, dass alle Stürme an der Kirche vorüber gehen und alle brennenden Herausforderungen verschwinden mögen.

Die Frauenfrage ist eine der größten Herausforderungen für unsere Kirche heute und sie kann nicht dadurch gelöst werden, dass sie tot geschwiegen, als für alle Zeiten entschieden deklariert wird und das Reden darüber, geschweige denn Taten dazu, per Dekret verboten werden. Frauen lassen sich nicht mehr tot schweigen oder das Denken und Reden verbieten. Sie handeln nach ihrem Gewissen und wissen sich von Gott zu diesem Tun gerufen – auf bekannten oder neuen Wegen, manchmal auch in unwegsamem Gelände, mit ihren je eigenen Begabungen, langsam oder schnell, herausfordernd oder angepasst, ... und trotzdem gemeinsam auf das gleiche Ziel hin: gleiche Rechte und Pflichten für Frauen und Männer in der römisch-katholischen Kirche in der Überzeugung, dass in Christus alle Unterschiede von Geschlecht, Stand, Rasse, Vermögen, ... aufgehoben sind. Vielleicht wird es noch lange Zeit dauern (hoffentlich nicht weitere zweitausend Jahre!), bis sich diese Erkenntnis auch in den Strukturen und Gesetzen unserer Kirche niederschlägt – die Frauen, die sich jetzt gegen die kirchliche Rechtsprechung weihen lassen, verdienen unseren

Respekt und unser Verständnis, wenn sie sich nicht mehr länger auf ein Später vertrösten und in ihrer Menschenwürde verletzen lassen.

Sie erfahren sich – wie viele andere Frauen auch – in ihrer Berufung nicht ernst genommen, diskriminiert und ausgegrenzt und geben sich mit schönen aber leeren Worten über die Würde und Berufung der Frau nicht mehr zufrieden, während ihnen ständig kirchenamtlich bestätigt wird, dass sie, allein auf Grund ihres Geschlechts, unwürdig sind geweiht zu werden.

Auch wenn aus unterschiedlichsten und gut nachvollziehbaren Gründen nur wenige Frauen derart entscheidende Schritte setzen können oder möchten, hoffe und erwarte ich vor allem eines: breite Solidarität von Frauen (natürlich auch von Männern)!

Es darf einfach nicht passieren, dass wir Frauen uns auseinander dividieren lassen, nur weil wir legitimer Weise unterschiedliche Ansichten haben, wie das gemeinsame Ziel erreicht werden kann. »Divide et impera« (Teile und herrsche) war immer schon ein probates Mittel, um Gruppen, die sich gegen bestehende Herrschaftsverhältnisse auflehnten, in den Griff zu bekommen. Wenn wir dies zulassen, werden auch unsere Enkelinnen und Urenkelinnen vor den gleichen Problemen stehen wie wir Frauen heute (sofern sich unsere Nachkommen überhaupt noch für Kirche interessieren).

Es sind »wohlwollende Subversive« – unter diesem Titel erschien im Herbst 1999 in den USA eine Studie über Frauen mit priesterlicher Berufung –, die sich mit aller Kraft in verschiedener Weise für eine Weihe von Frauen einsetzen. Natürlich finden sich unter diesen Frauen die unterschiedlichsten Ansichten über die Art und Weise ein Weiheamt auszuüben, über Sinn und Unsinn klerikaler Kleidung, in der Frage, ob und wie sinnvoll es ist, in bestehende Strukturen einzutreten und sie dadurch von innen zu verändern oder nicht doch lieber abzuwarten, bis sich grundsätzlich etwas verändert hat. Und selbstverständlich gibt es Frauen, die sozusagen mit dem Kopf durch die Wand wollen, genauso wie Frauen, die eher zu diplomatischem Vorgehen raten. All diese Vielfalt darf

sein und muss sein – nur wenn wir alle Wege zu gehen versuchen, ohne einander auszuspielen (oder uns gegeneinander ausspielen zu lassen), werden wir gemeinsam das Ziel erreichen. Einzelkämpferinnen, die neue Wege erkunden und Bedächtige, die darauf achten, dass möglichst alle mitkommen, sind dabei von gleicher Wichtigkeit wie diejenigen, für die eine »amtliche Bestätigung« ihres priesterlichen Daseins für andere inzwischen nicht mehr wichtig ist. Und meine große Hoffnung ist u.a., dass diese Aktion eine breite und ehrliche, grundlegende Diskussion über das Amtsverständnis auslöst – eine Diskussion, die schon lange überfällig und »Not wendend« ist, damit unsere Kirche ihrem Verkündigungsauftrag auch in Zukunft nachkommen kann.
Eine kleine Gruppe von Frauen setzt am 29. Juni 2002 ein starkes Zeichen, indem sie nicht mehr über Diskriminierung und Nichtbeachtung ihrer Berufung nur reden und jammern, sondern handeln und Tatsachen schaffen. Ich wünsche allen von Herzen Kraft, Mut und Gottes Segen zu ihrer Entscheidung und verspreche ihnen meine Solidarität auf dem wahrscheinlich harten Weg danach – auch, oder gerade weil mein Weg und der Weg der Plattform ein anderer ist. Welcher letztlich zum Ziel führt, kann keine von uns heute sagen, aber das ist ja auch nicht so wichtig. Wichtig ist, dass wir – ganz im pfingstlichen Sinn – um die Geisteskraft Gottes bitten, damit diese die Kirche stört, wo sie gestört werden muss.
Auch wir Frauen müssen »Störenfriedinnen« sein, wie es Musimbi Kanyoro, die Generalsekretärin des Vereins Christlicher Mädchen während des Dekadefestivals in Harare formulierte und dann fortfuhr: »Wir Frauen geben Gott nicht auf, weil Gott uns nicht aufgibt.« Genauso wenig dürfen wir Frauen einander aufgeben, nur weil wir unterschiedliche Lebenserfahrungen, Begabungen und Erwartungen haben. Gott hat uns als seine geliebten Töchter in Christus die Fülle des Lebens zugesagt – eine Fülle, die auch von der Kirche nicht beschnitten und eingeengt werden darf und selbstverständlich auch alle Dienste einschließen muss.
Ich habe immer davon gesprochen, dass ich es wahrscheinlich

nicht mehr erleben werde, in unserer Kirche Priesterinnen zu sehen – der Mut einer Handvoll Frauen lässt mich hoffen, dass es in absehbarer Zeit doch noch möglich ist!

Ingrid Thurner, Vorsitzende

Zwei Stellungnahmen der Initiative »Kirche von unten«

Die Zeit ist reif

Ob denn Frauen wohl denken könnten und eine Seele hätten, hat jahrhundertelang viele männliche Gelehrte ernsthaft beschäftigt. In unserer Zeit gilt dieser absurde Streit um die Frau, die »querelle de la femme« als historisch überholt. Zweifel an weiblichen Fähigkeiten wurden von Frauen empirisch widerlegt. Es gibt kaum eine ehemalige Männerbastion, die Frauen nicht erfolgreich für sich erobert hätten – außer dem Klerus der römisch-katholischen Kirche! Hier hat sich noch im 21.Jahrhundert die kaum weniger absurde und sexistische Doktrin gehalten, nach der Frauen zum Priester- und Leitungsamt unfähig seien, das einzig dem Manne vorbehalten sei, während Würde und Bestimmung der Frau in Ehe und Mutterschaft liege. »Warum haben WIR denn keine Pfarrerinnen?«, fragten mich in den letzten Jahren zunehmend auch schon die jüngsten Schülerinnen im Religionsunterricht und fanden diesen Mangel ungeniert ungerecht, ja geradezu »gemein«, während früher das Für und Wider der Frauenordination höchstens ein eher theoretisches Abiturthema gewesen war. Eine neue Generation von Mädchen, mit viel weniger religiösem Wissen und geringerer kirchlicher Bindung, aber mit einer klaren Vorstellung ihrer Rechte und ihrer Ebenbürtigkeit mit den Jungen würde eine solche offenkundige Ungerechtigkeit wie den generellen Ausschluss von Frauen vom Amt und gar Rede- und Denkverbote nach dem Muster »Roma locuta, causa finita« nicht mehr akzeptieren, so hoffe ich.

Mir selbst war nach mehr als 20 Jahren Engagement innerhalb der »Initiative Kirche von unten (IKvu)« für Christenrechte (Menschenrechte) in der Kirche ein wenig die Hoffnung geschwunden angesichts zunehmender Stagnation im nachkonziliaren Winter, zu meinen Lebzeiten noch notwendige Reformen wie die Weihe römisch-katholischer Priesterinnen zu erleben, eher vielleicht noch die von verheirateten Männern.

Mit Interesse nahm ich zwar das Erstarken der internationalen Frauenordinationsbewegung wahr, die vielen gut ausgebildeten Frauen, die in der Kirche arbeiten, Ordensfrauen aus Lateinamerika, die von sich sagen »Ich bin die Seelsorgerin in der Gemeinde«, die umfangreiche Literatur zum Thema – eigentlich ist längst alles gesagt und geschrieben, was überhaupt dazu zu sagen ist – aber wo bleibt das konkrete zukunftsweisende Handeln?

Da platzte wie ein Donnerschlag in meine leise Resignation die Kunde von der zu Peter und Paul geplanten Priesterinnenweihe einiger mutiger Frauen, die nicht noch 1000 Jahre auf einen allmählichen Wandel und mehr Gerechtigkeit für Frauen in ihrer Kirche warten wollen, durch einen ebenso mutigen Bischof – eine zeichenhafte Handlung, die in die Zukunft weist, ein Tabubruch und Ungehorsam, der eigentlich wohl vorauseilender Gehorsam ist. Der Geist, der weht, wo er will, zeigt, dass sich Berufene auch dort finden, wo sie die Männerkirche bisher noch nicht vermutete.

Jetzt schreit es allenthalben: Rebellion, Gesetzesbruch, Sanktionen, Exkommunikation, unerlaubt! ungültig! Wenn das kirchliche Lehramt sich jedoch eines besseren besonnen hat und regelmäßig auch Theologinnen zu Priesterinnen weihen wird, da es ja von Schrift und Tradition keinen Grund gegen eine Ordination von Frauen gibt außer einer frauen- und leibfeindlichen Tradition, da wird mann die jetzt Verketzerten, die Hexen zu Heiligen hochstilisieren, wie es schon einigen im Laufe der Kirchengeschichte widerfahren ist.

Gewiss sind auch ein erneuertes Amtsverständnis und ein neuer Geist notwendig, keine »Heiligen Herrscherinnen«, sondern Seelsorgerinnen sollten die Neugeweihten sein, die von feministischer Theologie und Spiritualität inspiriert sind: Wertschätzung von Frauen und eine leibfreundliche Ethik statt sexistischer Abwertung und einer rigiden antiquierten Sexualmoral, freie Wahl der eigenen Lebensform und verantwortete Gewissensentscheidungen statt Zwang und Gehorsam gegenüber kirchlicher Obrigkeit. Aber selbst wenn die zukünftigen Priesterinnen diese hochgesteckten Erwartungen nicht erfüllen könnten, wäre die Weihe von Frauen zum kirchlichen Amt dennoch ein Akt der Gerechtigkeit und führte langsam auch zu strukturellem Wandel innerhalb einer verknöcherten Institution.

Die Zeit ist reif für diesen großen Reformschritt in der römisch-katholischen Kirche, ein Zeichen gegen den Reformstau, meinen die Gruppen und Basisgemeinden der Initiative Kirche von unten (IKvu) und freuen sich bereits jetzt auf die erste Eucharistiefeier mit einer der neugeweihten Priesterinnen.

Ute Wild, Diplomtheologin, Frankfurt

Ein großer Reformschritt für die Kirche

Als »großen Reformschritt für die Kirche« hat die Frühjahrskonferenz 2002 der Initiative Kirche von unten (IKvu) die bevorstehende Weihe von Frauen zu Priesterinnen der katholischen Kirche begrüßt. Die Delegierten sahen in dem bis heute praktizierten Ausschluss der Frauen von Weiheämtern eine Diskriminierung, die nicht zu rechtfertigen ist. Gleichzeitig treten sie für ein neues Rollenverständnis kirchlicher Amtsträger und Amtsträgerinnen ein, das den dienenden Charakter betont. Anders, als zuvor in der Presse gemeldet, soll ein römisch- und nicht ein altkatholischer Bischof den Akt vollziehen, wie bei der Gelegenheit bekannt wurde.

Das kirchliche Recht kennt nur die Weihe von Männern. Die theologische Zulässigkeit einer ansonsten korrekt erfolgten Weihe von Frauen ist umstritten. Der Papst hält sie, wie bekannt, für unzulässig. Zu Recht hat vor diesem Hintergrund der deutsche altkatholische Bischof, als noch von der Beteiligung eines sich als altkatholisch verstehenden Bischofs aus den USA die Rede war, die Notwendigkeit »einer klaren kirchlichen Einbindung« betont. In einer Erklärung des Ordinariates vom 14. 2. 2002 heißt es: »Nach alt-katholischer Auffassung gehören zu einer (Diakonats-, Priester- oder Bischofs-) Weihe: das Vorhandensein realer Gemeinden, also eines ›Kirchenvolkes‹, die Zustimmung dieses Kirchenvolkes zur betreffenden Weihe, die sakramentale und jurisdiktionelle Gemeinschaft mit dem Bischof, der die Weihe vornimmt, und die sakramentale Gemeinschaft mit den anderen Priestern des Bistums, in welchem der priesterliche Dienst ausgeübt werden soll.«

Das stimmt exakt mit der Zielsetzung überein, die innerhalb der Ikvu vertreten wird. Beispielsweise wurde diese Forderung von Anfang an seitens der Priestergruppen erhoben, die seit 1968 zur heutigen »Arbeitsgemeinschaft von Priester- und Solidaritätsgruppen in Deutschland« (AGP), einer Mitgliedsgruppe der IKvu, gehören. Demnach sollten kirchliche Amtsträger nur mit Zustimmung der Gemeinde (Diözese) bzw. auf deren Vorschlag hin eingesetzt werden. Ebenso selbstverständlich war es diesen Gruppen allerdings auch, die Zulassung Verheirateter und von Frauen zum Priestertum zu fordern.

Die damit in Frage stehende Kirchlichkeit von Kandidaten gilt innerhalb der römischen Kirche normalerweise durch die bischöfliche Weihe eines Priesters nach den Bestimmungen des kirchlichen Rechts und eines Bischofs durch die dort vorausgesetzte Zustimmung des Papstes, der Repräsentant des Bischofskollegiums ist, als sichergestellt. Dieser Punkt ist zweifellos im vorliegenden Fall besonders heikel. Um zu klären, ob dieses Kriterium durch die Weihe von Kandidatinnen ohne den Segen des Papstes verletzt wird, lohnt sich ein Blick in die Geschichte und auf die sonstige Praxis des »Apostolischen Stuhles«. Dabei geht es weniger um den Buchstaben eines Gesetzes, als um den in der kirchlichen Überlieferung gemeinten Inhalt.

Päpstlicher als der Papst?
Die kirchlichen Bestimmungen gegen kirchliche Amtsträger bzw. deren Amtsausübung außerhalb der bestehenden jurisdiktionellen Ordnung, sog. Clerici vagantes (Codex iuris canonici, can. 265), gehen darauf zurück, dass es ursprünglich nur die Weihe für ein bestimmtes Amt gab. Die alte Kirche hatte die Weihe von Kandidaten ohne Bindung an eine bestimmte Gemeinde mit strengsten Strafen belegt. Diese so genannte »absolute« Weihe war z. B. auf dem Konzil von Nicäa (325) und dem von Chalcedon (451) strikt untersagt worden. Die spätere Entwicklung, in der auch die Weihe ohne gleichzeitige Übertragung eines konkreten (wir würden heute sagen: seelsorglichen) Amtes als erlaubt galt, braucht hier nicht dargestellt zu werden. Aber eines zeigt dieser kurze historische Rückblick deutlich, die »Weihevollmacht« gleichsam als Privatbesitz einzelner oder einer herrschenden Klasse ohne Rücksicht auf die berechtigten Wünsche und die Solidarität der unmittelbar und mittelbar betroffenen Gemeinden weiterzugeben, widerspricht der Würde des kirchlichen Amtes, vor allem, wenn die Glaubensgemeinschaft nicht einmal Mitspracherecht hat.
Nun muss jedoch leider festgestellt werden, dass die kirchliche Obrigkeit selber mit diesem Erfordernis der Kirchlichkeit eines Weihekandidaten recht willkürlich umgeht, so dass auch das Problem im anstehenden Fall nicht schematisch beurteilt werden kann. Oder müssen Frauen, die das Priestertum anstreben, päpstlicher sein als der Papst?
Bekannt ist die langjährige römische Praxis, etwa in der Kirchenverwaltung oder im diplomatischen Dienst des Vatikan tätige Repräsentaten aus bloßen Prestigegründen zu Bischöfen zu weihen. Möglicherweise haben diese hohen Herren seit ihrer Priesterweihe irgendwo »einen Altar«, wo sie mit frommen Nonnen oder mit einem unermüdlichen Messdiener ihre Messen halten, wenn es hoch kommt, für die Insassen eines kirchlichen Altersheimes. Vielleicht »konzelebrieren« sie auch gemeinsam mit anderen Prälaten. Im Vergleich zu dem hehren Bild, das offiziell immer wieder von der pastoralen Sendung des Priestertums

gezeichnet wird, handelt es sich jedoch meistens nur um eine Karikatur. Dass diese Problematik durch die Bischofsweihe noch gesteigert wird, liegt auf der Hand. Für welche »Gemeinde« sind diese Exzellenzen und Eminenzen denn wirklich geweiht worden? So ist es in der Tat weithin unbestritten, dass der Weihe solcher Funktionäre seit eh und je das Odium eines Missbrauchs anhaftet. Der Skandal, wie oft Diözesen ein neuer Bischof als römischer Zwingherr vorgesetzt wird, ist nur zu bekannt. Von einer Mitsprache des Kirchenvolkes bei der Ermittlung von Bischofskandidaten ist keine Spur zu erkennen. Wirklich geeignete Priester für Gemeinden zu bekommen, die ihrerseits eine Geschichte und ein eigenes Gesicht haben, gelingt bestenfalls auch nur hier und da.

Ein letztes Beispiel, das die offizielle Anerkennung eines zuvor sogar illegal Geweihten betrifft, stammt aus jüngster Zeit. Es zeigt, wie opportunistisch unsere Obrigkeit mit der Frage nach der »Kirchlichkeit« ihrer Würdenträger umgeht. Bekanntlich wurde der frühere Kolonialbischof Lefebvre 1988 exkommuniziert, als er gegen den Einspruch Roms vier Bischöfe weihte. Einer der Nachfolger dieser schismatischen Bischöfe aus Brasilien wurde jetzt von Rom als verlorener Sohn in allen Ehren aufgenommen, nachdem seine Truppe mit der Einrichtung einer eigenen Apostolischen Administratur (einer Art Personal-Diözese) geködert worden war. Pikant heißt es dazu im offiziellen Dekret, die »möglicherweise eingetretenen« Kirchenstrafen seien aufgehoben. So einfach kann die Sache also sein!

Den anderen Parteigängern von Lefebvre, der »Priesterbruderschaft St. Pius X.« gingen die Konzessionen Roms nicht weit genug. Dabei waren den Rückkehrern nicht einmal theologische Korrekturen abverlangt worden, wie man süffisant feststellte. Wird hier nicht mit zweierlei Maß gemessen, wenn man weiterhin gut ausgebildeten und bestens motivierten Bewerberinnen den Zugang zum kirchlichen Amt verwehrt, nur weil sie Frauen sind? Die jetzt »möglicherweise« durch die Weihe von Frauen verletzten kirchlichen Bestimmungen sind also längst zuvor von der Kirchenleitung selbst durchlöchert worden.

Wessen Geistes Kind die Heimkehrer im zuletzt genannten Beispiel sind, haben die »SOG-Papiere«, der Informationsdienst der AGP, bereits 1976 (Nr. 6) so umschrieben: »Von Lefebvre und seinen Anhängern trennt uns ja weit mehr als bloß die Bejahung des Konzils, der kirchlichen und liturgischen Reformen, weit mehr als die Bejahung eines innerkirchlichen Pluralismus und die Bereitschaft zu Toleranz und Offenheit. Vor allem trennt uns von den Lefebvrianern das Verständnis des Glaubens: nicht ein angstgeladenes, im tiefsten infantiles und autoritätsfixiertes Glaubens- und Kirchenbild mit daraus resultierender inhumaner zwischenmenschlicher und politischer Praxis vertreten wir, sondern das Ideal christlicher Freiheit und uneigennütziger Nächstenliebe. Nicht die Pervertierung des Christentums zu einer Religion der Unfreiheit wirft man (jedoch) Lefebvre vor, sondern schlicht und einfach: Ungehorsam ...«

Nur eine Notlösung
Zurück zur geplanten Ordination von Frauen. Unter den gegebenen Umständen kann diese bestenfalls als Notlösung gerechtfertigt sein. Niemand kann andererseits ernsthaft bestreiten, dass eine große Zahl von Gläubigen bereit ist, die Ordination von Frauen zu akzeptieren. Wenn sie im Sinne des heutigen can. 265, der auf das ursprüngliche Verbot »absoluter Weihen« zurückgeht, als »Vagantinnen« bezeichnet werden, so kann dennoch kein Zweifel bestehen, dass sie unabhängig vom heutigen Kirchenrecht einen Platz mitten im Kirchenvolk haben bzw. erwarten können. Als Parallele mag das Bistum »Partenia« des von Rom abgesetzten Bischofs Gaillot dienen, zu dem sich zahlreiche Gläubige als zugehörig erklärt haben. Zweifellos ein theologisch respektables Zeichen, das jedoch nach dem Kirchenrecht ohne Bedeutung ist. Der Notstand besteht eigentlich darin, dass can. 1024 erklärt, nur ein Mann könne gültig geweiht werden. Eine unbestrittene theologische Grundlage für diese Festlegung existiert nicht und kann auch durch eine Erklärung des Papstes und die persönliche Meinung anderer Hierarchen in dieser Sache nicht ersetzt werden.

Gleichzeitig wächst überall ein katastrophaler Mangel an Priestern. In weiten Bereichen droht das kirchliche Leben demnächst zu erliegen. Der in dieser Krise als Willkür empfundene prinzipielle Ausschluss von Frauen zugleich mit der Tolerierung eines abenteuerlichen Traditionalismus, der Hätschelung obskurer Zusammenrottungen wie dem sich selbst unmittelbar auf Gottes Initiative berufenden »Opus Dei«, zahllose Zeugnisse des Kleinglaubens, der zum autoritär-klerikalen Kraftmeiertum verleitet, schließlich die fast völlige Sprachlosigkeit angesichts eines aggressiven globalen Mammonismus, das alles bedroht die Kirche im äußersten Maße. Der formale »Ungehorsam«, mit dem die bevorstehende Frauenordination angestrebt wird, sie ist es nicht, welche die Kirche bedroht. Die Erfahrungen vor und nach dem letzten Konzil haben gezeigt, wie zerstörerisch das endlose Verschleppen anstehender Reformen ist.

Kurzum: Die für eine Ordination von Frauen erforderliche Akzeptanz und die im gegebenen Fall vom altkatholischen Bistum zu Recht angemahnte »sakramentale Gemeinschaft« ist offenbar im Kirchenvolk durchaus vorhanden. Obwohl es in der IKvu auch wichtige Stimmen gab, die anzweifelten, ob der geplante Schritt einer wirklichen Gleichberechtigung von Frauen in der Kirche und ihrer dringend notwendigen Reform näher bringt, war man sich dort in der Solidarität mit den Kandidatinnen für den 29. Juni einig.

Carl-Peter Klusmann, katholischer Priester in Dortmund

Die Ikvu ist ein seit 1980 bestehendes ökumenisches Netzwerk von ca. 35 Basisgemeinden, kirchen- und gesellschaftskritischen Gruppen in der Tradition des politischen Linkskatholizismus und der Befreiungstheologie.

Kirchenvolksbewegung Südtirol

Ich begrüße die Weihe von Priesterinnen und freue mich über ihren Mut. Es ist ein Akt des zivilen Ungehorsams in der katholischen Kirche, der gerade jetzt notwendig ist. Er ist verständlich, wenn bedacht wird, dass viele Frauen ihre Berufung zur Priesterin bisher nicht entsprechend ihrer Kompetenzen und Fähigkeiten leben konnten. Die Frauen wurden vertröstet mit Scheinargumenten aus der Tradition und der Heiligen Schrift. Die Männer in den Leitungsgremien der Kirche wollten ganz einfach nicht. Sie konnten sich nicht vorstellen, wie bereichernd Frauen für die Seelsorge sind. Die Kirchenmänner wollten ihre Macht nicht teilen: nicht mit Frauen, nicht mit Verheirateten. Die Priesterinnenweihe tut der katholischen Kirche gut, weil dadurch die Seelsorge um die weibliche Komponente erweitert wird. Das stellt eine wertvolle und nötige Ergänzung dar. So kann das weibliche Angesicht Gottes besser deutlich werden. Mir ist bewusst, dass wir an einem Anfang stehen. Mir ist bewusst, dass mit der Priesterinnenweihe die Chance einhergeht, das hierarchisch und patriarchal verstandene Priestertum aufzuweichen und zu verändern. Dies stellt für Frauen und Männer eine große Herausforderung dar. Nur so aber kann das Priestertum seiner eigentlichen Aufgabe gerecht werden: die spirituelle Begleitung von Menschen auf ihrem Weg zu sich selbst und zu Gott.

Robert Hochgruber
Initiativgruppe für eine lebendigere Kirche, Südtirol, Italien
Pfingsten 2002

Perspektiven der Theologie

Werner Ertel
Gültig, aber unerlaubt

Eine wesentliche Frage für die Weihekandidatinnen ebenso wie für die weihenden Bischöfe und das gesamte gläubige Volk ist die sakramentale Gültigkeit des Weihevorgangs vom 29. Juni. Dass die Weihe im Widerspruch zum Canon des kirchlichen Rechts steht, ist klar. Demnach kann die Priesterweihe gültig nur ein getaufter Mann empfangen (c. 1024 CIC). Nach Ansicht von Knut Walf, Professor für Kirchenrecht in Nijmwegen, wird die Weihe von Rom als »irrelevant« eingestuft werden, als »nihil«, als ein nichts. Vom Standpunkt des Kirchenrechts hat diese Weihe nicht stattgefunden, weil eine Weihe von Frauen im kanonischen Recht nicht vorgesehen ist. Deshalb liegt nach Meinung Walfs auch kein Verstoß der Frauen gegen das Kirchenrecht vor. In der österreichisch-ungarischen Monarchie unter den Habsburgern, hätte man dazu gesagt: »Nicht sein kann, was nicht sein darf«.
Für den tschechischen Untergrundbischof Stanislaus Kratky, zur Zeit Pfarrer in Mikulov, wird es »überaus interessant sein, wie Rom auf diese Weihen reagieren wird«. Seiner Einschätzung nach wird der Vatikan – ähnlich wie in der tschechischen Kirche – die Weihen der Frauen zunächst kommentarlos hinnehmen und warten, was passiert. Nach einer Periode von drei bis fünf Jahren Beobachtung werde Rom dann vermutlich nachziehen, die Weihen offiziell anerkennen und damit den Weg für den Zugang der Frauen zu Weiheämtern freimachen. Kirchliches Recht, so der überaus aktive 80-jährige, sei kein Dogma, es sei von Menschen gemacht, und Menschen könnten es verändern, anpassen, modifizieren.
Gegen geltendes Recht zu verstoßen, kann bekanntlich zur sittli-

chen Pflicht werden, wenn das Recht offenkundig Unrecht ist. Die Kirche ehrt das Gewissen von Widerständlern nach geraumer Zeit mit Heiligsprechungen, der Staat verleiht ihnen Auszeichnungen. Möglicherweise werden die jetzt geweihten Frauen nach einer der Tat automatisch folgenden Exkommunikation (»Tatstrafe«) später einmal rehabilitiert – als mutige Vorkämpferinnen dafür, dass die Kirche nach langen Irrwegen den wahren Willen Gottes erkannte.

Zur Gültigkeit
In der Urkirche war es üblich, dass die Apostel füreinander beteten, mit einer Handauflegung den Heiligen Geist herabriefen und einander dann zur Glaubensverkündigung aussandten. Diese Form der Sendung und der Beauftragung wurde von der römischen Kirche institutionalisiert, und so legt seit mehr als 1000 Jahren ein Bischof dem anderen die Hände auf und sendet ihn im Namen der Apostel zu den Menschen. Mit der Handauflegung wird auch die Weihekraft übertragen, die göttliche Kraft und Gnade, Menschen zu Priestern zu weihen. In der Kraft dieses Heiligen Geistes können die Priester den ihnen Anvertrauten die Sakramente spenden.
Es ist müßig, an dieser Stelle Überlegungen anzustellen, ob Jesus, als er vom Reich Gottes sprach, an eine Kirche dachte, deren geweihte Priester Sakramente in der heute üblichen Form spenden; Priester, die seinen Tod als »unblutige Erneuerung seines Kreuzesopfers« (so die herkömmliche theologische Sprache und Vorstellungsweise) in einer Heiligen Messe zelebrieren würden. Es ist nun einmal so. Die so verfasste Kirche leitet ihre Legitimität auf ebendiese Weise von Jesus und den Aposteln ab.
Die Weihe kennzeichnet ein *character indelebilis*, ein unauslöschliches Merkmal – »aber die kann uns keiner wegnehmen«, hört man manchmal Priester mit letztem Triumph in der Stimme sagen, wenn sie – meist unter ihresgleichen – Klage darüber führen, wie ihr Sozialprestige in der öffentlichen Meinung weiter sinke, wie man ihnen Privilegien kürze, wie man sie in den Laienstand zurückversetze, ihnen Auftritts- oder Redeverbot erteile. Alles kann man einem Priester antun – nur die Weihe kann man

ihm nicht wegnehmen. In einem noch so armseligen Leben wird er immer Brot und Wein in den Leib und das Blut Christi »verwandeln« (theologisch adäquater: den Geist Gottes in der Epiklese auf die Gaben herabrufen) können oder einem Sünder mit den Worten »ego te absolvo« die Sünden nachlassen können.

In der Apostolischen Sukzession zu stehen, ist für die Gültigkeit einer Weihe wichtiger als Rom nahe zu stehen. Erzbischof Marcel Lefebvre ist ein Beispiel dafür, die tschechoslowakische Untergrundkirche ein anderes: Mit rund einem Dutzend Bischöfen – darunter auch verheiratete Bischöfe –, mit rund eintausend Priestern – fast alle verheiratet – und sogar einigen Priesterinnen überlebte diese Katakombenkirche die vierzig Jahre kommunistischer Verfolgung. Wieweit alles erlaubt war, was die Tschechen zwischen 1949 und 1989 taten, steht heute nicht mehr zur Debatte – gültig war es allemal, denn die Apostolische Sukzession der Bischöfe wurde streng eingehalten. Nach der Wende 1989 beeilte sich Rom, alles, was im Untergrund erlaubt war, sofort wieder zu verbieten. Das macht die Gültigkeit der Weihen nicht rückgängig – »sacerdos in aeternum« heißt es schließlich über einen, der einmal geweiht ist..

Einheit
Auf dem 2. Vatikanischen Konzil wurde die Einheit als integrierender Bestandteil einer Weihe eingefordert – die Einheit mit der Ortskirche, die Einheit mit der Weltkirche. Muss ein Bischof unbedingt Mitglied einer nationalen Bischofskonferenz sein, um in Einheit mit dem Papst und der Weltkirche zu stehen? Jacques Gaillot war jahrelang ein »episcopus vagans« mit einer längst im Wüstensand versunkenen virtuellen Diözese Partenia. Mittlerweile reichen ihm die französischen Bischöfe wieder die Hand. Niemand würde ernsthaft bezweifeln, dass Weihen, die er als Bischof von Partenia gespendet hätte, weniger gültig gewesen wären, als Weihen, die er zu seiner Zeit als Bischof von Evreux vorgenommen hätte – egal, ob der Geweihte mithin in eine echte oder virtuelle Diözese inkardiniert wäre.

Wo beginnt Einheit, wo endet sie? Wo zwei oder drei in meinem Namen versammelt sind, da bin ich mitten unter ihnen, sagt Jesus. Für die Gültigkeit einer Weihe in der römisch-katholischen Kirche ist und bleibt die Handauflegung durch einen in der Apostelnachfolge stehenden Bischof entscheidend. Diese Kontinuität zeichnet die römische Kirche mit ihren über eine Milliarde zählenden Gläubigen im großen Konzert der zahlreichen auf Jesus sich berufenden christlichen Kirchen aus.

»Auf Teufel komm raus ...«

Interview mit Professor Dr. Jozef Niewiadomski, dem Ordinarius für Dogmatik an der theologischen Fakultät in Innsbruck, zur Frage der Frauenweihen am 29. Juni in Österreich, geführt von Werner Ertel im April 2002 in der Universität am Karl-Rahner-Platz in Innsbruck.

Werner Ertel: Im vergangenen Herbst wurde die Amerikanerin Mary Ramerman vom altkatholischen Bischof Peter Hickman zur Priesterin geweiht, zur Priesterin einer römisch-katholischen Gemeinde, mit der sie seither Sonntagsmessen nach dem Missale Romanum feiert – jetzt stehen die Weihen von zehn Frauen aus Österreich, Deutschland und den USA bevor, am 29. Juni, an einem noch geheimgehaltenen Ort, und diese Frauen werden nicht von einem altkatholischen, sondern von römisch-katholischen Bischöfen geweiht werden. Wie stehen Sie zu diesen Weihen?
Jozef Niewiadomski: Ich persönlich habe zunehmend mehr Skepsis gegen diesen Schritt, weil ich das als ziemlich eigenartig betrachte. Zunächst zur dogmatischen Komponente. Also, dass ein altkatholischer Bischof Frauen weiht, das brauchen wir nicht zitieren, das haben wir schon in Österreich gehabt, das ist überhaupt kein Problem. Allerdings spalten sich gerade deshalb auch altkatho-

lische Gemeinden von der altkatholischen Einheit ab: die polnische altkatholische Kirche hat diese Weihen nicht anerkannt. Zum zweiten: Was ist, wenn jetzt katholische Bischöfe Frauen weihen, unter der Formel »gültig, aber unerlaubt«? Ich möchte zur Verständigung hier zunächst eine möglichst scharfe Formulierung vornehmen und würde sagen: die Weihe ist nicht gültig, sie ist ungültig zuerst, weil sie nach den geltenden Normen des Kirchenrechts nicht gültig geschieht. Die Kirche ist auch eine Rechtsgemeinschaft, das soll man nicht übersehen, und eine Rechtsgemeinschaft definiert sich zuerst einmal durch Rechtskategorien, und das heißt: In der jetzigen kirchlichen Rechtsgemeinschaft ist diese Weihe ungültig, weil sie dem Kanon widerspricht. Demnach erfolgt eine Weihe nicht nur dann, wenn der weihende Bischof die Weihevollmacht hat, sondern wenn Männer geweiht werden und nicht Frauen, das heißt, dieser Widerspruch im Kanon macht diese Weihe in dieser kirchlichen Gemeinschaft ungültig. Das ist der Unterschied zu der Weihe von Lefebvre: Seine Weihe war kirchlich gültig, aber unerlaubt, deswegen schafft diese Weihe in der Kirche so etwas wie ein Schisma. Diese Priester sind gültig geweiht, aber nicht erlaubt. Lefebvre weihte zuerst Bischöfe, die diese Priester dann weihten. Hier aber werden Frauen ungültig geweiht, und dogmatisch ist das in der ganzen Kirchengeschichte immer der Weg gewesen – eine unerlaubt vorgenommene Weihe muss von der kirchlichen Gemeinschaft anerkannt werden, damit sie einen kirchlich relevanten Bezug hat. Das heißt im Klartext: Diese Weihe wird automatisch niemals gültig, sondern die Kirche muss zu dieser Weihe Ja sagen, sie muss sie für gültig erklären. Im Moment des Weiheaktes wird ein rechtlich ungültiger Akt gesetzt. Wir haben Analogien in der alten Kirche gehabt, die Streitigkeiten über die Weihen, die durch Donatisten vollzogen wurden und so weiter und so fort. Man merkt, dass dieses Problem nicht erst heute auftaucht, das hat es in der Geschichte immer wieder gegeben. Soweit zur Formel »gültig, aber unerlaubt«. Meiner Meinung nach ist diese Weihe zuerst einmal ungültig, denn die Kirche müsste diesen Akt anerkennen.

Hier erhebt sich die Frage der Spekulation: Wird die Kirche diese Weihe jemals als gültig anerkennen? Aus der kirchlichen Tradition und aus der Dogmengeschichte würde ich folgern, dass alle Akte der Anmaßung der Weihegewalt von der Kirche immer zurückgewiesen wurden. Für die subjektiven Personen, die sich dem Akt der Weihe unterwerfen, entsteht aufgrund dieser Situation so etwas wie ein zwingendes Weihehindernis für später. Sollte irgendwann die Kirche dazu kommen – das ist möglich, dass der nächste Papst oder ein Konzil die Lage verändert – sollte die Kirche also irgendwann dazu kommen, Frauen zu Priestern zu weihen, werden diese Frauen meiner Meinung nach niemals zu Priestern geweiht, also diese Weihe wird niemals anerkannt werden, weil sie – von der Perspektive einer Rechtsgemeinschaft, und dazu kann man stehen wie man will – ein Gewaltakt war, also Anmaßung, und das wird gewissermaßen immer bestraft.

Ertel: In Tschechien und der Slowakei werden die während der kommunistischen Verfolgung im Untergrund geheim geweihten Priester nun sub conditione nachgeweiht, wenn man so will ...

Niewiadomski: Nein, nein – hier liegt ein Akt der Anmaßung vor. Meiner Meinung nach werden sie (die Frauen, W. E.) nicht geweiht werden, beziehungsweise, die Weihe wird niemals anerkannt werden. Für mich liegt eine Tragik in diesem Vorgehen. Ich persönlich kann das, im Zusammenhang mit der Integration der Frau in der katholischen Kirche, nur so interpretieren, dass hier ein Teil der Frauen und auch ein Teil der Öffentlichkeit einem in der Öffentlichkeit entstandenen Druck, der als bereits unerträglich bezeichnet wird, erlegen sind und sagen: So, jetzt wagen wir diesen Schritt. Meiner Meinung nach wird man immer, wenn man solche Schritte wagt, auch zum Opfer dieser Logik.

Die Analogien zu den Frauenweihen des Bischofs Davidek treffen meiner Meinung nach nicht zu. Bischof Davidek weihte aus der festen Überzeugung, dass er nur durch diesen Akt die katholische Kirche in der Tschechoslowakei retten kann – ausgehend davon, dass in der Atmosphäre von Verdacht und Spionage niemand auf die Idee kommen würde, dass hier Frauen geweiht werden könnten. Seine Intention war, die Kirche zu retten, deswegen wagte er diesen Schritt. Hier aber liegt zuerst einmal, würde ich sagen, eine subjektive Intention vor: Wir möchten Priesterinnen werden. Das ist jetzt der Punkt, der mich am meisten bei dieser Geschichte stört und weswegen ich dieses Vorgehen überhaupt nicht billige, im Gegenteil, ich finde es eigenartig, wie das gestaltet wird.

Lefebvre war sich dessen bewusst, was er tut – er kündigte seinen Schritt zwei Jahre voraus an und er stellte sich der öffentlichen Diskussion, er stellte sich der Legitimation, er argumentierte. Was jedoch hier inszeniert wird, ist eine eigenartige Mischung aus publicity und Geheimnistuerei. Entweder sind die Bischöfe, die bereit sind, das zu tun, einer öffentlichen Diskussion unfähig – was ich nicht glaube –, dann aber trifft das zu, was mich daran sehr stört, weil das meiner Meinung nach der Frage der Weihe nicht würdig ist: man unterstellt in der Öffentlichkeit, dass man, wenn man von vornherein wissen würde, wer es ist, diese Bischöfe mit physischer Gewalt daran hindern würde, es zu tun; denn argumentieren mit der Exkommunikation kann man hier nicht, weil diese Bischöfe dann sowieso exkommuniziert werden. Da unterstellt man der sensationsgeilen Öffentlichkeit, man möchte sie mit physischer Gewalt an dieser Handlung hindern, sie mundtot oder wirklich tot machen. So etwas ist eine Unterstellung, das entspricht meiner Meinung nach der Logik eines Partisanenkampfes und das ist mir für diese Problematik nicht die geeignete Strategie. Die Art, wie es inszeniert wird, widerspricht dem, was bei der sakramentalen Weihe notwendig sein müsste.

Und jetzt kommen wir zur dogmatischen Frage: die Intention des Spenders der Weihe muss sein, das zu tun, was die Kirche tut – faciendi, quae facit ecclesia. Die Frage ist: was tut die Kirche mit der Weihe? Im Kontext des Vatikanums II ist die Weihe nicht ein Privileg für Individuen, die Weihe ist beheimatet in der kirchlichen Gemeinschaft als Teil des Ordo.

Ordo steht im Dienste der Einheit der Kirche, ordo wird deswegen auch kollegial ausgeübt, also von Bischöfen, Priestern und Diakonen. Was hier geschieht, ist aber ein isolierter Akt der Weihe, mit der Argumentation: Hauptsache, die Bischöfe stehen in der apostolischen Sukzession. Da wird alles losgelöst vom kirchlichen Geschehen auf diesen Aspekt konzentriert.

Das erinnert mich, wie gesagt, an die Argumentationen von Lefebvre. Noch verhängnisvoller – und da ist die Assoziation für mich fast schmerzhaft, nämlich zu der Geschichte des Gegenpapstes Gregorius XVII. in Palma de Troia. Das ist ein Mann mit Marienvisionen und weiß Gott was noch allem, und da sind die Analogien jetzt fast tragisch: er fühlte sich zu seiner Position berufen, hatte gute Gründe dafür, hat nach einem Bischof gesucht, hat einen pensionierten vatikanischen Bischof gefunden, der ihn und seine Kollegen zu Priestern und anschließend zu Diakonen geweiht hat. Nach dem Tod von Paul VI. hat er sich zum Gegenpapst erklärt. Es handelte sich um eine kleine Gruppe, die palmarianische Kirche, eine wild losgetretene religiöse Phantasie, die keine Grenzen mehr kennt. Das ist nicht mehr Schisma in der Kirche, das ist eine Sekte geworden.

Ertel: Fürchten Sie, dass durch die Weihe der Frauen ein Schisma in der Kirche eintreten könnte?

Niewiadomski: Kirchenspaltung würde dann erfolgen, wenn sich Bischöfe den Bischöfen anschließen würden. Ich glaube nicht, dass auch nur ein einziger Bischof sich diesen Bischöfen anschließen wird. Ich schätze, dass ein gewisser Anteil von Bekannten, Freunden und Freundinnen diese Frauen unterstützen wird. Eine größere Revolution wird das nicht auslösen, sag ich deutlich. Ich fürchte, dass das zu einer Sekte wird. Deswegen ist das Ganze für mich ein bisschen tragisch, weil es schrittweise jene Bemühungen torpediert, die beispielsweise in der Diözese Linz unternommen werden: Frauen qualifizieren sich, übernehmen Aufgaben in der Gemeindeleitung, und auf diesem Weg wird gewissermaßen eine Plausibilität geschaffen. Das wird durch diese Tat in Kirche und Öffentlichkeit torpediert. Ich sehe diesen Akt als nicht gültig an.

Ertel: Sie, Herr Professor, fragen: Was wird die Kirche mit den Weihen machen?, die Frauen fragen: Was werden die Weihen mit der Kirche machen? Rom wird nach Überzeugung der Frauen überhaupt erst durch diesen Akt, durch das Schaffen von Tatsachen zu einer Reaktion genötigt, ansonsten würde die nächsten hundert Jahre wieder nichts weitergehen mit der Frauenordination.

Niewiadomski: Das ist, sage ich boshaft, eine Selbstüberschätzung der eigenen Bedeutung. Das ist der moderne Narzissmus, der von der Presse unterstützt wird. Heute kann jeder alles behaupten und je nach kultureller Grundstimmung wird das eine als glaubwürdig, das andere als weniger glaubwürdig eingeschätzt. Das Problem des Amtes in der Kirche ist eines der brisantesten in der katholischen Kirche. Was in den letzten zwanzig Jahren in der Amtsdiskussion so gelaufen ist, ist im Grunde Kraut und Rüben. Vor dem Hintergrund einer offenen und linken Tradition, der ich mich sehr lange verpflichtet fühle, hat man argumentiert, dass das Amt doch nicht über einen Kamm zu scheren ist. Wir waren froh, dass das Vatikanum II Abstand vom tridentinischen Amtsverständnis genommen hat, das heißt im Klartext: da liegen Welten zwischen dem Tridentinum und dem, was die katholische Kirche jetzt sagt.

Als Lefebvre seinen Schritt einer deutliche Rückkehr zum alten Amt vollzieht, da geht ein Schrei des Entsetzens und ein Geheule los, wie furchtbar das ist. Nun hört man umgekehrt Begeisterung, obwohl in derselben Art und Weise argumentiert wird, und ich mich frage: Wo liegt da der Unterschied? Nur weil's mir jetzt passt, muss ich dafür sein? Nein! Ich muss fragen: Wie begründe ich das? Zurück zur Frage der Selbstüberschätzung, was wird die Kirche damit tun? Was heißt Amt? Amt, heißt im Klartext: es geht um die Frage der Einheit der Kirche. Das ist einer der sensibelsten Punkte in der modernen Diskussion. Da geht's nicht um die Frage, ob ich Priester bin und Messlesen oder Beichthören kann. Daran wird die Kirche sicher nicht genesen. Ein Minimum an Konsens in der Frage, wie soll das ausschauen, das Amt, muss die Kirche doch voraussetzen.

Wenn man basisdemokratisch vorgehen und fragen würde: Soll

die Kirche heute die Frauen zur Priesterweihe zulassen, so brauche ich die Antwort nicht zitieren. Das ist eine enorme Selbstüberschätzung, wenn man meint, dass die Basis dafür wäre ...
Ertel: In Österreich haben sich laut Umfragen immerhin 75% der Bevölkerung dafür ausgesprochen ...
Niewiadomski: Österreich ist nicht die katholische Kirche. Da liegt das Problem. In der Schweiz hört man auch immer: Was interessieren mich die anderen Länder, wir sind Schweizer. Und wenn die Frauen sagen: Erst wenn wir das tun, wird Rom aufwachen – ich weiß nicht, ob Rom da schläft. Für mich liegt da ein Zeichen von Selbstüberheblichkeit vor. Natürlich hat der Papst klar gesagt: Das bitte nicht. Jeder logisch denkende Mensch wird sagen: Es ist klar, dass sich in diesem Pontifikat gar nichts rührt.
Ich würde jedem Menschen, jeder Institution zubilligen zu sagen: Wenn ich das erkannt habe, gilt es für mich, auch eine gewisse Geduld zu zeigen, und nicht auf Teufel komm raus zu sagen: Jetzt zeige ich dir, dass ich Recht habe. Das ist eine Haltung, die ich spirituell nicht verstehe. Deswegen meine ich, ist das kontraproduktiv.
Ertel: Können Sie die Ungeduld der Frauen menschlich verstehen? Ihren Unmut darüber, dass die Kirche sich darauf beruft, dass es ja Gott selber sei, der die Frau dem Mann hintangestellt habe, und aus diesem Grund habe die Kirche auch keine Vollmacht, Frauen zu weihen? Ist das nicht eine Demütigung und Herabsetzung der Frauen?
Niewiadomski: Was Demütigung und Herabsetzung ist, das entscheidet nicht eine Formulierung, sondern das entscheidet sich im gesellschaftlichen Raum, wo über Werte und Unwerte entschieden wird. Wenn man heute sagt, dass man die Frau zwanzig Jahrhunderte lang nur gedemütigt hat, dann stellen wir unseren Vorfahren ein Zeugnis aus, das moralisierend ist, so nach dem Motto: Das waren korrupte Schweine. Diese Art von Diskussion führe ich nicht. Warum wir gerade jetzt so weit sind zu sagen: Hier wurden Frauen gedemütigt, das sei dahingestellt. Ich sage nochmals: die Erkenntnisse, die hinter der theoretischen Begründung der Nicht-

zulassung der Frauen zur Ordination stehen, sind kulturell überholt. Dieser Meinung bin ich. Die Kirche selber hat diese Erkenntnisse inzwischen auf mehreren Ebenen über Bord geworfen: Einen der Hauptpunkte bei Thomas, die Frau sei im Status der Unterwerfung, die Frau sei nicht leitungsfähig. Das ganze Mittelalter kann sich unmöglich eine Frau vorstellen, die Urteile über Männer fällt. Das ist ein Denken, das die Kultur strukturiert, das inzwischen über Bord geworfen wurde. Selbst die Kirche hat inzwischen Richterinnen angestellt – in der Rota Romana –, die Urteile fällen. In juridisch relevanten Bereichen fällen Frauen Urteile über Männer. Das ist eine entscheidende Geschichte. Eine Sache ist hängen geblieben, die Weihe, da sind wir unglaubwürdig, das gebe ich zu. Nur das jetzt von vornherein mit Begriffen wie unwürdig zu belegen, da versteh ich die Welt nicht ganz, weil ich damit all jenen Frauen, die das nicht nachvollziehen können, automatisch zuspreche: Sie sind verblendet, unterwürfig und so weiter. Für mich passen die Kategorien nicht ganz, das muss ich schon sagen.

Die politisch korrekten Lösungen werden letztendlich den Frauen auf den Kopf fallen – wo man sagt, es gibt gar keine Unterschiede zwischen den Geschlechtern, es herrscht nur noch radikale Gleichheit. Ich hab das Gefühl, in unserer modernen Gesellschaft ist die Frage der Stellung der Frau in der Kirche – und zwar in der liberalen Gesellschaft, in der die Frauen teilweise dem Druck dieser liberalen Gesellschaft erliegen – zu einem Passepartout geworden immer dann, wenn es darum geht, gewisse Fragen nicht zu diskutieren oder zu verschleiern. Da kann man immer sagen: Schaut, wie gestrig die katholische Kirche ist, sie ist reformunfähig und so weiter und so fort. Da kann sich die liberale Öffentlichkeit problemlos äußern, weil es niemandem weh tut, keiner Bank, keiner Versicherungsgesellschaft, niemandem auf einer anderen Fakultät, weil das keinen betrifft – und deswegen scheint hier ein Konsens vorzuliegen. Bestimmte Kreise in der Kirche spielen da mit und meinen, wir würden von der liberalen Öffentlichkeit hier Unterstützung haben. Blödsinn! Dieser liberalen Öffentlichkeit ist das völlig wurscht, ob es Priesterinnen gibt in der Kirche oder nicht, denen ist die Kirche wurscht, denen ist Gott wurscht.

Vor diesem Hintergrund stellt sich die Frage, ob die Logik von außen her für die Kirche so problemlos angenommen werden kann. Der Akt als Akt ist in einer Öffentlichkeit angesiedelt, die ich alles andere als für die Reform der Kirche als günstig ansehe, und da kommt für mich so viel an Zweideutigkeiten und so wenig an Klärendem, dass ich sage: Um Gottes willen, ich würde es nicht tun.

Zur eigentlichen Frage, ob ich jetzt Verständnis für die Frauen habe: Ob man Verständnis für einzelne Leute hat, hängt von subjektiven Motiven ab. Ich weiß ja nicht, wie die konkreten Frauen das jetzt begründen. Natürlich habe ich Verständnis für die Frauen, die das Gefühl haben, sie sind zu wenig integriert in der Kirche. Da, wo es geht, setze ich mich auch dafür ein, inklusive einer klaren Diskussion über die Frage: Was heißt Amt, und so weiter.

Hier passiert ein Akt des Kampfes, und da muss man fragen: Wem dient das, wem nützt das? Ich würde sagen: Es dient der Aufheizung der öffentlichen Diskussion über die so genannte Reformunfähigkeit der Kirche, es dient vielleicht in einem kurzfristigen Aufbäumen der Glückseligkeit und Zufriedenheit der Betroffenen, die das Gefühl haben, sie haben was gemacht, sie sind im Zentrum der Geschichte.

Wenn ich mir heute anschaue, die Frau Karin Leiter, die ihren sehnlichsten Wunsch erfüllt hat: sie ist Priesterin geworden – leider in der falschen Kirche, würde sie heute vermutlich sagen, weil kein Mensch ihr heute Aufmerksamkeit schenkt. Wen interessiert die Tatsache, dass Karin Leiter Priesterin ist? Das interessiert niemanden, seien wir uns ganz ehrlich. Da liegen meiner Meinung nach tragische Konnotationen, die in der Öffentlichkeit kaum diskutiert worden sind.

Ertel: Die Frauenordination ist heute doch weder eine biblische, noch eine dogmatische Frage – es geht hier nur mehr um einen Paragraphen des Kirchenrechts ...

Niewiadomski: Kirchenrecht ist aber auch ein Teil des Glaubenskonsenses der Gegenwart. Das muss man schon sagen. Ein Rechtskonsens ist zwar dogmatisch nicht entscheidend, aber das ist so ähnlich, wie in einer Bank. Die Bank sagt: Wenn ich ausgebildet bin, wenn ich die richtige Methode habe und das Geld so perfekt hergestellt, also gefälscht habe – die Bank wird natürlich damit konfrontiert werden und zufälligerweise ist es nicht das gültige Zahlungsmittel, ja, also mit dem Argument: Es handelt sich nur um eine kirchenrechtliche Angelegenheit, wird Recht in dem Kontext abgewertet.

Ertel: Aber das Kirchenrecht kann sich doch ohne weiteres ändern?

Niewiadomski: Ja sicher, es können sich auch die Formulierungen ändern – aber sie ändern sich nicht dadurch, dass jemand hergeht und sagt: Jetzt mache ich's. Ich habe schriftlich x-Sachen veröffentlicht, in denen ich sage: Dem (der Frauenordination, W. E.) steht nichts im Wege, vom dogmatischen Konsens. Ich stehe auch dazu. Es steht dem im Wege jedoch der Wille der Rechtsgemeinschaft Kirche.

Auf einem Bauernhof steht dem nichts im Wege, dass der Sohn den Hof des Vaters übernimmt – nur die rechtliche Regelung der Erbfolge und der Wille des Vaters. Nun sagt der Sohn: Weil ich das besser machen kann, enterbe ich den Vater. Das ist nicht rechtlich gültig, sondern ich benehme mich an diesem Hof wie ein Vater. Was heißt das? Was heißt das für die Rechtsgemeinschaft, für die politische Rechtsgemeinschaft? Die Rechtsgemeinschaft muss zunächst einmal den rechtmäßigen Inhaber schützen, ansonsten ist Chaos da. Ja, aber wenn genug Leute sich im Dorf gefunden haben, die das anders machen, wird irgendwann das Recht geändert, wird man sagen – das ist dann eine Revolution, ein Gewaltakt.

Ich sage: Amtsreform in der Kirche ist noch nie durch Revolutionen vollzogen worden – Amtsreformen sind sehr mühsam durch kleine Schritte gekommen, und dann haben sie Schismen ausgelöst. Ich glaube, es wird zu einem kleinen Schisma kommen. Wenn Bischöfe in ein Schisma gehen, einzig nur weil sie Frauen

weihen, das bringt die wahnsinnige Gefahr mit sich, dass eine Frauenkirche entsteht.
Innerlich bin ich überzeugt, dass dieses Tun kontraproduktiv sein wird für die Frage der Integration von Frauen in der Kirche. Deshalb sag ich hier in jeder Weise: ohne mich. Es gibt hunderte Kirchen, und alle berufen sich auf Jesus. Ich will im Rahmen dieser Glaubensgemeinschaft sein, und diese Glaubensgemeinschaft entsteht ja gerade dadurch, dass sie die Tradition, die biblische Tradition, auf ihre Art interpretiert – diese Art der Interpretation wird durch x-Zeugen vollzogen. Einer der brisantesten Konflikte in dieser Interpretation ist: Gibt's genug Gründe zu sagen, das (Frauen zu ordinieren, W.E.) können wir nicht machen? Ich würde sagen: Je länger die Zeit dauert, desto klarer wird: nein, Gründe gibt es nicht – aber das befähigt niemanden, jetzt zu sagen: Also ich will das tun, auf Teufel komm raus, einfach tun.
Da liegt das Missverständnis.
Ertel: Es wird immer wieder vom *kairos* gesprochen, vom richtigen Zeitpunkt für die Frauenordination – das war 1970 bei Davidek in Brünn, das wird auch jetzt ins Treffen geführt. Was, wenn der Druck, wie Sie sagen, nicht von der liberalen Gesellschaft, sondern vom Geist Gottes selber kommt?
Niewiadomski: O. k., dann würde ich sagen, lassen wir die Sache Gott. Das hat schon Gamaliel gesagt: Wenn es von Gott kommt, wird es sich durchsetzen, dann können wir es nicht verhindern. Nur als Mensch muss man all das tun, wovon man überzeugt ist, um es zu verhindern. Als Mensch sage ich, dass es kontraproduktiv ist, weil es ein Weiheverständnis zementiert, das in der Kirche selber weltweit überkommen ist, weil es ein Weiheverständnis fokussiert ausschließlich auf Sakramentenspendung, weil es ein Thema einführt, das in der Dogmatik längst überholt ist, nämlich das der freischwebenden Weihe. Schon das Konzil von Chalcedon hat gesagt, Menschen können nur geweiht werden in konkrete Kirchengemeinschaften – freischwebende Weihen gibt es nicht. Die Weihe ist nach unserem Kirchenverständnis dazu da, um die Einheit der Kirche zu garantieren. Welche Kirche wird hier geeint

durch ein freischwebende Weihe? Zur Frage der theologischen Bildung will ich hier nicht reden, welchen Kriterien ein Weihekandidat entsprechen soll, auch da gibt es Stimmen, die fragen, wozu ein Priester heute überhaupt theologische Bildung braucht. Für mich ist das der denkbar kontraproduktivste Schritt, nicht für Rom, Rom wird das verkraften, sondern für die Frage der Integration der Frauen in der Kirche.

Eine Antwort an Jozef Niewiadomski

Sehr geehrter Herr Professor Niewiadomski,

Sie haben sich in der letzten Zeit mehrfach zu der im Juni 2002 geplanten Frauenordination in Österreich geäußert, u.a. auch in der Kirchenzeitung der Diözese Linz. Im Folgenden möchte ich zu Ihrer Argumentation, soweit sie sich vor allem auf den rechtlichen Aspekt des Vorhabens bezieht, Stellung nehmen.
Vermutlich sind wir uns bereits einmal begegnet: Im Herbst 1994 hielt ich nämlich einen Vortrag im Rahmen eines Studientages der theologischen Fakultät Innsbruck – als Antwort auf das damals erschienene Apostolische Schreiben »Ordinatio Sacerdotalis«, das die Priesterweihe von Frauen definitiv ausschließt.
Wenn ich recht sehe, stoßen Sie sich vor allem an der Behauptung der Weihekandidatinnen, die geplante Priesterweihe von Frauen sei gültig, wenn auch unerlaubt. Sie berufen sich dabei auf das entgegenstehende »Rechtsurteil« der »Rechtsgemeinschaft der katholischen Kirche«: »Die heilige Weihe empfängt gültig nur ein getaufter Mann« (c. 1024 CIC) In diesem Satz drückt sich die Sicht der offiziellen vatikanischen Kirchenleitung aus. Er ist keineswegs das Urteil einer »Rechts*gemeinschaft*«, die es aufgrund der hierarchisch-zentralistischen Struktur der römisch-katholischen Kirche gar nicht gibt!
Für kritische katholische Theologinnen, die für die Frauenordina-

tion eintreten – und hoffentlich nicht nur für sie! – ist dieser Rechtssatz allerdings unhaltbar und kann keine Verbindlichkeit beanspruchen: Im Widerspruch zu Gal 3,28 (»in Christus ist bzw. gilt ... nicht Mann und Frau«) bindet er die Gültigkeit der Ordination *vor allem* an das männliche Geschlecht des Ordinanden – die Taufe wird nur als untergeordnete Bedingung für die Gültigkeit genannt.

»Ungetaufte und Frauen können das Weihesakrament gültig nicht empfangen« – lautet dementsprechend der Kommentar zu c. 1024 des Kirchenrechtlers Norbert Ruf (Das Recht der katholischen Kirche nach dem neuen Codex Iuris Canonici, Freiburg 1984, S. 239). Ganz präzise müsste der Kommentar zu c. 1024 allerdings lauten: »Ungetaufte Männer und Frauen, *selbst wenn sie getauft sind*, können das Weihesakrament nicht gültig empfangen«!

Es ist somit evident, dass die Vorschrift des c. 1024 eine schwere Missachtung der Personwürde der Frau beinhaltet, ihrer *Taufe*, ihrer von Gott geschenkten Charismen – er verursacht eine Apartheid zwischen Männern und Frauen in der Kirche, am Altar und im Hinblick auf die kirchlichen Entscheidungsgremien.

Weil dieser Rechtssatz insofern eine *Häresie* impliziert, stehen Frauen dagegen auf. Sie sehen darin nicht – im offensichtlichen Gegensatz zu Ihnen – ein »Rechtsurteil« der »Rechtsgemeinschaft der katholischen Kirche«. Sind doch die Frauen – die Hälfte der Kirchenmitglieder! – nie dazu befragt worden, geschweige denn, dass sie über diesen Rechtssatz je abgestimmt hätten. Es würde sich dann ja eindeutig um eine Selbst-Diskriminierung handeln! Vielmehr wurde die Vorschrift des c. 1024 über die römisch-katholischen Frauen verhängt. Denn der Codex wurde von einer von Kardinälen geleiteten Vorbereitungskommission erarbeitet, deren Mitglieder (vorwiegend Bischöfe) ausschließlich *Männer* waren. Frauen hatten daran keinerlei Anteil! Die Kommissionsmitglieder haben sich bei der Neufassung des kirchlichen Rechts über die zahlreichen Voten und Eingaben zugunsten einer Änderung des c. 1024 (vorher c. 968 § 1 /CIC v. 1917) im Sinne der Gleichberechtigung von Frauen hinweggesetzt, ähnlich wie sich die Mitglieder der Kongregation für die Glaubenslehre bereits im Jahr 1976 auch über den Report der Päpstlichen Bibelkommission hinwegsetzten, der festgestellt hatte, dass sich aus dem NT keine Gründe für den Ausschluss der Frau von der Ordination herleiten lassen.

Die vatikanische Kirchenleitung hat sich dabei stets auf die frauendiskriminierende Tradition bezüglich der Ordination gestützt und sie auf diese Weise weitergeführt, obwohl es daneben seit langem auch eine frauenfreundliche Tradition in der Kirche gab und gibt: Bereits im Mittelalter stellten Theologen/Kanonisten fest: »ordinari quaestio facti est et post baptismum quilibet potest ordinari« (Ordiniert zu werden ist eine Tatsachenfrage und nach empfangener Taufe kann jede Person ordiniert werden). Diese Aussage gründet sich zu Recht auf das Getauftsein des Ordinanden, nicht aber auf sein Geschlecht. (S. dazu die Ausführungen in der Neuauflage meiner Dissertation von 1973: »Priesteramt der Frau – Geschenk Gottes für eine erneuerte Kirche«, Münster 2002).

Dass an dem Rechtssatz c. 1024 CIC/1983 noch festgehalten wird, ja, dass er noch verteidigt wird als »Rechtsurteil« der »Rechtsgemeinschaft der katholischen Kirche«, in dem sich angeblich der »Glaubenskonsens« der Kirche artikuliert, ist in unseren Augen der eigentliche Skandal.

Die bevorstehende Frauenordination contra legem ist darum auch als ein prophetisches Zeichen des Protestes gegen diese frauendiskriminierende Rechtsbestimmung zu sehen.

Dieser prophetische Akt ist aus der Sicht der Weihekandidatinnen deshalb notwendig, weil die Frauenordination in der römischkatholischen Kirche leider nicht auf »normalem«, herkömmlichen, »ordnungsgemäßem« Wege in absehbarer Zeit durchzusetzen ist – steht doch eine Jahrtausende alte Barriere der Frauenfeindlichkeit dagegen!

In Ihren Ausführungen vermisse ich leider eine Sensibilität für diese Zusammenhänge. Ich vermisse eine Sensibilität besonders auch dafür, dass die Frauen, die nach reiflicher Überlegung jetzt eine Ordination contra legem anstreben, den Aufschrei der unter-

drückten, gedemütigten und entwürdigten Menschen artikulieren, die endlich ihre Berufung auch leben wollen und sich nicht länger auf ihrem inferioren Status niederdrücken lassen wollen. Daher sollte dieser Akt m.E. von Theologen, denen an der Umsetzung der frauenfreundlichen Botschaft Jesu, von Gal 3,28 und damit an der Verwirklichung der Menschenrechte für Frauen in der römisch-katholischen Kirche gelegen ist, unterstützt werden! 1970 ordinierte Bischof Felix Davidek mehrere Frauen für den diakonalen und priesterlichen Dienst in der tschechischen »Untergrundkirche«, wegen der damaligen politischen Notsituation. Er handelte contra legem, weil er davon ausging, dass Frauen alle Voraussetzungen für die Gültigkeit der Ordination aufgrund ihrer Taufe und Charismen mitbringen. Gott sei Dank, gibt es heute ein paar römisch-katholische Bischöfe, die diese gute Tradition fortsetzen!
Einer Antwort Ihrerseits sehe ich gern entgegen.

Mit freundlichen Grüßen

Ida Raming

Peter Trummer
Biblisches Plädoyer

Was ihnen verwehrt wird, wissen sich Frauen bisweilen auf andere Weise zu beschaffen. Schon die Bibel kann solche Geschichten erzählen, ohne die Männer sonderlich zu schonen. Da setzt bereits nach dem ersten Buch der Bibel, der so genannten Genesis, eine Frau namens Tamar sogar ihr Leben aufs Spiel, aber schließlich kommt sie doch zu ihrem »Recht« (Gen 38).
Die Vorgeschichte: Die Nichtjüdin Tamar war nach kurzer Ehe mit Er, dem Erstgeborenen Judas, kinderlos Witwe geworden. In diesem Fall waren nach altem Brauch die nächsten Verwandten

an der Reihe, ihr einen legitimen Nachkommen und Erben zu zeugen. Aber Onan der Zweitgeborene (welcher der Onanie seinen Namen gab), wollte seiner Bruderpflicht nicht so recht nachkommen und verstarb ebenfalls. Levirats- oder Schwagerehe nennt sich diese Einrichtung. Doch hat sie mit einem heutigen Verständnis von Ehe nicht sehr viel zu tun, eher mit archaischer Familiensolidarität, in der Brüder noch ganz selbstverständlich miteinander leben und einander in jeder Lage aushelfen.

Um keine falschen Vorstellungen aufkommen zu lassen: Die (verwitwete) Schwägerin ist und bleibt ein Inzesttabu (Lev 18,16). Es geht einzig um die Wahrung der Erbfolge und damit auch um einen rechtlich abgesicherten Lebensunterhalt für die Frau des verstorbenen Bruders. Übrigens enthält auch das Neue Testament eine ziemlich sophistische Abhandlung zu dieser alten Sitte, sogar mit *sieben* Brüdern, welche dieselbe Frau »hatten« (Mk 12,20). Aber das ist mehr altorientalische Rhetorik als eine wirkliche Fallgeschichte.

Viele suchten sich dieser bestimmt nicht nur angenehmen Verpflichtung zu entziehen. Aber dazu war eine öffentliche, ziemlich entwürdigende Zeremonie, nämlich das Schuhausziehen vor Zeugen am Tor, notwendig (Dtn 25,7–10). Bei Tamar geschah nichts desgleichen. Als nächster wäre also Judas Sohn Schela an der Reihe. Aber der ist noch klein und der schon um zwei Söhne gebrachte Vater befürchtet auch dessen vorzeitigen Tod. Also schiebt er das Problem einfach einmal auf und Tamar zu ihrem Vater ab, *bis mein Sohn Schela groß ist.*

Die Jahre vergehen. Inzwischen ist auch Juda selbst Witwer geworden und kommt somit nach Ablauf seiner Trauerzeit ebenfalls als möglicher »Löser« für das Problem der kinderlosen Frau in Frage, theoretisch wenigstens. Doch Tamar bleibt dran. Als ihr zu Ohren kommt, dass Juda mit einem Freund zur Schafschur nach Timna unterwegs ist (eine bezaubernde Gegend überdies), sieht sie ihre Chance gekommen. Sie legt ihre Witwenkleider ab, verschleiert sich und setzt sich als Vertreterin des ältesten Gewerbes der Welt in der Nähe eines Ortes an den Weg, den Juda kommen muss. Und prompt entflammt die männliche Begierde. Ja, aber da war vorher noch das Honorar zu vereinbaren! Und obwohl auf dem Weg zum Scheren natürlich jede Menge Schafe zur Hand ist, ausgerechnet ein Ziegenböcklein sollte der Lohn sein. Vielleicht ist Juda in seiner Begehrlichkeit doch ein bisschen unvorsichtig, aber als Mann von Ehre (der ja ein solcher Ausflug nicht schadet) hinterlegt er seinen Siegelring als Pfand. Nur: Als er ihn später durch seinen Freund auslösen will, war »hierorts« jedoch überhaupt keine Dirne bekannt. Juda schwant Böses. Er könnte zum Gespött werden. An Tamar hat er dabei natürlich nicht im Mindesten gedacht.

Nach drei Monaten wird ihre illegitime Schwangerschaft ruchbar. Und hatte Juda vorher seine verwitwete Schwiegertochter (und sein soziales Problem) einfach zu ihrem Vater abgeschoben, sieht er sich jetzt doch als Clanchef zur Wiederherstellung der verunreinigten Familienehre herausgefordert. Und nicht nur um seine eigenen Nachkommen und deren Anhang geht es, er reklamiert sogar, obwohl selbst gar nicht der Erstgeborene seines berühmten Vaters Jakob, den Vorrang unter seinen vielen Brüdern und Halbbrüdern. Er führt ein strenges Regiment wie ein junger Löwe (Gen 49,8–12). Also kennt er kein Pardon und verhängt über seine verruchte Schwiegertochter die Todesstrafe durch Verbrennen. (Das ist übrigens nicht nur Alter Orient! Ähnliches erleben wir noch in unseren Tagen in Afrika und sonst wo: Steinigung von Frauen durch die Dorfgemeinschaft, und das mit bester »religiöser« Begründung. Das sollte uns auch bei allen »schlagenden« Argumenten aus der Bibel vorsichtig machen).

Schon wird Tamar zur Hinrichtung geführt. Aber die Kluge hat ja noch den Siegelring, mit dem sie in der höchsten Not ausgerechnet ihren Richter Juda als legitimen Vater ausweist. Der kann nicht leugnen und somit hat Tamar doppelt gewonnen. Nicht nur ihr Leben, sondern Zwillinge. Doch diese sind und bleiben Judas Kinder (also doch keine »Leviratsehe«), obwohl er später nicht mehr mit ihr verkehrt. (Oder besser: Sie nicht mehr mit ihm, obwohl es so nicht aufgeschrieben wurde. Verständlicherweise).

Wieso die Geschichte hier zu erzählen ist: Schon das erste Buch des Neuen Testaments hat keine Scheu, Tamar im Stammbaum Jesu ausdrücklich zu erwähnen (Mt 1,3). Sie eröffnet die Reihe der namentlich genannten Ahnfrauen Jesu, die wie die dazugehörenden Männer oft gar nicht so lupenrein sind. Doch die »Entstehung« Jesu (die wieder *Genesis* genannt wird) und die Geschichte unseres Heils verlaufen eben nicht immer unter den Vorzeichen von Moral oder Wohlanständigkeit, sondern umfassen auch alle dunklen Seiten des Menschseins. Sonst könnte auch nie von Erlösung die Rede sein.

Obwohl natürlich jeder und vor allem dieser Vergleich etwas »hinkt«, die Ähnlichkeiten mit der anstehenden Frauenweihe sind unverkennbar: Auch jetzt »erschleichen« sich einige Frauen ein sonst nicht erreichbares »Recht«, raffiniert und in aufwendiger Inszenierung – und sogar katholische Bischöfe lassen sich von ihnen da hinein verstricken. Dabei spricht eigentlich alles gegen sie und ihr Vorhaben. Denn Rom hat unmissverständlich klargestellt, dass es eine solche Weihe von Frauen nicht haben will, nicht anerkennt und damit unlösbare Konflikte heraufbeschworen werden.

Worum es eigentlich geht

Wenn Rom gesprochen hat, sollte nach einer alten (schon auf Augustinus zurückgeführten) Regel die Sache ein Ende haben (*Roma locuta, causa finita*). Das sollten Katholik/inn/en und zumal theologische Lehrer/innen auch respektieren, nicht nur aus äußerem Zwang, sondern aus innerer Loyalität. Anderseits aber können sie ihre Kompetenz und ihre von und für die Kirche übernommene Verantwortung auf einen Wink von oben nicht gleich wieder stillschweigend beiseite legen. Es ist ihr Beruf, ihre Verpflichtung und Schuldigkeit, die Sache des Glaubens immer wieder neu zu reflektieren, sie *gelegen oder ungelegen* (2 Tim 4,2) mit aller Welt ins Gespräch zu bringen und vor allem dafür Sorge zu tragen, dass auch das Urteil der Kirche in Fragen des Glaubens immer mehr voranschreiten kann. Denn diese ist ein »wanderndes Gottesvolk« (Ernst Käsemann), kein Siebenschläferclub.

Es bleibt also gar kein anderer Weg, als die Sache weiter zu verhandeln. Denn Roms Auskunft hat einen Haken, wenn nicht sogar mehrere. Jedenfalls wurden die eigentlich Betroffenen, und das sind nun einmal die Frauen, nicht im Geringsten darüber befragt, wie sie selbst in dieser Frage denken und fühlen. Und dieses Defizit haftet im Grunde genommen allen bisherigen kirchlichen und dogmatischen Äußerungen an. Nur kommt es in den Fragen des Amtes und der Sakramente besonders schmerzlich zur Geltung. Denn alle offiziellen Erklärungen der katholischen Theologie wurden bislang nur aus dem Blickwinkel einer kleinen Personengruppe, die sich ausschließlich aus Klerikern rekrutierte, formuliert. Dabei konnte es nicht ausbleiben, dass gerade in Bezug auf die eigene Funktion und Selbstbeschreibung auch blinde Flecken mit im Spiel sind.

Das hat, wenigstens zum Teil, seine einfache Ursache darin, dass theologisch qualifizierte Laien bis zum Konzil überhaupt nicht vorhanden waren. (Die wenigen Ausnahmen, die es im Laufe der Kirchengeschichte immer wieder einmal gegeben hat, sind hier zu vernachlässigen). In nochmals verstärktem Maß trifft dies auch für die Frauen zu, die erst mit einer zusätzlichen Verspätung in den Kreis der Insider/innen eintreten konnten. Ihnen steht jetzt, zumindest in Deutschland und Österreich, das universitäre Theologiestudium offen und sie haben auch einige Aussichten auf einen damit verbundenen Beruf. Das war für viele andere Länder und Kulturen vor zwei Jahrzehnten noch völlig undenkbar und ist auch heute mangels entsprechender Berufsaussichten für Laientheolog/inn/en bei weitem noch nicht überall selbstverständlich. Tatsache ist: Die Laien und insbesondere die Frauen waren bisher in eine theologische Entscheidungsfindung gar nicht eingebunden, obwohl Glaubensfragen nicht nur »von oben« her entschieden werden dürfen, sondern der allgemeine Glaubenssinn *(sensus fidelium)* sogar von erheblichem Gewicht ist. Befasst wurde in der Frage der Frauenweihe zwar die Päpstliche Bibelkommission (und auch die bestand bis dahin nur aus Männern). Diese jedoch wollte das Priestertum der Frau nach dem Neuen Testament, diplomatisch ausgedrückt, »nicht ausschließen« – und etwas anderes wird eine verantwortliche Bibelwissenschaft inhaltlich auch kaum jemals sagen können.

Weil aber die päpstlichen Bibelexperten nicht die gewünschte Antwort lieferten, half die »Heilige Kongregation für die Glaubenslehre« aus. Und ihr entsprechend formulierten die letzten Päpste immer massiver, dass ein Frauenpriestertum von Schrift und Tradition her kein Thema der römisch katholischen Kirche mehr sein könne, selbst unter der Voraussetzung, dass die Kirche es von sich her wollte. (Dazu mehr von Ingo Broer in diesem Buch).

Nun steht eine gewichtigere Argumentation als die mit Schrift und Tradition im Verbund theologisch überhaupt nicht zur Verfügung. Und verkündet wurde diese römische Entscheidung die Frauen betreffend ebenfalls auf einem möglichst hohen Level. Von einem formellen Dogma wurde dennoch Abstand genommen, vielleicht aus dem ganz einfachen Wissen darum, das ein solches vom Bischofskollegium kaum einhellig mitgetragen wäre (um es einmal gelinde auszudrücken). Dennoch war und ist Rom sichtlich bemüht, auch für diese nicht dogmatisierte Lehre möglichst die höchste Loyalität aller Gläubigen einzufordern und der Diskussion über das Frauenpriestertum ein für alle Mal ein Ende zu bereiten. Und ausgerechnet jetzt diese Provokation einer Frauenweihe!

Doch gerade die römische Inkonsequenz zwischen formellem Anspruch und gewünschter Verbindlichkeit deutet auf Schwachstellen hin. Vor allem in Bezug auf die Bibel steht die lehramtliche Argumentation auf wackeligen Beinen (und einige Mitglieder der Bibelkommission fühlten sich durch diese Vorgangsweise sogar regelrecht verschaukelt). Es ist eine allgemein geteilte Erkenntnis der modernen Bibelwissenschaft, dass Jesus überhaupt keine »Priester« berufen oder gar »geweiht« hat. Auch können aus biblischer Perspektive betrachtet die heutigen Bischöfe nicht einfach als die »Nachfolger der Apostel« gelten. Zumindest wenn man sie am Verständnis des Paulus misst, der Apostel nur für jene war und

sein konnte, die er auch selbst bekehrt hat. (Was Bischöfe heute in der Regel ja nicht mehr tun, da sie meist ohnehin schon brave »Schafe« übernehmen können.) Und selbst die »Zwölf (Apostel)«, deren Namen nicht einmal im Neuen Testament einheitlich überliefert sind, erweisen sich eher als eine nachösterliche denn jesuanische Einrichtung (bis zur Bergpredigt gibt es ohnehin nur vier davon). Doch auch eine Steigerung der jedenfalls überschaubaren Apostelzahl der Frühzeit auf rund 4400 Bischöfe heute ist nicht unbedingt zwingend und jedenfalls von Inflation bedroht. Also ist Vorsicht angebracht, wenn spätere Organisationsmodelle unmittelbar auf die biblischen Quellen zurückgeführt werden sollen (das beansprucht auch der hier vorgebrachte Ansatz nicht).
Auf der anderen Seite muss jede kirchliche Tradition – und auch diese beginnt nicht erst *nach* dem Neuen Testament, sondern schon *vor* ihm – sich an den biblischen Quellen messen lassen. Wobei Entwicklungen und Veränderungen als solche durchaus noch nicht gegen die Sache selbst sprechen, sondern sogar sehr wesentlich dazugehören können. Das lässt sich prinzipiell auch für einen späteren kirchlichen Amtsbegriff geltend zu machen. Denn dass unter anderen Voraussetzungen als im Neuen Testament sich später auch einiges in der Kirchenorganisation zu ändern hatte, ist selbstverständlich. Die Frage ist eher und vielmehr die, ob sich nicht auch *heute* noch etwas *ändern darf* und sogar *muss*, damit wir der Sache Jesu treu bleiben oder überhaupt (besser) gerecht werden können.

Zurück zu den Quellen

Gleich vorweg: Sie fließen reichlich und können hier nur flüchtig verkostet werden. Für mehr Wissensdurst sei ganz ausdrücklich auf mein Buch: »...dass alle eins sind! Neue Zugänge zu Eucharistie und Abendmahl« verwiesen.[1]
Doch um ganz vorne anzufangen: Jesus hat einen Jünger/innen/-

---

[1] Düsseldorf: Patmos 2001. Vgl. vor allem Überschriften wie: Amtsträger/innen, Stiefkind Diakon/in, Grüße nach Rom usw.

kreis um sich gesammelt, welcher sich zuerst nur aus Galiläer/-inne/n zusammensetzte. Die einzige Ausnahme dabei war Judas, der auch heute noch etwas zu salopp als »Verräter« bezeichnet wird, obwohl er Jesus (zu unserem Heil) *übergab*. Judas Iskariot stammte entweder aus dem judäischen oder jordanischen Kerijot (heute Kerak). Jedenfalls konnte er als einziger Fremder im Team später leicht den Sündenbock für das Scheitern des Jesus-Unternehmens abgeben. (Außerdem bot schon sein Name Anreize zu einer kollektiven Beschuldigung des Judentums überhaupt). Dabei war das Verhalten der ganzen Truppe während der Passion nicht gerade rühmlich, vor allem das des Petrus. Da hielten eigentlich nur die Frauen durch.

Priester oder Priesterinnen, jedenfalls nicht solche einer späteren Tradition (an welche die Frauen jetzt anknüpfen) hat Jesus also nicht eingesetzt. Ein solches Amt wäre zu seinen Lebzeiten völlig undenkbar gewesen, noch hat Jesus damit rechnen können, dass es nach seinem Tod eine besondere Funktion bekommen sollte. Und wenn die mittelalterlichen Priestertheologen sich direkt von Jesus herleiteten, dann gaben sie eigentlich kein streng historisches Urteil ab (ein solches lag außerhalb ihres Horizontes und ihrer Fragestellung). Sie sagten vielmehr und in erster Linie, dass sie sich diese hohe Würde nicht selbst zusprechen konnten, sondern sie als direktes Geschenk Jesu betrachteten (was freilich auch den Nebeneffekt hatte, dass Kritik an ihnen und ihrem Amt nicht mehr statthaft war).

Zwischen der biblischen Realität und der späteren Geschichte klafft in vielen Bereichen ein tiefer Graben. Die Tempelpriesterschaft gehörte sicherlich nicht zu den eifrigsten Anhänger/inne/n Jesu. Doch die eigentliche Feindschaft ihm gegenüber spielt auf der Ebene der Hohenpriester. Vor allem diese sahen ab irgendeinem Zeitpunkt des Wirkens Jesu in ihm und seiner Frömmigkeit eine Gefahr für sich und den Tempel und drängten vehement auf seine Beseitigung. Anderseits war der jüdische Gottesdienst gar nicht nur auf den Tempel fixiert, wie wir vielleicht annehmen möchten. Dem Jerusalemer Zentralheiligtum galten, vorausgesetzt es war überhaupt in erreichbarer Nähe, die drei Wallfahrtsfeste im Jahr und natürlich auch die Tempelsteuer aller Juden, gleichgültig wo auch immer sie auf dieser weiter Welt wohnten. Im Alltag fand – selbst in Jerusalem – der Gottesdienst vor allem in Versammlungshäusern (Synagogen) statt. Und diese brauchten keine Priester. Ihr Gottesdienst war absolut unkultisch und laikal strukturiert. An seinem Vorbild mit Schriftlesung, Erklärung und Gebet knüpften auch Jesus und der frühchristliche Gottesdienst in vielfältiger Weise an.

Für das Wort »Priester« hingegen hatten weder Jesus noch das Neue Testament eine Verwendung und es grenzt schon an höchste Dialektik, wenn der so genannte Hebräerbrief Jesu Tod als Versöhnungsliturgie, die nur der Hohepriester vollziehen darf (Lev 16), auszulegen sucht. Allerdings greift er dabei immer wieder auf die Gestalt des Melchisedech aus grauer Vorzeit zurück. Und der war eigentlich gar kein Hoherpriester, sondern *Priester des höchsten Gottes* (Hebr 7,1), was einen nicht unwesentlichen Unterschied ausmacht. Ein neuer Tempel, eine neue christliche Priester/innen/schaft ergibt sich aus einer solchen Theologie nicht. Vielmehr forciert der Hebräerbrief eine so massive Opferkritik, dass einem das Wort Opfer in Bezug auf einen christlichen Gottesdienst schon im Ansatz ersticken muss. Das einzig noch denkbare »Opfer« heißt *Lobopfer* als *Frucht von Lippen, die seinen Namen bekennen* (Hebr 13,15). Deswegen bitte keine nostalgischen Reden und Betrachtungen mehr über die katholische Messe als »unblutige Erneuerung des Kreuzesopfers Jesu« und eine dazugehörige Ideologie eines »Amtspriestertums«, weder bei Männern noch bei Frauen! Wo das Neue Testament von sich her Vorformen eines späteren kirchlichen Amtes erkennen lässt, heißen diese sehr unbestimmt und allgemein *die sich Sorgenden/die Leitenden, die Anführenden* oder so ähnlich. Auch von *Diakon/inn/en, Episkop/inn/en* auf der einen bzw. *Presbyter/inne/n* auf der anderen Seite ist gelegentlich die Rede. Doch erst allmählich werden beide Modelle miteinander kombiniert, ohne gleich eine klare Über- und Unterordnung *(Hierarchie)* erkennen zu lassen.

Was allerdings und gerade in Verbindung mit unserer Diskussion oft übersehen wird, ist der Umstand, dass alle diese und ähnliche Ausdrucksweisen fast ausnahmslos als Inklusivformen zu verstehen und wiederzugeben sind. Gemeint ist jener Umstand, dass in den alten Sprachen die männlichen Pluralformen in den meisten Fällen auch die weiblichen Formen mit beinhalten. Und dies bedeutet, dass die frühchristliche Tradition um sehr vieles bunter und weiblicher zu sehen ist, als es die spätere lateinische und noch heutige römische Weltbetrachtung wahrnehmen konnte und kann[2]. Denn wenn Petrus im Auftrag Jesu seine *Geschwister* stärken soll (Lk 22,32), dann kann sich auch der römische Papst in seiner gesamtkirchlichen Funktion nicht mehr einfach nur auf seine *Brüder* im (Bischofs-)Amt beziehen und damit einen priesterlichen Männerbund einschwören (das gelingt selbst den Wiener Philharmonikern nicht mehr kritiklos), sondern dann hat er vor allem selbst einmal den Frauen in der Kirche die Hand zu reichen und ihnen aus ihrer oft auch christlich begründeten Unterdrückung aufzuhelfen (siehe unten).

Presbyterinnen
Ein Text des Neuen Testaments erscheint, völlig unvermutet, hinsichtlich einer Frauenordination besonders aufschlussreich. Die Rede ist von Titus 2,3–5:
3 Presbyterinnen (sollen sein) gleichermaßen in Haltung (wie es) Priesterinnen geziemt, nicht durcheinanderwerfend, nicht vielem Wein versklavt, gute Lehrerinnen/ Lehrerinnen des Guten,
4 damit sie zur Besonnenheit anleiten die Jungen/Neuen, männer-(und) kinderliebend zu sein,
5 besonnen, heilig/rein, das Haus bestellend, gut, sich fügend den eigenen Männern, damit nicht das Wort Gottes geschmäht wird.

Was eingangs mit *Presbyterinnen* wiedergegeben wird, sind natür-

---

[2] Vgl. auch Anne Jensen, Gottes selbstbewusste Töchter. Frauenemanzipation im frühen Christentum? Freiburg: Herder 1992.

lich zunächst einmal *alte Frauen*, und das bedeutet an sich noch lange keine »Amtsträgerinnen«. Nur muss dasselbe redlicher Weise auch bei den *Presbytern* immer wieder ausdrücklich gesagt werden. Auch in ihrem Fall steht die männliche Mehrzahl an sich beiden Geschlechtern offen und heißt zunächst nichts anderes als ältere bzw. älteste Männer bzw. Frauen. Das alles muss deswegen so genau aufgelistet werden, weil aus dem Wort Presbyter später auch unser deutsches Wort »Priester« entstanden ist. Aber ursprünglich hat das eine mit dem anderen nicht wirklich zu tun. Unser Text stammt aus den so genannten Pastoralbriefen (das heißt 1/2 Tim; Tit), die zu einem wesentlichen Teil aus Pflichtenlehre bestehen. Die von den einzelnen Ständen oder Funktionen eingeforderten Qualitäten sind jedoch meist alles andere als hochgestochen, sondern eher für alle Christ/inn/en selbstverständlich (was noch keine zu großen Standesunterschiede zwischen den »Ämtern« und dem Kirchenvolk andeutet). Anderseits sind diese Mahnungen und Vorgaben wiederum nicht rein »profan«. Denn ob mit den Älteren schon Vorformen eines kirchlichen Amtes angesprochen werden (1 Tim 5,17.19; Tit 1,5) oder ältere Männer als solche (1 Tim 5,1f; Tit 2,2), immer handelt es sich, wenn eine der Zeit und Gesellschaft entsprechende christliche Ethik gefunden werden soll, um eine Angelegenheit der Gesamtkirche. Deswegen steht das Ganze ja auch in der Bibel.

Obwohl nun unser Abschnitt eindeutig nur an *Frauen* gerichtet ist, überwiegen im Griechischen *männliche* Formen, was wiederum einiges Licht auf die Bedeutung von Inklusivformen werfen kann. Der Grund dafür ist verblüffend einfach: Griechische Eigenschaftswörter *(Adjektive)* liegen des öfteren nur in männlicher und sächlicher Form vor, z. B. bei der so genannten konsonantischen Deklination (wie es *Priester/inne/n geziemt* oder *besonnen*) oder auch bei zusammengesetzten Eigenschaftswörtern (wie *durcheinanderwerfend, gute Lehrerinnen, männer- bzw. kinderliebend, das Haus bestellend*).

Doch so selbstverständlich die geforderten Eigenschaften auch klingen mögen, sie sind es dennoch nicht. Das zeigt sich vor allem an den zwei Details: wie es *Priesterinnen geziemt* und *heilig/rein*. Dieser Kontext rechtfertigt die obige Übersetzung mit *Presbyterinnen* durchaus. In dieselbe Richtung weist auch die Eigenschaft *gute Lehrerinnen* oder *Lehrerinnen des Guten*, die auch den Frauen in der Kirche eine »lehramtliche« Funktion zuspricht. Und obwohl die Pastoralbriefe an anderer Stelle das Lehren von Frauen, die sie dort als weibliche Selbstgerechtigkeit über den Mann verstehen, auch unterbinden möchten (1 Tim 2,12), sind Frauen nicht einfach nur die Adressatinnen christlicher Lehre, sondern sie haben ihre eigene, selbstverständliche Lehrfunktion wahrzunehmen.

Freilich muss man/n das ihnen auch wirklich zugestehen (wollen). Sonst werden viele Textpassagen historisch zu naiv und für heute zu diskriminierend gelesen. Ein Beispiel: Wenn die offizielle Einheitsübersetzung in unserem Text bei *das Haus bestellend* mit »häuslich« übersetzt, dann werden eher Assoziationen vom »Heimchen am Herd« geweckt als die Stellung der antiken Hausherrin ordnungsgemäß beschrieben. Deren eigenständige und richtungweisende Stellung im ganzen Haus wird auch anderswo von derselben Einheitsübersetzung mit »den Haushalt versorgen« (1 Tim 5,14) missdeutet, obwohl es eigentlich so ähnlich heißt wie *das Haus regieren*. Diesen Befund vermag nicht einmal ein patriarchalisches Modell völlig außer Kraft zu setzen. Nur: Ein römischer Familienvater der Kaiserzeit hatte zwar unheimliche Macht über die Kinder und das Personal, die eigene Ehefrau jedoch unterstand ihm meist überhaupt nicht, sondern verblieb unter der Gewalt ihres Vaters (auch eine Art Schutzfunktion), und nach dessen Tod war sie überhaupt frei. – Aber wer schlägt sich bei der Bibelübersetzung und vor allem bei einer raschen Interpretation schon gerne mit solchen Kleinigkeiten herum?

Allerdings, und das überrascht wiederum bei der Lektüre der biblischen Texte: Alle neutestamentlichen Vorformen kirchlicher Ämter lassen noch keinerlei gottesdienstliche Funktionen erkennen. Am ehesten noch die Diakoninnen und Diakone, denen wir das heute vielleicht am wenigsten zutrauen. Diese Leermeldung in

Sachen Gottesdienst ist aus heutiger Perspektive vielleicht verwunderlich, aus biblischer Sicht jedoch stimmig. Denn wo ein Gebet *in Geist und Wahrheit*, und zwar *an jedem Ort* (Joh 4,23f; 1 Tim 2,8), stattfinden kann und soll, braucht es keine beamteten »Vorbeter«. Christliche Gebetshäuser oder Kirchen im heutigen Sinn existierten noch lange nicht, also waren auch die Eucharistiefeiern nur in Privathäusern möglich. Freilich waren diese im Vergleich zu heutiger kleinfamiliärer Abgeschlossenheit und Idylle, zumindest innerhalb der römischen Kultur, geradezu »halböffentlich« und bis auf die Privatgemächer auch von außen zugänglich. Sonst könnte beispielsweise Paulus nicht mit dem Fall rechnen, dass ein/e Außenstehende/r, Nichteingeweihte/r in eine christliche Versammlung hineinkommt (1 Kor 14,16.23f).

Was jedoch die frühchristlichen Gottesdienste im Vergleich zur heutigen Theologie und vor allem zum geltenden Kirchenrecht so aufregend macht, ist folgender Umstand: Die neutestamentlichen Eucharistiefeiern wurden von den Gastgeber/inne/n selbst *besorgt* und/oder *geleitet*. Ihnen kam auch das Sprechen der Danksagung, was eigentlich Eucharistie heißt, zu. Dafür hat es keiner eigenen »Ordination« bedurft. Es ging noch lange nicht um Begriffe wie Weihe, Wandlungsgewalt und so fort, wie sie einer späteren Zeit wichtig werden sollten und vor allem nicht um den heutigen Disput darüber, ob eine Frauenordination denn nun unerlaubt und/oder (un)gültig ist. Das Urchristentum hatte diesbezüglich eine völlig andere Perspektive: Es war das Miteinanderessen im Namen Jesu über alle gesellschaftlichen, moralischen, ethnischen und sexuellen Grenzen hinweg, welches *das* Wesentliche am Christentum schlechthin und auch seinen überzeugenden Erfolg ausmachte.

Dabei waren es gerade die Frauen, welche innerhalb der Mission und Ausbreitung des Christentums eine herausragende Rolle spielten. Davon kann man sich sehr früh, authentisch und umfangreich wie sonst nirgendwo gerade innerhalb der Grußliste von Römer 16 überzeugen. Nur soviel in Kürze: Wenn Paulus besondere Mühen (in der kirchlichen Arbeit) hervorhebt, dann sind es immer die Frauen. Und bloßes Kuchenbacken oder Kirchenputz können damit wirklich noch nicht gemeint sein.

Wenn das Neue Testament von sich her den Ausdruck *Priester/innen* (weil in der Mehrzahl!) bzw. *Priestertum* verwendet, dann gelten diese Bezeichnungen ohne irgendwelche Einschränkungen der ganzen Gemeinde, nicht einer bestimmten »Sonderklasse« (Walter Kirchschläger). Das lässt sich besonders gut am letzten Buch des Neuen Testaments (besonders Offb 1,6;5,10;20,6) ablesen. »Priester für Gott« – so betitelte noch 1972 Elisabeth Schüssler-Fiorenza ihre Doktorarbeit über die Johannesoffenbarung. Von Priesterinnen konnte oder wollte sie damals noch nicht so direkt reden. Es hat offensichtlich einer weiteren Emanzipation (verbunden mit der Emigration in die USA) bedurft, bis diese Vorkämpferin feministischer Theologie erstmals 1983 als Buchtitel formulieren konnte: »Zu ihrem Gedächtnis« *(In Memory of Her)*. Die Gesamtkirche ist von einem entsprechenden Problembewusstsein allerdings noch weit entfernt. Deswegen sei im Folgenden ohne besondere Systematik oder gar Vollständigkeit an einige Fakten und Namen erinnert, welche für eine Neueinschätzung des gesamten Themenkreises nach den biblischen Quellen wichtig sind.

Prophetinnen
Da ist einmal die Pfingstpredigt des Petrus (Apg 2,17f), welche ein ausführliches Zitat aus dem Propheten Joël 3,1–5 einführt:

17 Ich werde ausgießen von meinem Geist auf alles Fleisch,
  und prophetisch reden werden eure Söhne und eure Töchter,
  und eure Jungen werden Schauungen schauen,
  und eure Älteren in Träumen Träume erfahren.
18 Auch auf meine Knechte und auf meine Mägde in jenen Tagen
  werde ich ausgießen von meinem Geist,
  und sie werden prophetisch reden ...

Schon nach der alten prophetischen Tradition ist nichts von einer religiösen »Geschlechtertrennung« zu bemerken. Und dasselbe gilt auch für den Ursprung bzw. das »Richtmaß« *(Kanon)* der Kirche, wie ihn die Apostelgeschichte vorgibt. Dabei handelt es sich nicht um eine unverbindliche Sonntagsrede, sondern um das christliche Geistverständnis schlechthin. Und dieses hat sehr praktische Konsequenzen, wie sich im weiteren Verlauf der Apostelgeschichte zeigt. Dort hat es seine besondere Symbolik und Stimmigkeit, wenn gerade Petrus die über ihren guten Werken erstorbene Gemeindeleiterin Tabita in Joppe eigenhändig aufrichtet, damit wieder Leben in sie und ihre Gemeinde kommt (Apg 9,36–42). Das wäre auch heute noch eine besondere Aufgabe des Papsttums. Und wenn Petrus nach seiner wunderbaren Errettung aus dem Gefängnis zum *Haus der Maria, der Mutter des Markus, der auch Johannes genannt wird,* kommt (Apg 12,12), dann bedeutet dies, dass er *den* (oder einen wichtigen) Versammlungsort der Kirche Jerusalems aufsucht, dem auch einer der bedeutendsten frühchristlichen Missionare entstammt.

Ähnliches bestätigt auch die Schilderung der paulinischen Mission. Danach geschieht die Gemeindegründung in Philippi mit Hilfe einer Frau namens Lydia. Bei ihr handelt es sich um eine ehemalige »lydische« (aus Kleinasien stammende) Sklavin, die jetzt Freigelassene und Purpurverkäuferin ist (Apg 16,14). Und ebenfalls bemerkenswert an dieser Geschichte ist, dass sich ihre Gruppe am Fluss (also nicht in der Stadt) trifft oder treffen kann, weil es innerhalb der festen Mauern und Strukturen offenbar keinen guten Gottesdienstplatz für die Frauen gibt, was sich aber bald ändern soll. Für dieselbe Gemeinde belegt auch der paulinische Philipperbrief die besondere Bedeutung der Frauen. Denn trotz der eingangs und nur hier in den Paulusbriefen erwähnten Episkop/inn/en und Diakon/inn/e/n (Phil 1,1) richtet sich die paulinische Mahnung zur Einheit gezielt an zwei Frauen, nämlich Evodia und Syntyche (Phil 4,2), weil es in ihren Personen offensichtlich um das Schicksal der ganzen Gemeinde geht. Doch überhaupt keine Rede ist jemals in den Paulusbriefen davon, dass irgendwelche »Amtsträger« zum Einschreiten aufgefordert würden, obwohl dies sicherlich leichter zu arrangieren wäre, als sich

mühsam immer mit der ganzen Gemeinde herumschlagen zu müssen, wie gerade in Korinth (1 Kor 5).
Besonders informativ für die Geschichte der frühchristlichen Mission ist die auffallend häufige Erwähnung des Ehepaares Priszilla bzw. Priska und Aquila, dem Paulus zuerst in Korinth begegnet (Apg 18,2.18.26). Dass dabei meist die Frau *vor* ihrem Mann genannt wird (vor allem Röm 16,3f), unterstreicht nur die kirchliche Bedeutung und Aufgabenverteilung unter den beiden Eheleuten. Insgesamt ist also für Paulus die *betende oder prophetisch redende Frau,* allen anders gearteten Erklärungsversuchen zuwider, eine kirchliche Selbstverständlichkeit (1 Kor 11,5). Auch die Erwähnung der *Chloë* und ihrer Leute (1 Kor 1,11), die Paulus mit der Nachricht der Gemeindespaltung versorgen, zeigt, dass speziell diese Frau (ebenfalls eine ehemalige Sklavin) eine wichtige Funktion in der Gemeinde von Korinth wahrnimmt. Ähnliches gilt auch von späteren Belegen aus dem Neuen Testament. Da wird eine Frau namens Nympha mit ihrer Hauskirche gegrüßt (Kol 4,15). Und selbst ein polemisches Beispiel wie die Erwähnung der *Prophetin* Isebel (Offb 2,20–23) bestätigt die große kirchliche Bedeutung gerade der Frauen. Aber das war für weite Teile Kleinasiens ohnehin eine Selbstverständlichkeit, da dort eine ausgesprochen matriarchale Kultur beheimatet war, gegen welche die Kirche erst später heftig ankämpfte.
Ebenfalls zu berücksichtigen sind Geschichten aus den Evangelien, wie besonders die Heilung der Schwiegermutter des Petrus, welche zeigt, dass Jesus nach seinem Weggang aus Nazaret bei ihr gastfreundliche Aufnahme gefunden hat und sich ihrem Haus und ihrem Diakoninnendienst eingefügt hat (Mk 1,30f). Auch die jesuanische Gastfreundschaft mit Maria und Marta (Lk 10,38f; Joh 11) – ihr Name bedeutet nicht umsonst »Herrin« – oder die Begegnung mit der Samariterin am Jakobsbrunnen (Joh 4) blicken nicht nur in die Zeit Jesu zurück, sondern beschreiben das eigene kirchliche Selbstverständnis späterer Gemeinden, welche ebenfalls der (geistig-geistlichen) Gegenwart Jesu körperlich-emotional gewiss sein dürfen.

Eine Schlüsselrolle kommt vor allem jenen geheilten galiläischen Frauen zu, die Jesus *mit ihrem Vermögen (diakonisch) dienten* (Lk 8,2f). Sie bieten nicht nur eine wichtige wirtschaftliche Grundlage für die Jesusmission, sondern sind auch die besonderen Botinnen (Apostelinnen) Jesu, allen voran Maria Magdalena (Joh 20). Ähnliches bestätigt auch die Grußliste des Römerbriefs, welche eine Frau namens Junia als *berühmt unter den Apostel/innen* grüßt (Röm 16,7). Doch dies ist eine Erkenntnis, die sich erst in neuerer Zeit durchgesetzt hat. Noch unsere exegetischen Lehrer (beider Konfessionen) argumentierten gerne damit, dass auch biblisch nicht sein kann, was nicht sein darf, und vermuteten oder postulierten hinter Junia(s) einen Mann (denn etwas anderes käme unter der Bezeichnung Apostel wohl nicht in Frage).

Alle eins

Diese Andeutung von Belegstellen kann genügen. Es geht vor allem um ihre Wertung und Bewertung. Und diese geht eindeutig in jene Richtung, die Paulus in Galater 3,27f vorgibt:

27 Denn ihr, welche in Christus hingetauft wurdet, habt Christus angezogen.
28 Nicht existiert Jude/Jüdin noch Grieche/Griechin,
nicht existiert Sklave/Sklavin noch Freie/r,
nicht existiert Männliches und Weibliches:
Denn alle seid ihr eine/r in Christus Jesus.

Dieser paulinische Programmtext heißt nichts weniger, als dass die frühe Kirche durch ihr symbolisches Eintauchen in Christus in der Taufe alle bisherigen Unterschiede und Unterscheidungen außer Kraft gesetzt sah. Dies gilt nicht nur für die selbst innerhalb der Kirche schwierige Schranke zwischen dem Judentum und dem so genannten Heidentum. (Auch Letzteres war religiös um einiges besser als sein nachträglicher christlicher Ruf). Die Aufhebung aller Unterschiede betraf ebenso die soziale Kluft zwischen Freien und Unfreien, sie hob aber auch die (religiös ideologisierten) geschlechtlichen Unterschiede zwischen *Männlichem und Weiblichen* auf. Wobei letztere Formulierung so eigenwillig ist, dass sie sich leicht als formelles Zitat aus dem biblischen Schöpfungsbericht (Gen 1,27) zu erkennen gibt.

Damit wird der intimste und sensibelste Bereich all der unterschiedlichsten Kulturen, die im Römischen Reich zusammengewürfelt waren, getroffen. Denn in den christlichen Gemeinden war plötzlich eine zwischenmenschliche Nähe angesagt, wie es sie bisher noch nie gegeben hatte. Also galt es, einigermaßen erträgliche Kompromisse für alle zu finden. Das war bestimmt keine leichte Sache. Denn die Spannungen innerhalb der Gemeinden waren durchaus dem vergleichbar, was wir heute noch an Konfliktstoffen angesichts »traditioneller« und auch religiös begründeter Unterdrückungsstrukturen in vielen Gesellschaften miterleben. (Und diesen kann immer nur die ausnahmslose Geltung aller Menschenrechte in jeder Situation entgegen gehalten werden, auch innerhalb der Kirche/n).

Auch die innerkatholische Diskussion um das Frauenpriestertum muss durchaus in diesem Zusammenhang gesehen und angesprochen werden. Auch und gerade in ihr verbergen sich, allen offiziellen Dementis zum Trotz, auch ziemlich dunkle Anteile, welche viele Menschen zu Recht skeptisch machen oder abschrecken. Wenn Frauen so nachdrücklich vom Priestertum ferngehalten werden sollen oder Laien überhaupt jede Kompetenz zur Feier der Eucharistie abgesprochen werden soll, dann geht es wohl nicht so sehr um die Frage einer durch den Gottesdienst vermittelten personalen Gemeinschaft mit Christus, sondern eher um ein »Herrschaftsmotiv«, das sich als »Dienst« verschleiert, um ausgelagerte männliche Blutängste und vieles andere mehr.

Ein biblisches Plädoyer jedoch hat noch einiges andere zur Sprache zu bringen oder wenigstens kurz anzudeuten: Das eigentliche Problem im heutigen katholischen Amtsverständnis liegt gar nicht einmal so sehr in der Geschlechterfrage, sondern letztlich in der Frage nach Gott und im Verständnis dessen, was Tod und Auferstehung Jesu nun wirklich für uns bedeuten sollen. Die Frühzeit der Kirche jedenfalls hat die Eucharistie vor allem als danksagendes *Brotbrechen* im Namen Jesu verstanden und gelebt. Bei dieser Feier war das Tun, das Miteinanderessen aller entscheidend. Und dort war klar, dass dieses auch und vor allem von Frauen organisiert und »geleitet« wurde, denn Essen und Trinken sind nun einmal sehr »hausnahe«, familiäre Angelegenheiten. Was nicht heißt, dass für ein antikes Haus, wie schon angedeutet, unbedingt heutige Vorstellungen von Patriarchat, Kleinfamilie, und vor allem nicht die Trennung von Arbeit und Wohnung vorausgesetzt werden dürften, was ein ganz anderes als das uns bekannte Milieu um Wohnen, Kindererziehung usw. bedingte.

Vor allem aber: In der Frühzeit mussten keine Gaben »verwandelt« werden, sondern es mussten sich vor allem und letztlich die Menschen selbst *wandeln*, so dass aus vielleicht ängstlichen oder konkurrierenden Individuen wenigstens kurzzeitig so etwas werden konnte wie ein funktionierendes Ganzes, nämlich *ein Leib* oder der *Leib Christi*. So hat jedenfalls Paulus die Eucharistie verstanden. Das ist eindeutig.

Das frühe Christentum war also alles andere als eine hierarchische Institution, im Gegenteil, es war höchst egalitär und demokratisch (um es aus heutiger Perspektive zu benennen). Diese Wesenszüge waren ihm schon in seine jüdische Wiege gelegt worden und lagen auch der politischen Kultur des griechischen Ostens am Herzen. Im lateinischen Westen waren die Dinge dennoch etwas anders gelagert. Zwar galt auch hier die Republik ursprünglich als die ideale römische Staatsform. Weswegen auch alle anfänglichen Versuche einer Alleinherrschaft überwiegend mit Mord enden mussten. Dennoch setzte sich diese ganz und gar unrömische Herrschaftsform angesichts des wachsenden Weltreiches konkurrenzlos durch. (Und es ist schon eine Ironie der Kirchengeschichte, dass die Päpste einige Jahrhunderte später ihre brüderliche Sprache durch genau diesen Herrschaftsstil ersetzten).

Doch auch unabhängig von dieser politischen Entwicklung lebte die römische Gesellschaft schon von alters her immer so etwas wie eine Zwei-Klassen-Gesellschaft, und zwar in Form des Patronats. Dieses bedeutete mächtige und reiche Gönnerinnen und Gönner (Beschützer/innen) auf einen Seite, denen eine mehr oder minder mittellose Klientel ohne jeden Einfluss gegenüberstand. Die Klient/inn/en hatten möglichst jeden Tag ihre Aufwartung bei den »Herrschaften« zu machen und durften dafür Lebensmittel oder Geldgeschenke erwarten. Ihre möglichst große Zahl belastete zwar das Budget der Reichen, vermehrte aber auch deren Ansehen, und damit wieder deren politische und ökonomische Macht. Eine eigenartige Symbiose.

In diesem sozialen und kulturellen Umfeld war es eine nahe liegende Versuchung, dass auch die Kirche allen christlichen Gleichheitsprinzipien (z. B. 2 Kor 8,13f; Kol 4,1) zum Trotz sehr bald wieder auf dieses altbewährte System einschwenkte. Gerade die Kirche von Rom forcierte gegenüber dem gewöhnlichen Volk, den Laien, einen eigenen geistlichen Stand, dem das Segnen *(benedicere)* vorbehalten sein sollte, auch wenn es weiterhin die anderen (sprich: die Laien) waren, welche ihre Gaben für den Gottesdienst zur Verfügung stellten. Hier im Westen feierten auch die alten Opferideen fröhliche Urständ, als Bischof Cyprian von Karthago gegen Mitte des 3. Jahrhunderts erstmals von sich und seinem Amt in Begriffen der alten (vor allem punischen) Kultvorstellungen (mit Menschenopfern) redete.

Nach einem derartigen bischöflichen Selbstverständnis (dem auch die Presbyter nur schwer zuzuordnen sind) soll natürlich auch der christliche Gottesdienst nicht mehr in privaten Häusern stattfinden. Nur war er von dort gar nicht so leicht zu verdrängen, wie die wiederholten kirchlichen Verbote über mehrere Jahrhunderte hinweg zeigen. Jedenfalls war unter diesen neuen »hierarchischen« Voraussetzungen das frühere gemeinsame Essen im Namen Jesu, das eine egalitäre Gesellschaft aufbaute, nicht mehr so wichtig. Jetzt sind statt der Privathäuser »offizielle« Kirchen gefragt (obwohl sie noch etwas dauern), denn es geht um die Verteilung der rechtmäßig (und mit Erlaubnis des Bischofs) geheiligten eucharistischen Gaben. Im Volk selbst muss oder kann sich nicht mehr viel wandeln, außer dass es vielleicht noch bereitwilliger mitspielt.

Geist und Ordnung
Dogmatisiert im strengen Sinn wurde diese Entwicklung erst im frühen 13. Jahrhundert und gegenüber der Reformation im 16. Jahrhundert erneut bestätigt. Doch wurden mit den dogmatischen Lehrformeln nicht nur Lösungen anvisiert, sondern auch einige unlösbare Probleme festgeschrieben. Denn das philosophische Modell, nach dem die heilsame Wirkung der Eucharistie verständlich gemacht werden sollte, war jenes des Aristoteles. Und dieses war sicherlich eine gute Wahl, zumindest wenn man es mit der Alternative von damals vergleicht. Denn diese bestand aus dem Platonismus bzw. Neuplatonismus, und der hätte die Kirche noch viel tiefer in einen unglückseligen Engel- und Dämonenglauben hineingeritten, als es ohnehin passiert ist.

Jedoch, und dort beginnt das eigentliche Dilemma: Auch die lobenswerten rationalen Ideen des Aristoteles lagen bei der Dogmatisierung der Eucharistielehre bereits 1500 Jahre zurück, waren also nicht mehr die aktuellsten. Und sie hatten schon in der Antike gerade in ihrem physikalischen Weltbild auch gehörige Lücken, ganz im Gegensatz zu den Alexandrinern, welche sich durch grausame Menschenexperimente einiges bessere Wissen in der Gehirnphysiologie erworben hatten. Dennoch setzten sich auch die physikalischen Ideen des Aristoteles in der Alten Welt ziemlich konkurrenzlos durch, denn das Zerschnippeln von Leichen oder lebenden Menschen (eh nur: »Verurteilte«) entsprach doch nicht dem allgemeinen Geschmack.

Aristoteles also verdanken wir die zentrale Unterscheidung von (wesentlicher) »Substanz« und (zufälligen) Eigenschaften *(Akzidentien)* und die daraus abgeleitete Wesens- oder Substanzveränderung *(Transsubstantiation)* als Kernsatz der katholischen Eucharistielehre. Für ein angemessenes Verständnis dieser Formeln allerdings haben wir uns jedoch bewusst zu machen, dass diese aristotelische Unterscheidung so gar nicht gelten kann. Denn das, was sich nach kirchlichem Glauben gerade *nicht* ändern soll und darf, ist die »Substanz« des Brotes, zumindest wie wir diesen Begriff im heutigen Sinn verstehen. Darüber hinaus hat das lateinische Mittelalter die gemeinte Realität (Wirklichkeit) zu sehr als »*Sache« (res)* eingeschätzt. Deswegen hat es die Gegenwart Jesu, die wir nur als personale, mystische und doch wirkliche und wirksame glauben können, vorwiegend in räumlichen Kategorien gedacht und auf die eucharistischen »Gestalten« von Brot und Wein zu fixieren gesucht. Und damit war auch klar, dass nur kirchlich bestellte Priester die (göttliche) Vollmacht *(potestas)* zur Wandlung (der Gaben) haben können.

Diese vereinfachte Erklärungsmodell beinhaltet und bedingt auch sehr schmerzliche Konsequenzen: Nicht mehr die gesamte Gemeinde ist bzw. wird gerade durch das Essen des *einen Brotes* zum *Leib Christi*. Nur der Priester, der möglichst jeden Tag seine »Privatmesse« liest, vermittelt alle Gnaden, zeigt den »Leib Christi« vor. Nur dem Priester ist das tägliche Essen vorbehalten, für die Gläubigen reicht dies einmal im Jahr. Das Trinken aus dem Kelch ist ihnen ohnehin verboten (trotz des gegenteiligen Bibelwortes: *Trinkt alle daraus*. Aber so hat es die Kirche in ihrer Weisheit gefügt). Für die mittelalterliche Frömmigkeit ist das Schauen wichtig. Der Anblick der Wandlung wirkt lebensverlängernd, das Anschauen der Hostie in der Monstranz ist wichtiger als die Kommunion. Die gleiche sakramentale Wirkung wird übrigens auch der Aussetzung des beliebten Christusbildes der »apokryphen« (also nichtbiblischen) Veronica zugeschrieben. Die Grundlage dafür: Die lateinisch-römische Frömmigkeit deutet ihren Namen etwas frei als »wahres Bild« *(vera icon)* Christi und fügt seine »historisierte« Herkunft in die 6. Kreuzwegstation ein.

Ähnliches geschieht auch mit der direkten Herleitung des Priestertums von Jesus. Dessen legitimer Nachweis beginnt nach der Sicht des Mittelalters schon im Abendmahlsaal (obwohl das Letzte Abendmahl natürlich nicht die erste Messe, die Jesu Tod voraussetzt, sein konnte). Und nach dieser Konzeption kann die priesterliche Vollmacht ordnungsgemäß und gültig nur von früher auf später, von oben nach unten übertragen zu werden. Niemand kann sich selbst diese Würde nehmen (oder sich gar einkaufen; das wäre »Simonie«), sondern sie wird wie ein Land oder eine besondere politische oder sonstige Funktion nur als »Lehen« (wir haben das Wort noch im Darlehen), und nicht als Besitz von der Obrigkeit übernommen. Sie kann nur im Sinne der Kirche verwaltet werden. Alles andere wäre nichtig.

Auch die ganzen Probleme um die Frauenordination kreisen letztlich um diese Fragen. Denn nicht eigentlich gegen die Frauen und ihre Würde kämpft die offizielle kirchliche Position an (das kann man ihr sogar weithin in gutem Glauben abnehmen). Die Kirche sieht vor allem ihr eigenes traditionelles Verständnis des kirchlichen Amtes in Gefahr. Und auch die Frauen, welche diesen Schritt ins Priestertum tun wollen, tragen noch schwer an dieser Hypothek. Von der Bibel her gesehen geht es jedoch bei einer Ordination gar nicht um »Weihe« und »Wandlungsgewalt«, sondern um die verpflichtende Ausrichtung jedes kirchlichen Tuns am eigentlichen Stiftungswillen Jesu. Eine *Ordnung* – und dies meint Ordination eigentlich – verträgt ein christlicher Gottesdienst allemal. Auch das jüdische Pesachmahl hat seine solche (hebräisch: *Séder*), selbst im familiären Rahmen. Also soll eine Ordnung auch für die Eucharistie gelten. Aber diese ist nicht unbedingt mit einem Ritus zu verwechseln.

So gewendet erscheint eine offizielle kirchliche Ordination für Frauen durchaus als erstrebenswert. Doch auszurichten hat sich diese vor allem daran, dass die ursprünglich gemeinte Intention Jesu auch heute noch praktiziert wird. (Was nicht bedeutet, dass z. B. nur Öllampen, und kein elektrisches Licht in unseren Gottesdiensten zu verwenden wären). Dabei kann kein Zweifel sein, dass Jesus seine offenen Mahlgemeinschaften nicht als billiges Vergnügen, sondern gerade im Namen seines Gottes praktiziert hat, der in seiner Güte für alle unsere moralischen Unterscheidungen von Gut und Böse nicht beachtet (Mt 5,45). Diese zentrale jesuanische Idee ist gerade von den christlichen Gemeinden her ziemlich gefährdet. Sie erliegen oft erstaunlich rasch wieder der Versuchung, ihre eigene Intimität abzuschirmen, und das heißt, »andere« möglichst auszugrenzen. Und dies mit den vermeintlich besten Begründungen. Deswegen ist gerade in diesem Punkt auch wirklich so etwas wie ein richtungweisendes Amt gefragt, damit die Sache Jesu nicht vor lauter innerchristlichen »Reinheitstendenzen« wieder vertrocknet. Daran führt auch und gerade bei einer Frauenordination kein Weg vorbei.

Das Mittelalter mit seiner geschlossenen Gesellschaft hatte diesbezüglich andere Vorstellungen. Auch vom kirchlichen Amt. Es verstand dieses nach dem Modell der Investitur, der Bekleidung mit Gewändern und Abzeichen *(Insignien)*, und setzte bei den priesterlichen Kennzeichen und Symbolen bis heute auf Kelch und Hostie, obwohl darin die Bedeutung der Gemeinden so gut wie nicht vorkommt. In der biblischen Handauflegung hingegen sah die mittelalterliche Theologie eher eine unnötige Zutat. Sie galt als zu wenig differenziert, war sie doch immer nur ein und dieselbe. Und wie sollte dann unterschieden werden können, ob sie einem Kranken, einem Diakon oder Bischof gelten sollte? Erst Pius XII. hat dieses Problem gelöst. Die Weihepräfation stellt klar, wofür jemand beauftragt wird.

Dennoch: Die ursprüngliche biblische Handauflegung weist in eine andere Richtung. In ihr geht es um die formelle Beauftragung zur Weitergabe der *Lehre*. Und selbst an diesem Punkt scheiden sich schon wieder die Geister. Denn das neuere kirchliche Lehramt gerät fast periodisch in Gefahr, seine eigene theologische Schulmeinung (und um mehr als eine solche kann es sich auch in Rom nicht handeln) als allgemein verpflichtend hinzustellen und sich zur Sicherheit meist auf die Wiederholung alter Formeln, die heute kaum mehr die Menschen wirklich ansprechen können, zu beschränken. Die schon zitierten Pastoralbriefe, die eine wichtige Quelle zur biblischen Handauflegung überhaupt darstellen, verbinden jedoch damit, nicht ohne Absicht, sogar den zentralen paulinischen Begriff des *Charisma*, der freien, niemals domestizierbaren Gnadengabe (2 Tim 1,6).

In dieser Verbindung zeigt sich, wie eine kirchliche Tradition im Sinne des Geistes eigentlich zu verstehen ist. Denn für die Pastoralbriefe geht es nicht nur um eine unveränderte und unveränderliche Weitergabe des ursprünglichen Paulus und seiner

Briefe. Vielmehr schreiben sie selbst und von sich aus Paulus mit einer erstaunlichen Freiheit weiter. Durchaus legitim, wie ich glaube.[3] Deswegen kann aus ihrer Sicht ein nachpaulinisches Amt nicht nur auf Paulus zurückgeführt werden. Solches wird in schriftstellerischer Freiheit und theologischer Absicht zwar immer wieder getan, wenn z. B. Paulus und Barnabas Presbyter/innen einsetzen (Apg 14,23) oder Paulus dem Timotheus die Hand auflegt (2 Tim 1,6). Der historische Paulus hat dies zu seiner Zeit wohl kaum so praktiziert. Da macht uns der Vergleich mit seinen echten Briefen fast sicher.

Der einzige paulinische Beleg zur Ordination weist in eine andere Richtung. Dort wird ein ungenannter Bruder für seine Mitwirkung an der Sammlung für Jerusalem von den Gemeinden regelrecht »ordiniert« (2 Kor 8,19). Und auch die Pastoralbriefe scheinen mit ihrer Handauflegung durch das Presbyterium, welches ein Kollegium ist, die eigene kirchliche Praxis wiederzugeben (1 Tim 4,14). Die prophetische Dimension bleibt aber auch in nachpaulinischer Zeit erhalten (wie der weitere Kontext des letzten Belegs zeigen kann).

Damit deuten sich entlastende Perspektiven auch für unser Problem an. Wenn die frühe Kirche die Handauflegung so unterschiedlich und frei praktiziert hat, dann gibt es auch so etwas wie eine Ordination von unten oder auf geschwisterlicher Ebene. Und dann kann es nicht mehr um eine möglichst geschlossene und perfekte Herleitung eines kirchlichen Amtes von den Aposteln gehen. Es geht vielmehr um den *Geist* selbst. Der *weht*, wie der Wind, bekanntlich, *wo er will* (Joh 3,8), nicht nur von oben. *Wo aber der Geist des Herrn ist*, das ist auch *Freiheit* (2 Kor 3,17). Diese lässt sich mit kirchenrechtlichen Definitionen nicht wirklich eingrenzen. Und geistliche Frauen sind nicht einfach auszu-

---

[3] Ich habe mich mit diesem Thema habilitiert. Vgl. z.B. Die Paulustradition der Pastoralbriefe. BET 8, Frankfurt 1978; Corpus Paulinum – Corpus Pastorale. Zur Ortung der Paulustradition in den Pastoralbriefen, in: Paulus in den ntl. Spätschriften. Zur Paulusrezeption im NT, QD 89, Freiburg 1981, 122–145; Paratheke, in: EWNT III, 51f.

schließen. (Es hängt auch viel davon ab, ob sie sich wirklich ausschließen lassen). Biblisch betrachtet geht ohnehin mehr darum, dass *ein Herr, ein Glaube, eine Taufe* ist (Eph 4,5), und nicht eine allgemein anerkannte Priester/innen/weihe.

Auch diesbezüglich können wir noch einiges von Paulus lernen. Für ihn selbst kommt es bei seinem Apostelamt gar nicht auf eine Herleitung von der kirchlichen Autorität an. Sein Evangelium ist nicht *nach Menschen(art)* und nicht *von einem Menschen*. Er kann sich dabei einzig auf seine eigene und innere Christuserkenntnis berufen (Gal 1,11–17). Im Vergleich zu dieser Gewissheit (die ihm zwar bestritten, aber von außen nicht wirklich aberkannt werden kann) spricht er von den kirchlichen Autoritäten bemerkenswert distanziert als jenen, *die sich für Säulen halten* (Gal 2,9). Und dennoch sucht er das Gespräch und die Gemeinschaft mit den *Aposteln vor ihm*, vor allem mit *Petrus* (Gal 1,17f). Er bemüht sich um eine vertragliche Regelung mit der Kirche Jerusalems (aus heutiger katholischer Perspektive könnte man durchaus auch »Rom« sagen), um nicht *ins Leere zu laufen* (Gal 2,2). Das bedeutet, dass Paulus bei allem Selbstverständnis als Apostel auch eine große kirchliche Kompromissfähigkeit zeigt und seinerseits auch seine Jerusalemer Vertragspartner/innen für sein gesetzesfreies Evangelium in Pflicht zu nehmen sucht. (Allerdings mit zweifelhaftem Erfolg, wie wir von seinem tragischen Ende her erkennen müssen).

Es bleibt uns jedoch nicht erspart, dass jedes christliche Tun an der Bereitschaft zur Einheit zu messen ist. Die Einheit aller Glaubenden ist der eindeutige Gebetswunsch Jesu (Joh 17,11.21). Seine Bitte begleitet auch die Frauen, die ihre Priestertum selbst in die Hand nehmen wollen. Dieselbe Bitte richtet sich aber auch an die Kirchenführung. Diese zeigt sich »Traditionalisten« gegenüber durchaus als gesprächs- und kompromissbereit. Sie möge auch diesen Schritt der Frauen nicht nur als Verletzung jeder Kirchenzucht stilisieren und mit »Exkommunikation« ahnden, während sie umgekehrt den Austritt vieler gutwilliger und fragender Menschen in Kauf und bedauernd zur Kenntnis nehmen möchte.

(Oder den priesteramtswilligen Frauen sogar bestellen lässt, sie sollten sich doch an die evangelischen Kirchen wenden).
Mit der Abwehr alles (vermeintlich) Protestantischen hat Rom ja nicht immer gut getan. Zumindest hinsichtlich der paulinisch-lutherischen Rechtfertigungslehre ist dieser Fehler auch offiziell eingestanden. In den Fragen von Eucharistie/Abendmahl und Amt sind die Anfragen der reformatorischen Kirchen jedoch bis heute ohne Antwort geblieben, obwohl es nur der Dialog sein kann, der auch theologisch-praktische Erkenntnisfortschritte bringt. Und solche hat auch die römisch-katholische Kirche dringend nötig. Es genügt nämlich nicht, nur an alten Glaubensformeln und Strukturen festhalten zu wollen. Von der Theologiegeschichte und gegenwärtigen Situation her gesehen ist eine ökumenische, dialogische, entritualisierte Theologie des Priestertums, welche die Gemeinden stärker einbindet, dringend notwendig. Erst dann können unsere christlichen Gottesdienste wieder mehr lebendig werden.
Nur wenige Andeutungen dazu sollen genügen: Es kann und darf gerade um Jesu willen nicht länger sein, dass Sakramente vor allem der Disziplinierung des Kirchenvolkes dienen sollen, während sie denen vorenthalten werden, die sie dringend brauchten (z. B. die Wiederverheirateten). Oder dass die einende Mitte einer Gemeinde und Gemeinschaft in der Eucharistie zum Nonstopservice für Privatfrömmigkeit umfunktioniert wird. Oder die immer weniger werdenden Priester weit jenseits ihrer eigenen Erlebnisfähigkeit nur noch mehr Gottesdienste »für die anderen« feiern bzw. alle nicht »amtspriesterlichen« Formen an Gottesdiensten, die weltweit schon mehr als die Hälfte der katholischen Gottesdienste ausmachen, weiterhin theologisch vor allem zu dem Zweck abgewertet werden, um eine »Trendumkehr« zu erzwingen. Oder weiterhin gerade unter den christlichen Kirchen die Eucharistiegemeinschaft verweigert wird.
Und so gut gerade den Kirchen eine Öffnung und Offenheit für das Fremde und die Fremden ansteht (und auch ich selbst dankbar auf sehr gelungene diesbezügliche Erfahrungen zurück-

greifen darf), es wäre dennoch ein Missbrauch, die heimische eucharistische »Versorgung« vermehrt und ausschließlich in ausländische Priesterhände zu übertragen (wie es in pastoralen Planspielen geübt wird). Priester sind keine »pastorale Allzweckwaffe«, wie ein zorniger alter Karl Rahner einmal bissig bemerkte. Gemeint ist: Auch eine Ordination kann nicht einfach wahllos für rund um die Welt gelten, sondern ist auf konkrete Bedürfnisse, Gemeinden, Aufgaben und ein bestimmtes kulturelles Umfeld hin ausgerichtet. Auch die Weltmission des Paulus konnte nur deswegen einigermaßen gelingen (ohne sich überall wirklich halten zu können), weil es innerhalb des Römischen Reiches tatsächlich so etwas wie eine einheitliche Struktur gab, und das von Arabien bis Britannien, wo fast überall Griechisch verstanden wurde. Die Globalisierung von heute ist mit den Gegebenheiten von damals wirklich nicht gut vergleichbar. Denn eine (all)umfassende (sprich: katholische), auch römische Weltkirche heute kann nicht dadurch realisiert werden, dass starre Strukturen und eine einheitliche Organisation irgendwo auf der Welt die Entwicklung wirklich aufhalten oder gar zurückdrehen könnten. Denn: »Sie bewegt sich doch!« Das gilt nicht nur von der Erde, sondern auch von der Geschichte, der Gesellschaft, dem politischen und geistigen Bewusstsein aller Menschen. Auch von den geistlichen Berufungen. Sie werden sich bewegen (müssen).

Deswegen ist es hoch an der Zeit, dass Christ/inn/en und Katholik/inn/en sich mit neuem und offenem Blick den Aufgaben und Möglichkeiten stellen, die sich vor Ort und von unten her anbieten. Auch was das kirchliche »Amt« betrifft, sind vor allem einmal die Gemeinden gefragt. Sie selbst sind herausgefordert, wenn es um ihr christliches Leben und das Recht und die Pflicht zur Feier der Eucharistie geht. (Und auch die Frauenpriesterinnen sind nur in Verbindung mit konkreten Aufgabenbereichen sinnvoll). Die Gemeinden können sich nicht mehr länger nur auf »Entwicklungshilfe« von außen und von oben verlassen. Sie selbst haben ihre eigenen und auch neuen Formen geistlicher Berufungen zu entdecken und zu leben und dürfen sich nicht nur von traditionellen Mustern vereinnahmen oder austricksen lassen. Wenn jedoch in vielen katholischen Gemeinden immer seltener Eucharistie gefeiert wird (und in manchen Weltgegenden ist schon seit Jahrzehnten pro Jahr nur mehr eine einzige solche möglich), dann stellt sich wirklich die Frage, was nun das Zentrum eines christlichen Lebens eigentlich ist und sein soll.

Bei den anstehenden Aufgaben sind es vor allem und wieder einmal die Frauen, die sich zu einer intensiven Mitwirkung in der kirchlichen Arbeit anbieten und sich jetzt auch zeichenhaft in die apostolische Tradition einzureihen suchen. Sie auszuschließen oder abzulehnen wäre ein schwerer pastoraler und theologischer Fehler, selbst wenn ihr heutiger »Ungehorsam« von vielen als unerträgliche Provokation empfunden wird. Aber auch dieser Aspekt einer authentischen Freiheit passt gut zu einer prophetischen Aufgabe, die auch Jesus selbst so engagiert wahrnahm. (Außerdem bedeutet »Gehorsam« nach der Bibel etwas anderes, als die spätere Tradition glauben wollte).

Mir persönlich – aber da habe ich als Mann und Theologe mit kirchlicher Lehrerlaubnis auch leichter zu reden – läge zwar eine Eucharistie- bzw. Abendmahlfeier ohne Einsetzungsbericht und ohne drohende kirchenrechtliche Sanktionen als sanftere Strategie zu neuen Lösungen bei weitem näher. Jedoch kann ich sehr gut sehen und nachvollziehen, dass sich in der Kirche nicht viel ändert, außer frau tut es. Jedenfalls wird sich so oder so durch diesen »Quantensprung« der Frauen einiges ändern. Denn das durch sie vermittelte und zu vermittelnde Eucharistieverständnis wird weniger von destruktiven Opfervorstellungen geleitet sein, sondern mehr mütterlich-nährende Zeichen setzen, wie sie der jesuanischen Intention besser entsprechen.

Dass dieser weibliche Schritt in Richtung einer modernen demokratischen Gesellschaft gerade für eine Religionsgemeinschaft allerdings gar nicht so leicht zu vollziehen ist, (und deswegen auch die römisch katholische Kirche einiges an Verständnis und Nachsicht braucht) war noch vor wenigen Jahrzehnten innerhalb der reformatorischen Kirchen hautnah mitzuerleben: Selbst dort erschienen zunächst fast nur zölibatäre oder zumindest kinderlose Frauen als Pastorinnen tragbar, worüber man sich heute nur mehr wundern kann. Und ähnlich wird es auch zukünftigen katholischen Generationen in der Frage des Frauenpriestertums ergehen. Auch und gerade das, was vorher oft vehement abgelehnt wird, erweist sich sogar als *die* Lösung für die Zukunft.

So galt – der Bergpredigt zum Hohn – die Gewaltfreiheit in der Kirche lange nicht als praktikabel, sondern blieb höchstens auf einen kleinen Kreis von Auserwählten (oder »Spinnern«) beschränkt. Es hat erschreckend lange gedauert, ehe die traditionelle Lehre vom gerechten Krieg (die ursprünglich als Einschränkung von Kriegen gedacht war, in der Praxis jedoch eher das Gegenteil bewirkte) sich von der Entwicklung her als so überholt erwies, dass erstmals in einem kirchlichen Dokument offen von Gewaltfreiheit die Rede sein konnte. Und das war nicht am letzten Konzil, sondern vor knapp 25 Jahren. Dabei war es nicht so sehr die Logik und Theo-Logik, welche die neue kirchliche Meinungsbildung dorthin geführt hat. Es bedurfte der schrecklichen Entwicklung der modernen Waffen (die allerdings auch bereits vor 100 Jahren absehbar war), ehe die Kirche von außen her zu dieser authentisch jesuanischen Position zurück »geprügelt« wurde.

Mit den Frauen und ihren noch ungeahnten geistlichen, auch eucharistiefähigen Ämtern ergeht es uns jetzt gerade so ähnlich. Sie sind nicht länger zu verhindern, sondern folgen ihrem Weg mit jener Sicherheit, mit der das Wasser ins Meer gelangt. Die Frage der Sakramente spielt nicht (nur) auf der institutionellen Ebene, sie gleich vor allem einem inneren Strom. Denn das *Wasser*, das Jesus *gibt*, wird in den Trinkenden selbst zur *Wasserquelle, die ins ewige Leben sprudelt* (Joh 4,14). So jedenfalls ist es der Samariterin am Jakobsbrunnen, ganz zum Verwundern der männlichen Jünger, von Jesus zugesagt.

Kehren wir zu *unserem Vater Jakob* (Joh 4,12) und zur Eingangsgeschichte zurück. Der Name Tamar bedeutet die »Dattelpalme«. Mit ihr vergleicht Psalm 92,13–16: *Gerechte grünen wie die Palme, wie die Zeder des Libanon wachsen sie empor, gepflanzt im Hause des Herrn.* Diese Verwurzelung und Sicherheit des Wachsens wünsche ich mir für die Frauen in der Kirche. Sie sollen nicht auswandern, sondern verbleiben in den *(Vor-)Höfen unseres Gottes,* damit sie *noch im Alter* viele süße Früchte hervorbringen, auch wenn diese vorerst für manche bitter schmecken mögen. *Denn sie verkünden: Gerecht ist der Herr, mein Fels ist er, an ihm ist kein Unrecht.*

Ingo Broer
Keine Vollmacht?

Die Weisung Jesu und die Treue der Kirche am Beispiel der Frauenordination*

Die Rolle der Frau hat sich in der westlichen Welt in den letzten 100 Jahren dramatisch verändert. Gab es zu Beginn des 20. Jahrhunderts an den deutschen Universitäten nur wenige Studentinnen und äußerst selten promovierte Frauen, so ist die Zahl der weiblichen Studierenden inzwischen erheblich gestiegen und nähert sich den 50 Prozent. Diese Veränderung hat auch vor den Kirchen nicht Halt gemacht, wie man unter anderem daran sehen kann, dass in vielen Kirchen inzwischen Pfarrerinnen zum alltäglichen Erscheinungsbild gehören. Deswegen hat die Äußerung von Papst Johannes Paul II. im Apostolischen Schreiben »Ordinatio Sacerdotalis« aus dem Jahr 1994 in und außerhalb der Kirche großes Aufsehen erregt. Denn der Papst lehnt in diesem Dokument nicht nur die Zulassung von Frauen zum Priesteramt entschieden ab, sondern sagt sogar, dass die Kirche überhaupt nicht »die Vollmacht hat, Frauen die Priesterweihe zu spenden«. Angesichts dieser Formulierung liegt es nahe, zu prüfen, wie die Kirche in anderen Fragen, die zur Zeit

---

* Erstveröffentlichung in: Peter Trummer/Josef Pichler (Hg.), Kann die Bergpredigt Berge versetzen? Graz: Styria Verlag 2002, 47–68.

weniger umstritten sind, verfahren ist, wobei sich insbesondere Aussagen aus der Bergpredigt zum Vergleich anbieten.

1. *Das Nein des Papstes*

Das päpstliche Dokument ist zweigeteilt. Es knüpft zunächst an das Schreiben Pauls VI. von 1975 an den Erzbischof von Canterbury an und es bezieht sich auf die Erklärung der Glaubenskongregation »Inter Insigniores« aus dem Jahr 1976. Dann nimmt der Papst auf eigene Äußerungen Bezug und legt die Lehre hinsichtlich des Priestertums der Frau mit eigenen Ausführungen dar.

Mit Paul VI. hält das Schreiben fest, »dass es aus prinzipiellen Gründen nicht zulässig ist, Frauen zur Priesterweihe zuzulassen.« Zu diesen Gründen gehört, dass Christus nach den Aussagen der Evangelien nur Männer zu Aposteln wählte, die konstante Praxis der Kirche, nur Männer zur Priesterweihe zuzulassen, sowie die Tatsache, dass das Lehramt diese Tradition beharrlich als mit Gottes Wort übereinstimmend verteidigt hat.[1] Es erstaunt nicht, dass der Papst in Übereinstimmung mit der Glaubenskongregation die Gründe für diese Lehre als angemessen bezeichnet und widersprechenden Theolog/inn/en die Argumentation, es handle sich um zeitbedingte Perspektiven bzw. soziologische und kulturelle Motive der damaligen Zeit, abzuschneiden sucht. Den wahren Grund dafür, dass die Kirche Frauen nicht zu Priestern weihen kann, findet der Papst darin, »dass Christus es so festgelegt hat«, als er die Kirche gestiftet hat, die ihm in diesem Anliegen nur gefolgt ist.

Im weiteren Verlauf nimmt der Papst positiv auf die freie Wahl der Apostel durch Jesus und die ausschließlich männliche apostolische Sukzession Bezug, negativ hebt er hervor, dass Maria als Mutter Jesu gerade nicht am Sendungsauftrag der Apostel teilgehabt und auch nicht das Amtspriesterum erhalten hat. Schließlich betont er mit aller Klarheit, dass die Nichtzulassung der Frau zur Priesterweihe keine Minderung ihrer Würde und keine Diskriminierung ihr gegenüber bedeuten kann, sondern die treue Beachtung eines Ratschlusses, der »der Weisheit des Herrn des Universums zuzuschreiben ist.« Das Schreiben beschränkt sich aber nicht auf die Ablehnung des Priestertums für Frauen, sondern versucht auch deren positive Rolle in der Kirche zu würdigen. Ihre Aufgabe sei von »höchster Bedeutung sowohl für die Erneuerung und Vermenschlichung der Gesellschaft als auch dafür, dass die Gläubigen das wahre Antlitz der Kirche wieder neu entdecken«. Angesichts der Ablehnung der Priesterwürde für die Frau ist die Erinnerung daran, dass im Himmel nicht die Amtsträger, sondern die Heiligen die Größten sind, sicher hilfreich.

Nach einem Hinweis auf die »beständige und umfassende Überlieferung der Kirche« und die lehramtlichen Dokumente der jüngeren Vergangenheit kommt der Papst auf den eigentlichen Anlass seines Schreibens und auf sein erklärtes Ziel zu sprechen, nämlich die Diskussion bei den Theolog/inn/en, ob es sich bei der Beschränkung des Priesteramtes auf Männer nicht um eine diskutierbare Wahrheit womöglich von allein disziplinärer Bedeutung handelt. Diese Ansicht weist er mit äußerster Entschiedenheit zurück: »Damit also jeder Zweifel bezüglich der bedeutenden Angelegenheit, die die göttliche Verfassung der Kirche selbst betrifft, beseitigt wird, erkläre ich kraft meines Amtes, die Brüder zu stärken (vgl. Lk 22,32), dass die Kirche keinerlei Vollmacht hat, Frauen die Priesterweihe zu spenden, und dass sich alle Gläubigen der Kirche endgültig an diese Entscheidung zu halten haben.«

Sind schon die gewählten Worte bezüglich des definitiven Charakters dieser Aussage eindeutig und äußerst nachdrücklich, so wird in einem nichtgezeichneten Artikel des Osservatore Romano vom gleichen Tag wie das Apostolische Schreiben außer der Wiederholung einiger Formulierungen aus diesem Schreiben der definitive und verbindliche Charakter der vorgetragenen Lehre noch einmal in kaum überbietbarer Weise hervorgehoben und formell der »endgültig verbindliche Charakter dieser Lehre« festgestellt. Es handle sich »*um eine vom ordentlichen päpstlichen Lehramt in endgültiger Weise gelehrte Doktrin*«, und deswegen dürfe diese Lehre nicht bestritten werden. »Diese Lehre verlangt immer die volle und bedingungslose Zustimmung der Gläubigen. Das Gegenteil zu lehren, käme einer Verführung ihres Gewissens zum Irrtum gleich.« Schließlich wird auch noch eine Nähe dieser Lehre zum geoffenbarten Wort hergestellt, indem sie als »ein Akt des Hörens auf Gottes Wort und des Gehorsams gegenüber dem Herrn auf dem Weg der Wahrheit« bezeichnet wird.

2. Lehramt und Theologie

Obwohl die gewählten Formulierungen ein Diskussionsverbot dieser Frage beabsichtigen, können die Theolog/inn/en auf eine Erörterung der Sache und ihrer Begründung nicht verzichten, wollen sie nicht die Anpassungsleistung, die der Glaube jeder Zeit an die jeweilige Kultur, Mentalität usw. zu erbringen hat, vernachlässigen. Das päpstliche Lehramt beharrt in seiner gegenwärtigen Ausprägung offensichtlich auf dem Moment der unverfälschten Bewahrung des Glaubensgutes. Neben dieser zweifellos sehr wichtigen Verpflichtung gibt es aber auch noch eine andere Aufgabe, nämlich die des Gespräches mit den geistigen Kräften der Gegenwart und der Auseinandersetzung des Glaubens mit den Strömungen der Zeit, damit die Botschaft des Glaubens überhaupt in der Gegenwart vernommen und nicht einfach mit dem (berechtigten oder unberechtigten) Vorwurf der Antiquiertheit vom Tisch gewischt werden kann. Dies ist nicht nur, aber auch die Aufgabe der Theologie. Will und soll der Glaube die Menschen unserer Zeit und der Zukunft erreichen, so ist der Glaube auf die Erbringung dieser Anpassungsleistung angewiesen. Denn ein bloßes Tradieren der Lehre würde zwangsläufig dazu führen, dass die Gläubigen selbst diese Anpassungsleistung für sich erbringen würden, ohne dass eine intersubjektive Verständigung darüber erfolgen könnte. Doch eine Theologie, die sich auf eine bloße Wiederholung der überlieferten Glaubenslehre beschränken würde, ohne die Anpassungsleistung zu erbringen, hätte diesen Namen nicht verdient. Freilich ist im Zusammenhang von Ordinatio Sacerdotalis nicht zu übersehen, dass es sich hier nicht um eine Formulierung aus alter, sondern aus jüngster Zeit handelt, die allerdings unter anderem mit dem Hinweis auf ihr hohes Alter verteidigt wird.

3. Die Bischöfe

Höchst bedeutsam und wichtig angesichts dieser dezidierten Darlegungen vonseiten des ordentlichen päpstlichen Lehramtes ist freilich die Tatsache, dass ein offizielles, von der Deutschen Bischofskonferenz 1985 nicht nur herausgegebenes, sondern sogar approbiertes Dokument, das »die Glaubenslehre der Kirche darlegt«[2], die dogmengeschichtliche Beurteilung der Lehre von der Unmöglichkeit einer Weihe von Frauen zu Priestern anders sieht. Dort wird nämlich ausgeführt: »Die römische Kongregation für die Glaubenslehre hat 1976 ... erneut festgestellt, dass der katholischen Kirche aufgrund des Beispiels Jesu wie aufgrund der gesamten kirchlichen Tradition die Zulassung der Frau zum priesterlichen Amt nicht möglich erscheint. *Dies ist keine letztverbindliche dogmatische Entscheidung.* Die Argumente aus Schrift und Tradition haben freilich erhebliches Gewicht und müssen in der Kirche gegenüber den Argumenten aus der Forderung nach gesellschaftlicher Gleichberechtigung von Mann und Frau eindeutig das Übergewicht haben.«[3]

Obwohl sich die Feststellung der Bischofskonferenz, es handle sich nicht um eine letztverbindliche dogmatische Entscheidung, eindeutig nur auf die Erklärung Inter Insigniores von 1976 bezieht, ist vollkommen klar, dass nach damaliger Ansicht der Bischöfe die Lehre von der Unmöglichkeit des Priestertums der Frau in der katholischen Kirche keinen definitiven und letztverbindlichen Charakter trägt. Insofern stellen die diesbezüglichen Äußerungen des Papstes, und nur diese, also nicht die Sache selbst, bei der die Bischöfe die Übereinstimmung mit Schrift und Tradition einfordern, aus der Sicht der deutschen Bischöfe eine Neuerung dar, die so bislang nicht Allgemeingut der katholischen Kirche gewesen ist.[4] Es scheint im Übrigen auch im Vatikan Kreise zu geben, die das ähnlich sehen, jedenfalls wurde bei der Pressekonferenz zur Veröffentlichung von Inter Insigniores 1976 eine Note verteilt, in der diese Erklärung als nicht unfehlbare Äußerung des Papstes bezeichnet wurde – allerdings wurde die Herkunft dieser Note nie aufgeklärt.[5]

Diesen angesichts ihrer Bedeutung mit Sicherheit genau überlegten Ausführungen der deutschen Bischöfe kommt nach den Erklärungen des Zweiten Vatikanischen Konzils über die Bischöfe noch einmal größeres Gewicht zu: »Aus diesem Grunde lehrt die Heilige Synode, dass die Bischöfe aufgrund göttlicher Einsetzung an die Stelle der Apostel als Hirten der Kirche getreten sind. Wer sie hört, hört Christus, und wer sie verachtet, verachtet Christus und ihn, der Christus gesandt hat (vgl. Lk 10,16).
In den Bischöfen, denen die Priester zur Seite stehen, ist also inmitten der Gläubigen der Herr Jesus Christus, der Hohepriester anwesend. Zur Rechten des Vaters sitzend, ist er nicht fern von der Versammlung seiner Bischöfe, sondern vorzüglich durch ihren erhabenen Dienst verkündet er allen Völkern Gottes Wort« (Lumen Gentium 20f).

4. Loyalität zum Papst

An der Ansicht des Papstes, die Lehre vom Ausschluss der Frauen vom Priesteramt in der katholischen Kirche sei definitiv und nicht mehr diskutierbar, lässt Ordinatio Sacerdotalis keinen Zweifel, ebenso wenig an der Absicht, diese Diskussion in der katholischen Kirche ein für alle Mal beendet sehen zu wollen. Wer darüber eventuell noch unsicher war, musste sich durch eine Erklärung der Glaubenskongregation vom 28. 10. 1995 eines Besseren belehren lassen, in der es ähnlich wie in dem oben zitierten Artikel im Osservatore Romano unter anderem heißt: »Diese Lehre (das heißt, ,nach der die Kirche nicht die Vollmacht hat, Frauen die Priesterweihe zu spenden') erfordert eine endgültige Zustimmung, weil sie, auf dem geschriebenen Wort Gottes gegründet und in der Überlieferung der Kirche von Anfang an beständig gewahrt und angewandt, vom ordentlichen und universalen Lehramt unfehlbar vorgetragen worden ist.« Der Papst habe die Erklärung »in ausdrücklicher Darlegung dessen, was immer, überall und von allen Gläubigen festzuhalten ist, insofern es zum Glaubensgut gehört«, vorgelegt.[6]
Dies ist ein schwer wiegender und nicht leicht zu vernachlässigen-

der Tatbestand. Wenn vielleicht auch nicht alle Katholik/inn/en das so empfinden werden, so ist die besondere Loyalität zum Papst in einer anderen, noch dramatischeren Handlung der deutschen Bischöfe für die ganze Welt offenbar geworden. Denn diese haben sich trotz eindeutig abweichender, und zwar wohlüberlegter und intensiv verteidigter Ansicht alle bis auf einen dem »Wunsch« des Papstes gebeugt und die Beratungen in den katholischen Schwangerschaftsberatungsstellen so verändert, dass der für einen Schwangerschaftsabbruch in der Bundesrepublik Deutschland unverzichtbare Beratungsschein nicht mehr ausgestellt wird. Wer die Dramatik dieses Vorgangs verfolgt hat, kann die besondere Loyalität gegenüber dem Papst, der die Bischöfe nicht nur verpflichtet sind, sondern sich auch verpflichtet fühlen, wenigstens erahnen, und diese Loyalität gilt, wenn auch erheblich abgeschwächt, für alle Katholik/inn/en. Insofern ist eine Diskussion der päpstlichen Äußerungen zur Frage des Ausschlusses der Frau vom Priesteramt zwar nicht verboten, bedarf aber doch einer Begründung, ungeachtet der von der Glaubenskongregation gewählten Formulierungen, dass diese Wahrheit »immer, überall und vor allen Gläubigen festzuhalten ist.«

Allerdings ist die Erklärung des Papstes trotz des gegenteiligen Anspruches keine unfehlbare Äußerung, weil sie nicht in Ausübung seines außerordentlichen Lehramtes »ex cathedra« erfolgt ist und dem Schreiben einige Eigenschaften fehlen, die zu einer formellen Definition zu gehören pflegen, wie Peter Hünermann dargelegt hat.[7] Dass diese Beurteilung nicht die eines einsamen Rebellen ist, zeigt auch der entsprechende Artikel im Lexikon für Theologie und Kirche, wo es heißt, die Qualifikation dieser Lehre als unfehlbar dürfte doch »sehr hoch gegriffen« sein.[8] Darüber hinaus ist evident, dass das ordentliche Lehramt – die Bischöfe mit dem Papst – in dieser Frage nicht mit einem Munde spricht bzw. gesprochen hat. Allein aus diesem Grund ist ihre weitere Verfolgung unbedingt vonnöten, aber natürlich auch im Hinblick auf das vom Vatikan seit langem urgierte und von den deutschen Bischöfen seit dem Jahr 2000 von Neupriestern und anderen, die ein kirchliches Amt neu antreten, verlangte Glaubensbekenntnis und den anschließenden zusätzlichen Treueid – es muss klar sein, was zu bekennen und zu beeiden der/die jeweilige Kandidat/in verpflichtet ist.[9] Denn immerhin könnte angesichts der vom Papst und seinen Kommentatoren gewählten Formulierungen bei den Gläubigen der (möglicherweise falsche) Eindruck entstehen, mit diesem Bekenntnis und dem Eid sei auch die Zustimmung zu der in Ordinatio Sacerdotalis dargelegten Lehre enthalten, heißt es dort doch: »Außerdem hänge ich mit religiösem Gehorsam des Willens und des Verstandes den Lehren an, die der Papst *oder* das Bischofskollegium vorlegen, wenn sie ihr authentisches Lehramt ausüben, auch wenn sie nicht beabsichtigen, diese in einem endgültigen Akt zu verkünden.« Und weiter: »Bei der Ausübung meines Amtes, das mir im Namen der Kirche übertragen worden ist, werde ich das Glaubensgut unversehrt bewahren und treu weitergeben und auslegen, deshalb werde ich alle Lehren meiden, die dem Glaubensgut widersprechen.«

Nicht zuletzt ist eine weitere Diskussion dieser Frage auch deswegen vonnöten, weil die Aussage des Papstes dem Selbst- und Glaubensverständnis zahlreicher Katholik/inn/en widerspricht, wenn es auch nach katholischer Lehre für die Verbindlichkeit dogmatischer Aussagen auf die Zustimmung der Gläubigen nicht ankommt. Ein gemeinsames weiteres Ringen um die Wahrheit in dieser Frage ist schließlich auch deswegen geboten, weil der Glaube in der Neuzeit in einer bis dahin unbekannten Weise auf die subjektive Aneignung und innere Überzeugung angewiesen ist, die nicht befohlen werden können.

5. Die Bibelwissenschaft

Es kann im Folgenden nicht darum gehen, die Ausführungen des Papstes von der gottgewollten Beschränkung des Priesteramtes auf Männer und deren definitiven Charakter z. B. auf ihre dogmengeschichtliche Richtigkeit zu überprüfen – das ist nicht Aufgabe der Bibelwissenschaft, sondern der Dogmengeschichte. Es kann auch nicht darum gehen, zu fragen, ob die katholischen

Frauen sich mit der ihnen in diesem Schreiben zugewiesenen eigenen Würde und dem Ausschluss vom Priesteramt einverstanden erklären können oder nicht und ob die Frauen, die sich so nicht verstehen können, nur mit Hilfe eines Kirchenaustrittes sich selber treu bleiben können – darüber können nur die Katholikinnen selbst entscheiden. Es kann des Weiteren auch nicht um die Frage gehen, ob angesichts der Wende zur Subjektivität in der Neuzeit, in der jeder Mensch selbst zu verantworten hat, was er/sie glaubt und ablehnt, solche Sprache, die weniger für die vertretene Wahrheit wirbt als sie autoritativ vorschreibt, noch angemessen ist, wenn sie dies je war. Schließlich kann es auch nicht Aufgabe der Bibelwissenschaft sein, das dem Schreiben zugrunde liegende Amtsverständnis zu überprüfen, da es zu den Allgemeinplätzen der Exegese gehört, dass Strukturen des Amtes im Neuen Testament nur sehr rudimentär begegnen und dass das neutestamentliche »Amts«-Verständnis, das im Wesentlichen als Dienst zu charakterisieren und keineswegs einheitlich ist, nicht ohne weiteres auf das heutige Priesteramt übertragen werden kann.
Die folgende Zusammenfassung eines Patristikers beschreibt den Sachverhalt treffend: »Beim Versuch, das Amtsverbot für Frauen auf Christus und die Apostel zurückzuführen, darf nicht übersehen werden, dass von Christus selbst keine Anweisungen über die Organisation der kirchlichen Ämter ergangen und die Apostel im eigentlichen Sinn nicht die ersten Amtsträger der Kirche gewesen sind ... Die Ausgestaltung des kirchlichen Amtes ist Tat der frühen Kirche.«[10]
Als Beispiel für das Amtsverständnis in der frühen Christenheit oder auch für die Organisation der Gemeinden zu dieser Zeit kann ein Hinweis auf Paulus genügen, der sich in 1 Korinther 5 in einem von ihm ausdrücklich als äußerst schwerwiegend bezeichneten Fall an die Gemeindeversammlung und nicht etwa an bestimmte Presbyter oder ähnliche wendet und diese zur Regelung der Angelegenheit auffordert. Dieser Beleg ist nicht nur hinsichtlich der Ausbildung des urchristlichen Amtes wichtig, sondern auch deswegen, weil Paulus in 1 Korinther 16,15f und anderswo durch-

aus Anfänge einer entstehenden Gemeindeorganisation erkennen lässt, ohne dass hier schon irgendwelche Strukturen oder gar Amtsfunktionen erkennbar wären oder gar den Trägern einer solchen Funktion die Entscheidung in dieser schwer wiegenden Angelegenheit anvertraut würde – nein, die ganze Gemeinde soll sich im Namen Jesu versammeln und in Übereinstimmung mit dem Geist des Paulus und in Verbindung mit der Kraft des Herrn Jesus die Entscheidung treffen. Da das päpstliche Schreiben ganz stark mit dem Verweis auf die Praxis Jesu argumentiert, wird man darüber hinaus als weitgehend übereinstimmende Ansicht innerhalb der Bibelwissenschaft festhalten dürfen, dass der neutestamentliche Apostelbegriff uneinheitlich ist und keineswegs nur die Zwölf umfasst und dass das Neue Testament nach einem sich mehr und mehr durchsetzenden Konsens zumindest eine Frau »als berühmt unter den Aposteln« nennt (Röm 16,7).

Wie sehr die Bibelwissenschaft im Übrigen hier einig ist, vermag auch ein Votum der Päpstlichen Bibelkommission zu zeigen, das auf eine entsprechende Anfrage im Vorfeld von Inter Insigniores erklärt haben soll, vom Neuen Testament her gebe es keine Hindernisse für eine Zulassung von Frauen zum Priestertum, das freilich, wie in solchen Fällen üblich, nicht veröffentlicht worden ist.[11] So sehr also auch inhaltlich von der Bibelwissenschaft Einwände gegen die Argumentation des Papstes erhoben werden können und müssen, so sehr ist gerade auch die entscheidende Formulierung selbst bibelwissenschaftlich zu hinterfragen.

Der Papst erweckt ja mit der einleitenden Formulierung, »*das die Kirche keinerlei Vollmacht hat*, Frauen die Priesterweihe zu spenden«, den Eindruck, als gehöre diese Aussage zum göttlichen Recht und eine Änderung sei der Kirche verwehrt, selbst wenn sie wolle. Zuvor hatte das Schreiben in Aufnahme einer Formulierung von Paul VI. wesentlich anders und vorsichtiger formuliert und **nur** davon gesprochen, »dass die Kirche für sich nicht die Vollmacht *in Anspruch nimmt*, Frauen zur Priesterweihe zuzulassen« (Hervorhebungen vom Verfasser).

Diese Formulierung am Schluss von Ordinatio Sacerdotalis, die sich an eine Formulierung von Inter Insigniores anlehnt[12], weckt geradezu die Frage, was die Kirche hinsichtlich der von ihr vertretenen Lehre und Disziplin kann und was ihr verwehrt ist, oder anders ausgedrückt: Wie weit darf die Kirche bei der für die Lebendigkeit des Glaubens notwendigen und unaufgebbaren Übersetzung der ihr von ihrem Herrn übergebenen Wahrheit gehen, und wo beginnt die Untreue zu dieser Wahrheit?

Natürlich kann man diese Frage auf verschiedene Art und Weise zu beantworten versuchen, und auch die Bibelwissenschaft selbst hat verschiedene Möglichkeiten der Herangehensweise. Man könnte z. B. aufgrund der Tatsache, dass der Papst zuvor die bereits erwähnte Aussage von Paul VI. zitiert, der wahre Grund für den Ausschluss der Frauen vom Priesteramt liege darin, »dass Christus es so festgelegt hat, als er die Kirche mit ihrer grundlegenden Verfassung und ihrer theologischen Anthropologie ausstattete«, diese Aussage anhand des Neuen Testaments überprüfen. Doch sei im Folgenden ein anderer Weg versucht, um anhand einiger ausgewählter Beispiele aus der Bergpredigt einen Überblick darüber zu gewinnen, wie die Kirche mit den Weisungen Jesu im Verlauf der Kirchengeschichte umgegangen ist. Die vom Papst gewählte Formulierung sagt ja ausdrücklich, dass der Kirche die Unmöglichkeit einer Weihe von Frauen zum Priestertum als Wahrheit vorgegeben ist, die sie nur um den Preis der Untreue gegenüber ihrem Herrn aufgeben kann.

6. Die Weisungen Jesu und die kirchliche Praxis

In der Bergpredigt des Matthäus sind zahlreiche Weisungen Jesu für das Verhalten der ihm Nachfolgenden überliefert. Man denke nur an die Mahnungen zum rechten Almosengeben, Beten und Fasten. An das Gebet des Herrn, das die Mitte der Bergpredigt bildet, hält sich die Kirche noch heute. Allerdings gibt es dazu in Lukas 11,2–4 eine Parallele, die sich in einigen Punkten von Matthäus unterscheidet. In der Didache, einer frühchristlichen Schrift, die noch während der Entstehungszeit des Neuen Testaments entstanden, aber nicht mehr in dieses eingegangen ist, findet sich im Wesentlichen das Vaterunser nach Matthäus, allerdings um einen bezeichnenden, auf jüdische Tradition verweisenden Schluss erweitert: »Denn dein ist die Macht und die Herrlichkeit in Ewigkeit.« Diese Abweichungen in einem Gebetstext Jesu sind bereits ein interessanter Hinweis darauf, wie die Kirche des 1. Jahrhunderts mit den Weisungen Jesu umgegangen ist. Nicht einmal bei den Gebetsanweisungen Jesu – alle drei Fassungen stimmen darin überein, dass sie ein Gebets*formular*, also ein *Mustergebet* Jesu überliefern wollen – fühlte sich die frühe Kirche verpflichtet, den genauen Wortlaut der Worte Jesu einzuhalten. Hierin drückt sich ganz offensichtlich ein anderes Überlieferungsbewusstsein aus, als es der Moderne eigen ist. Selbst der Formularcharakter dieses Gebetes hinderte die Gemeinden des 1. Jahrhunderts offensichtlich nicht, den Wortlaut dieses von Jesus stammenden Gebetsformulars ihren Empfindungen und Bedürfnissen anzupassen.

Darüberhinaus findet sich aber in der Bergpredigt noch eine ganze Reihe weiterer Verhaltensanweisungen, deren Weisungscharakter von Matthäus noch stärker hervorgehoben ist. Dies geschieht zum einen durch einen Vorspann, in dem Matthäus die Bedeutung der folgenden Anweisungen als Willensäußerung Jesu betont (Mt 5,17–20), z. B. indem er denjenigen, der dieser Weisunmg in Wort und/oder Tat nicht folgt, nur einen ganz bescheidenen Platz im Himmelreich zuweist, zum anderen dadurch, dass er in den so genannten »Antithesen« (Mt 5,21–48) die Jesusworte dem alttest+amentlichen Gesetz entgegenstellt und ihnen so einen ungeheuren Nachdruck verleiht. Es handelt sich bei diesen Weisungen nach dem Verständnis des Matthäus sozusagen um die Tora Jesu, denn Matthäus leitet den Abschnitt mit den Worten ein: »Denkt nicht, ich sei gekommen, um das Gesetz und die Propheten aufzuheben. Ich bin nicht gekommen, um aufzuheben, sondern um zu erfüllen« (Mt 5,17).

Die Exegese geht bei diesen »Antithesen« nicht davon aus, dass alle sechs so, wie sie bei Matthäus überliefert sind, von Jesus stammen. Drei von ihnen haben ja auch bei Lukas eine Parallele und weisen dort die antithetische Form nicht auf. Allerdings werden in der Regel die »Antithesen« vom Töten, vom Ehebruch und häufig auch die vom Schwören sogar in ihrer antithetischen Form auf den historischen Jesus zurückgeführt. Diese drei zuletzt genannten eignen sich gut für unsere Fragestellung, ob und wie die Weisungen Jesu im Laufe der Kirchengeschichte tradiert und verändert worden sind und welche Konsequenzen sich daraus historisch für die Frage ergeben, was die Kirche darf und was ihr verwehrt ist.

Vom Töten (Mt 5,21–26)
Im Rahmen der ersten »Antithese« findet sich das Jesuswort von der notwendigen Versöhnung (Mt 5,23ff). Opfer für Gott und Verweigerung der Aussöhnung mit dem Nächsten gehen in der Nachfolge Jesu nicht zusammen, und die Frage der Schuld spielt dabei nach Matthäus auffälligerweise nicht einmal eine Rolle. Denn die Aussöhnung ist dem Opfernden aufgegeben, unabhängig von der Frage, ob ihn die Schuld an dem unversöhnten Zustand zwischen ihm und seinem Bruder trifft oder nicht. Zu Beginn des 2. Jahrhunderts hat man diese Weisung Jesu offensichtlich noch befolgt, zumindest aber deren wörtliche Befolgung eingeschärft, denn in der bereits erwähnten Didache heißt es in 14,2: »Wenn ihr am Herrentag zusammenkommt, brecht das Brot und sagt Dank, nachdem ihr zuvor eure Übertretungen bekannt habt, damit euer Opfer rein sei. Keiner, der einen Streit mit seinem Nächsten hat, komme mit euch zusammen, bis sie sich wieder ausgesöhnt haben, damit euer Opfer nicht unrein wird.« An dieser Stelle wird aber auch deutlich erkennbar, dass die Übertragung der Forderungen der Bergpredigt in die Gegenwart der Volkskirche keine leichte Angelegenheit ist und dass man sich den Vergleich zwischen den Geboten Jesu und deren Interpretation durch die Kirche nicht zu leicht machen darf.
Die »Antithese« selbst nimmt das Tötungsverbot des Dekalogs auf und verlagert seinen Inhalt entschieden nach vorne. Die auf Tötung stehende Strafe gilt bereits für Zorn und Schimpfworte.

Inhaltlich findet sich diese Gleichsetzung von Tötung und Zorn auch schon bei den Rabbinen, wenn z. B. ein Rabbi aus dem 1. Jahrhundert erklärt: »Wer seinem Bruder zürnt, gehört zu den Blutvergießern.« Oder: »Wenn einer seinen Nächsten einen Sklaven nennt, so ist er in den Bann zu tun; wenn er ihn einen Bastard nennt, so erhalte er die 40 Geißelhiebe; wenn er ihn Frevler nennt, so gehe ihm dieser ans Leben.«[13] Bei Jesus ist das Tötungsverbot, wenn, wie meist angenommen wird, die antithetische Einführung von ihm stammt, stark pointiert. In der Exegese wird diskutiert, ob diese Weisung Jesu ausschließlich individualethisch zu verstehen ist oder ob hier alle Arten der Tötung, also auch Todesstrafe und Krieg, ein für alle Mal geächtet werden sollen. Für letztere Interpretation des Tötungsverbotes kann man vor allem im Hinblick auf die von Jesus ebenfalls in den »Antithesen« (Mt 5,39) vertretene Gewaltlosigkeit verweisen, insofern hier zwar auf individualethischer Basis, gleichwohl aber mit einer solchen Entschiedenheit gegen jede Gewalt eingetreten wird, dass gemeinschaftliche Gewalt kaum ausgeschlossen werden kann. Jedenfalls ist dies bereits in der zweiten Hälfte des des 2. Jahrhunderts so gesehen worden, denn Irenäus von Lyon schreibt, dass die Predigt der Apostel auf der ganzen Erde eine Veränderung bewirkt hat, so dass die Christen »schon nicht mehr verstehen zu kämpfen, sondern geschlagen, die andere Backe hinhalten« (Haeresien IV 34.41), und Tatian setzt ebenso wie Justin Krieg und Mord gleich.[14] Beide unterlaufen so die Unterscheidung zwischen individueller und gemeinschaftlicher staatlicher Gewalt. Auch Origenes lehnt das Soldatenhandwerk ab, weil es nicht mit der Berufung des Christen vereinbar ist, und es war in der Alten Kirche lange Zeit üblich, Christen zwar den Eintritt in die Armee zu gestatten, das Töten aber streng zu verbieten.[15] Tertullian fordert deswegen den Verzicht der Christen auf die Mitwirkung beim Vollzug der Todesstrafe (De corona 11) und lehnt den Heeresdienst für Christen unter Hinweis auf die damit verbundene Befleckung durch den Götzendienst, aber auch auf das Verbot der Rache und des Tötens ab, setzt bei seinen Äußerungen aber voraus, dass dies damals nicht die allgemein akzeptierte Sicht unter Christen war.[16] Diese kritische Haltung gegenüber dem Soldatentum hat sich erst im 4. Jahrhundert geändert, nachdem sich die Rolle des Christentums innerhalb von Staat und Gesellschaft grundlegend gewandelt hatte.

Was die Todesstrafe angeht, so finden sich bei den Kirchenvätern deutliche Hinweise darauf, dass sie das Tötungsverbot nicht nur auf Individuen beziehen, sondern auch auf die staatliche Gewalt. Auch im Mittelalter, in dem die Kirche die Vollstreckung der Todesstrafe dem weltlichen Arm überließ, sind deswegen Zweifel an deren Berechtigung nie völlig verstummt, und in der Gegenwart wird die Todesstrafe von der Kirche äußerst kritisch beurteilt.[17]

Wenn aber die Kirche nicht nur des Mittelalters die Todesstrafe insgesamt, wenn auch mit Kautelen, als erlaubt akzeptiert hat, so stand sie damit eindeutig nicht in der Linie des von Jesus vorgegebenen Weges, der sich gegen jegliches Töten gewandt und gerade ein Unterlaufen der Gewalt durch Verzicht auf Gegengewalt eingefordert hatte. Will man diese Praxis nicht einfach als Irrtum abtun, so hat die Kirche im Laufe ihrer Geschichte offensichtlich gegenüber den Weisungen Jesu Spielräume selbst dort gesehen, wo eindeutig eine Richtung vorgegeben ist, oder sie hat erkannt, dass unter den Bedingungen des sich länger als ursprünglich erwartet hinziehenden Lebens die radikalen Weisungen Jesu angepasst werden müssen und deswegen entsprechende Veränderungen vorgenommen.

Vom Schwören (Mt 5,33)
Beginnen wir hier nicht mit der Bergpredigt, sondern mit der gegenwärtigen kirchlichen Praxis nach dem Katholischen Erwachsenen-Katechismus der Deutschen Bischofskonferenz. Dort wird bei der Darstellung des Eides das Problem sogleich beim Schopf gepackt, denn nach einer kurzen Darlegung vom Wesen des religiösen Eides als Anrufung Gottes zum Zeugen einer Aussage oder eines Versprechens wird sofort unter Hinweis auf die Bergpredigt

die Frage erörtert, ob die Eidesleistung in der Kirche mit dem Zeugnis Jesu übereinstimmt oder nicht. Die Antwort erfolgt zum einen durch Hinweis auf die damals im Judentum verbreitete Sitte leichtfertigen Schwörens, gegen die Jesus sich mit seinem Eidverbot vor allem richtet, sodann durch die relativierende Zuweisung an die absoluten Forderungen, die Jesus in der Bergpredigt im Rahmen seiner Verkündigung des Gottesreiches vorträgt, und schließlich durch die Bemerkung, nicht die Eidesleistung vor Gericht, sondern die zur Bekräftigung eines Versprechens stehe bei Jesus im Blick. Darüber hinaus wird auf die unbefangenen Anrufungen Gottes zum Zeugen durch Paulus hingewiesen (2 Kor 1,23; Röm 1,9). Zwar hat die kirchliche Tradition die Eidesleistung grundsätzlich bejaht, aber es gilt: »Die katholische Kirche sucht der Forderung der Heiligen Schrift dadurch zu entsprechen, dass sie die Eidesleistung möglichst einschränkt und sie nur für erlaubt ansieht, wenn schwerwiegende Gründe dafür sprechen.«[18]

Die Bischofskonferenz folgt mit ihrem Hinweis auf Paulus gewissermaßen dem Vorbild des Kirchenlehrers Augustinus, der bereits die Notwendigkeit des Eides unter anderem mit Hinweis auf eine Reihe von neutestamentlichen Stellen, wo eidliche Formulierungen vorliegen, verteidigt hat. Die Weisung Jesu versteht Augustinus deswegen weniger gegen den Eid als solchen, denn als gegen den Meineid gerichtet. Nur deswegen verbietet Jesus den Eid überhaupt. Im Gegensatz zu Augustinus ist das Eidverbot Jesu in der Alten Kirche aber, vor allem im griechischsprachigen Raum, lange Zeit wörtlich verstanden worden, und etwas von diesem grundsätzlichen Vorbehalt gegen den Eid spiegelt sich vielleicht noch in den alten Mönchsregeln wider, die den Mönchen den Eid untersagen.

In der heutigen Exegese ist die Auslegung des Schwurverbotes in vielerlei Hinsicht kontrovers. So wird die Herkunft von Jesus unter Hinweis auf die zahlreichen eidlichen Beteuerungen im paulinischen Schrifttum bestritten und die Eidkritik des Matthäus und Jakobus auf das (spätere) Judenchristentum der Diaspora zurückgeführt, das die weisheitlich und apokalyptisch beeinflusste Eidkritik des Judentums übernommen und verschärft hat. Gerade wegen der Herkunft aus der Weisheitstradition wird das Eidverbot dann häufig als nur für alltägliche Situationen geschaffen bezeichnet und demgemäß nicht auf offizielle Gelegenheiten, wie sie etwa im jüdischen Gesetz oder vom jeweiligen Kaiser oder König vorgeschrieben waren, bezogen. Das Eidverbot kann andererseits aber gerade wegen seiner Strenge und Differenz zum Judentum auf den historischen Jesus zurückgeführt werden.

Wir brauchen diese kontroversen Fragen für unsere Zwecke nicht zu entscheiden. Für uns genügt es, dass die Offenbarungsurkunde der Kirche in einigen Dokumenten eine ganz starke Tendenz gegen den Eid aufweist. Im Jakobusbrief findet sich wohl die ursprünglicher erhaltene Fassung des Matthäuswortes, das bei Jakobus allerdings nicht auf Jesus zurückgeführt wird. Danach soll in der Jesusnachfolge ein solches Klima der Wahrhaftigkeit herrschen, dass Eide völlig unnötig sind: »Euer Ja soll ein Ja sein und euer Nein ein Nein« (Jak 5,12b). Dabei geht es nicht nur um die eigene Wahrhaftigkeit, sondern auch um die Heiligkeit Gottes – nicht einmal die im Judentum beliebten Ersatzformeln zur Vermeidung des Gottesnamens sind erlaubt: »Vor allem, meine Brüder, schwört nicht, weder beim Himmel noch bei der Erde, noch irgendeinen anderen Eid« (Jak 5,12a).

Man wird kaum davon ausgehen können, dass die Einführung kirchlicher Eide in der Linie dieses Schwurverbotes liegt. Selbst wenn hier nur an Eidesformeln im privaten Leben gedacht sein sollte, so ist die Intention gegen den Eid so deutlich und stark, dass weder Matthäus noch Jakobus einen *kirchlichen* Eid akzeptiert hätten. Für unsere Fragestellung spielt es dabei keine Rolle, ob die Jesus in den Evangelien zugewiesenen Worte wirklich von ihm stammen. Denn das ist eine Frage der modernen Exegese, die in die katholische Kirche erst einige Zeit nach dem Zweiten Weltkrieg Eingang gefunden hat. Für die Kirche galt das Eidverbot zumindest bis in die Mitte des 20. Jahrhunderts als jesuanisch, und sie hat trotzdem Eide nicht nur zugelassen, sondern auch in ihrem Bereich gefordert und gefördert. Die Kirche kann zwar dafür auf die abweichende Praxis des Paulus verweisen, aber dass sie sich mit Hinweis auf Paulus jahrhundertelang einem (vielleicht vermeintlichen) Verbot Jesu widersetzt hat, kann keine Frage sein. Angesichts dieses Tatbestandes wird man fragen dürfen und müssen, ob die Kirche, wenn sie denn schon zur Verteidigung ihrer Praxis zu Argumenten greift, dabei beliebig verfahren und einfach behaupten kann, hier dürfe sie von der Praxis Jesu abweichen, dort aber nicht, wenn sie dabei Dienerin oder Offenbarung und nicht Herrin über sie sein will.

Scheidung und Wiederheirat
Das Verbot der Ehescheidung wird im Neuen Testament nicht nur in der Bergpredigt, sondern zumindest dreifach, wenn nicht vierfach in alten und voneinander unabhängigen Überlieferungsschichten wiedergegeben. Die Wahrscheinlichkeit, dass das Scheidungsverbot von Jesus stammt, ist sehr hoch, weil es sich dabei um eine besonders charakteristische Stellungnahme zu dem im Judentum viel verhandelten Problem handelt, zu der es dort eine *direkte* Parallele – trotz einer Tendenz zur Einschränkung der Scheidungen wie in Maleachi 2,14–16; Sirach 7,26 – nicht gibt. Das gilt auch in Bezug auf Qumran, selbst wenn dort die Forderung nach lebenslanger Einehe belegt ist (CD 4,20–5,2; 11 QT 57,17f).
Allerdings ist es mit dieser Feststellung nicht getan, denn das Ehescheidungsverbot Jesu wird in den drei/vier vorhandenen Fassungen unterschiedlich überliefert und die Urform verschieden rekonstruiert. Dabei spielt vor allem die Frage eine Rolle, ob ursprünglich allein die Entlassung bzw. die Trennung untersagt (Mk 10,9; Mt 5,32a; 1 Kor 7,10f) oder ob von Anfang an der entscheidende Punkt die Wiederheirat war (Mt 5,32b; Mk 10,11f; Lk 16,18). Beide Ansichten werden in der Literatur vertreten. – Die Möglichkeit der Entlassung des Mannes durch die Frau hingegen (Mk 10,12) *könnte* trotz der im ägyptischen Elefantine gefundenen jüdischen Urkunden, die eine Scheidungsmöglichkeit vonseiten der Frau kennen, eher auf heidnische

Verhältnisse hinweisen und daher nicht ursprünglich sein. Die Entscheidung dieser Frage ist für das Verständnis der Intention Jesu insofern von Bedeutung als das Verbot der Wiederheirat deutlich machen würde, dass Jesus sich bei dieser Regelung nicht einfach von der benachteiligten Lage der Frauen hätte leiten lassen, unbeschadet der Tatsache, dass er sonst durchaus den in Israel benachteiligten und diskriminierten[19] Frauen in ungewohnter Weise entgegenkam. Denn eine Wiederheirat war für die geschiedene Frau mit einer erheblichen Besserung ihres Status verbunden, da sie nach der Scheidung in den Haushalt ihrer Eltern (Lev 22,13) bzw., wenn diese verstorben waren, in den ihres Bruders zurückkehrte, was für sie mit erheblichen Unannehmlichkeiten und Abhängigkeiten verbunden gewesen sein wird.

Die Schwierigkeit, in der Frage der originalen Fassungen des Ehescheidungsverbotes zu einer Entscheidung zu kommen, besteht unter anderem darin, dass die ursprüngliche Situation, in der Jesus dieses Scheidungsverbot ausgesprochen hat, nicht mehr erkennbar ist. Denn die Entgegensetzung vom Scheidungsverbot und vom Gebot der Ausstellung des Scheidebriefes in Matthäus 5,31f ist vermutlich nicht ursprünglich. Auch die Tradition von Markus 10,1–9 mit ihrem Rekurs auf die Schöpfungsordnung wird häufig im Verhältnis zum Scheidungsverbot von Markus 10,11f als jünger eingestuft und wegen ihrer Benutzung des griechischen Alten Testaments [Septuaginta] auf das hellenistische Judenchristentum zurückgeführt. Sie kann deswegen nicht unbedingt als jesuanisch gelten. Auch dürfte das bloße Trennungsverbot von Markus 10,9, das in der Formulierung Parallelen zu 1 Korinther 7,10 aufweist, jünger als Markus 10,11 sein. Insofern dürfte Jesus das Ehescheidungsverbot am ehesten als Wiederheiratsverbot und nicht als Trennungsverbot verstanden haben. Dafür spricht auch Matthäus 5,32, wo die Entlassung ja im Hinblick auf die Gefahr des Ehebruchs durch Wiederheirat untersagt wird.

Damit wird angedeutet, dass das Ehescheidungsverbot sich einer vertieften Auslegung des sechsten Gebotes (Dtn 5,18) und des Wesens der Ehe durch Jesus verdankt. Jesus weitet das, was man damals unter Ehebruch verstand, dadurch erheblich aus, dass er die Ehescheidung mit in den Ehebruch einbezieht. Diese Ausweitung des Ehebruchs zeigt auch die zweite »Antithese« (Mt 5,27f), wo Jesus direkt das sechste Gebot anspricht und dessen Forderung erheblich verstärkt. Da sich die Einhaltung dieser Weisung trotz einer an Gesetze erinnernden Formulierung (»Jeder, der ...«, Mt 5,28) der Kontrolle entzieht, kann zumindest dieses jesuanische Gebot nicht als im eigentlichen Sinn gesetzliche Bestimmung gemeint sein.

Wie aktuell Jesu Entscheidung in Sachen Ehescheidung war, wissen wir nicht, weil wir zu wenig über die Scheidungszahlen in der damaligen Zeit wissen. Im Blick auf die Diskussion zwischen den Rabbinen Hillel und Schammai, wobei Ersterer schon das Anbrennenlassen der Suppe als hinreichenden Grund für die Entlassung der Ehefrau bezeichnet, könnte der Eindruck entstehen, Scheidung sei damals mindestens so häufig an der Tagesordnung gewesen wie heute. Das dürfte jedoch für das ländliche Galiläa nicht zutreffen, eher schon für die kleine Oberschicht in den großen Städten.

Entscheidend für unsere Fragestellung ist aber, dass Jesu Stellung zur Ehescheidung nach übereinstimmender exegetischer Ansicht keine Ausnahmen kennt. Ehescheidung ist verboten, weil sie zur Wiederverheiratung führt, diese aber ist wegen des Weiterbestehens der ersten Ehe als Ehebruch anzusehen. Dieses Verbot ohne jedes Wenn und Aber mag uns unangemessen erscheinen, aber dass der historische Jesus diese Ansicht vertreten und als verbindliche Weisung angesehen hat, unterliegt keinem Zweifel. Dafür ist die Situation der Überlieferung zu eindeutig, selbst Paulus beruft sich ja auf ein Wort des Herrn (1 Kor 7,10).

Diese Schärfe des Urteils Jesu schien aber offensichtlich schon bald der Gemeinde des Matthäus und dem Heidenapostel Paulus unangemessen. Wie sonst will man erklären, dass beide von der klaren Weisung Jesu abweichen und Ausnahmen bei der Ehescheidung zulassen. Denn dass die Wendung »außer bei Unzucht« (Mt 5,32; 19,9) im Sinne einer Ausnahme zu verstehen ist, wird heute auch in der katholischen Exegese praktisch nicht bestritten. Auch die Sprache von 1 Korinther 7,15 ist eindeutig: »Wenn aber der/die Ungläubige sich trennen will, soll er/sie es tun. Der Bruder oder die Schwester ist in solchen Fällen nicht wie ein Sklave gebunden; zu einem Leben in Frieden hat Gott euch berufen.« Offensichtlich war schon die Kirche des 1. Jahrhunderts der Ansicht, dass neue Situationen wie z. B. die Heidenmission eine Anpassung der jesuanischen Weisungen an die jeweilige Situation erfordern, und sie hat sich dabei nicht gescheut, Seitenwege zu beschreiten, die mit der Intention des von Jesus Gebotenen zumindest nicht ganz übereinstimmen. Diese Abweichungen von der ursprünglichen Intention Jesu haben sogar Eingang in das Neue Testament gefunden.

7. Die Priesterweihe für Frauen?

Wir haben gesehen, wie im Laufe der Kirchengeschichte die Weisungen Jesu von der Kirche an die jeweilige Situation angepasst wurden und wie sie dabei in der Regel zumindest erheblich an Schärfe verloren haben. Dabei hat die Kirche im Laufe ihrer Geschichte in den genannten Fällen trotz eindeutiger und ausdrücklich anders lautender Vorschriften vonseiten Jesu Abschwächungen und Anpassungen vorgenommen. Diese liefen in allen drei besprochenen Fällen darauf hinaus, dass ein striktes Verbot ohne Ausnahmen in ein Verbot mit Ausnahmen umgedeutet wurde, wobei der Ausnahmecharakter in den drei Fällen nicht unbedingt derselbe ist. – Vielleicht ist abschließend der Hinweis sinnvoll, dass keineswegs die extremsten Beispiele gewählt wurden, sondern dass die Bergpredigt die Auswahl geleitet hat. Die Abweichung von der Intention Jesu wäre etwa bei einer Überprüfung von Matthäus 23,8: »Ihr aber sollt euch nicht Rabbi nennen lassen; denn nur einer ist euer Meister, ihr alle aber seid Brüder«, noch erheblich größer. Auch das Jesuswort vom Dienen (Mk 10,35–45) oder die Opfer- und Bußkritik des Hebräerbriefes (Hebr 6,1–8; 10,26–31; 12,16f) kämen für einen ähnlichen Vergleich zwischen dem Anfang und der weiteren Entwicklung in der Kirche in Frage.

Angesichts der deutlich erkennbaren Deutungsspielräume, welche die Kirche für die Interpretation einiger Gebote Jesu für sich in Anspruch genommen hat, kann, darf und muss auch weiterhin gefragt werden, warum in einer Angelegenheit, die weder von Jesus noch vom Neuen Testament ausdrücklich geregelt ist, davon die Rede sein soll, dass »die Kirche keinerlei Vollmacht hat«, von ihrer zugegebenermaßen sehr langen Tradition, Frauen nicht zu Priestern zu weihen, abzuweichen.

---

[1] Paul VI. Antwortschreiben an den Erzbischof von Canterbury über das Priestertum der Frau vom 30. Nov. 1975, in: ASS 68 (1976) 599f, zitiert nach HerKorr 48 (1994) 355f.

[2] Vgl. Katholischer Erwachsenen-Katechismus, hg. von der Deutschen Bischofskonferenz, 1985, Vorwort.

[3] Ebd., 300 (Hervorhebung vom Verfasser).

[4] In einem Anhang zur offiziellen deutschen Ausgabe von Ordinatio Sacerdotalis stellen die deutschen Bischöfe zum einen fest, es handle sich nicht um ein Diskussionsverbot der Frage der Priesterweihe von Frauen, zum anderen aber erklären sie nunmehr, nach Ordinatio Sacerdotalis dürfe die Diskussion nicht mehr als offen angesehen werden [Verlautbarungen des Apostolischen Stuhles 117, hg. vom Sekretariat der Deutschen Bischofskonferenz, 1/1995, 67.69].

[5] Vgl. den Hinweis bei P. Hünermann, Schwerwiegende Bedenken. Eine Analyse des Apostolischen Schreibens »Ordinatio Sacerdotalis«, in: HerKorr 48 [1994] 406–410, 406, der im Übrigen darauf hinweist, dass einige deutsche Bischöfe im Vorfeld dieser Erklärung auf deren »Nicht-Opportunität« hingewiesen haben sollen.

[6] KNA 19808 vom Dezember 1995 [Dokumente 3, 18].

[7] Vgl. Hünermann, Bedenken, 407f.

[8] LThK1 7,1 110f., vgl. auch J. Wohlmuth/H. Waldenfels, in: E. Dassmann u. a., Projekt Frauenordination, Bonn 1997, 6.22.34.

[9] Vgl. Glaubensbekenntnis und Treueid. Klarstellungen zu den neuen ›römischen‹ Formeln für kirchliche Amtsträger, Mainz 1990.

[10] E. Dassmann, Ämter und Dienste in den frühchristlichen Gemeinden, Berlin 1994, 224. Vgl. auch ders., in: Projekt Frauenordination, 57f.

[11] Vgl. Hünermann, Bedenken, 409; W. Gross (Hg.), in: ders., Frauenordination. Stand der Diskussion in der Katholischen Kirche, München 1996, 25ff.

[12] »Die Kirche hält sich aus Treue zum Vorbild ihres Herrn nicht dazu berechtigt, die Frauen zur Priesterweihe zuzulassen.«
[13] Derek Erez 10 zitiert bei Strack-Billerbeck I 282; Qidduschin 28a Baraitha zitiert ebd., 280.
[14] Tatian, Rede an die Griechen 19; Justin, Dialog 110,3.
[15] Vgl. H. v. Campenhausen, Der Kriegsdienst der Christen in der Kirche des Altertums, in: Offener Horizont, FS K. Jaspers, 1953, 255–264, 261.
[16] Vgl. H. Karpp, Die Stellung der Alten Kirche zu Kriegsdienst und Krieg, in: EvTh 17 (1957) 496–515, 502–504.
[17] Vgl. Katholischer Erwachsenen-Katechismus Bd. II, 1995, 286.
[18] Ebd., 98.
[19] Vgl. die von U. Lutz, Matthäus, EKK I/1, 265, angegebenen Belege.

»Für mich ist die Priesterweihe für Frauen ganz selbstverständlich«

Ludmila Javorova, Jahrgang 1932, wurde am 28. Dezember 1970 in Brünn von Bischof Felix Davidek zur römisch-katholischen Priesterin geweiht und war anschließend lange Jahre seine Generalvikarin. Ihre Weihe ist Teil jener von Rom geduldeten Maßnahmen, mit denen die katholische Kirche der damaligen CSSR in der kommunistischen Verfolgung überlebte: Die Katakombenkirche verfügte über ein Netz von ca. eintausend verheirateten Männer-Priestern, ein Dutzend Bischöfen – ebenfalls zum Teil verheiratet, und fünf Frauen-Priestern. Ludmila Javorova musste schon bei der Weihe ihrem Bischof versprechen, niemandem zu sagen, dass sie Priesterin sei. Erst im November 1995 wurde sie vom Herausgeber dieses Buches in »kirche intern« als Priesterin geoutet – mit dem Erfolg, dass Frauen aus aller Welt Kontakt zu ihr aufnahmen oder sie zu sich einluden. 2001 erschien im New Yorker Verlag Crossroad Publishing ihre Biographie (»Out of the depths«, von Sr. Miriam Therese Winter).
Im Folgenden sind die wichtigsten Aussagen Ludmila Javorovas aus einem – bisher unveröffentlichten – Gespräch mit Werner Ertel im Herbst 2001 zusammengefasst.

Nach der Wende
»Auch diejenigen Priester, die mit mir im Untergrund zusammengearbeitet hatten, haben nach der Revolution 1990 die offizielle Meinung der Kirche übernommen, dass verheiratete Männer oder Frauen offiziell keine priesterliche Funktion in der Kirche mehr ausüben dürften. Einige sehen in uns Priesterinnen einen Fortschritt für die Kirche, aber auch sie vertreten jetzt die offizielle Meinung Roms. So ist es schwer zu sagen, ob es mehr Gegner oder Befürworter der Frauenpriesterweihe bei uns gibt.
Zur Zeit des Totalitarismus habe ich das alles ganz anders gesehen. Aber jetzt gibt es viele Schwierigkeiten. Ich vertrete aber die Meinung, dass man darüber sprechen sollte, diese Angelegenheit löst

und nicht auf die lange Bank schiebt. In diesen Dingen muss man sich Rom nicht unterwerfen.

Wir haben 30 Jahre im Untergrund gelebt und gearbeitet, Seite an Seite mit den verheirateten Priestern, aber als sich uns der Weg in die Freiheit eröffnete, habe manche unsere Tätigkeit als eine Kirche in der Kirche missverstanden. Aber wir haben immer der einen römisch-katholischen Kirche angehört.

Die Kirche hat mich nicht mit einem priesterlichen Dienst beauftragt. So ist die Fortsetzung meiner seelsorglichen Arbeit im Untergrund heute nicht möglich. Es soll nicht der Eindruck entstehen, dass ich auf irgendeine Weise als Priesterin tätig bin, wie sich das die amerikanischen Frauen vorgestellt haben. Aber was einmal auf der Welt ist, das kann man nicht einfach entfernen und unterdrücken. Das wächst weiter, und Gottes Vorsehung übertrifft immer die menschlichen Vorstellungen.

Ich tu, was ich kann, in meiner pastoralen Tätigkeit. Für viele bin ich ein Stein des Anstoßes, aber ich gehe meinen Weg unbeirrt vorwärts. Es ist Gottes Wille, was weiter geschehen wird.

Damals, im Untergrund, war die Situation ganz anders als heute. Man hat in die Kirche viel größere Hoffnungen gesetzt. Wer nicht das Gefängnis erlebt hat, die Verhöre und Deportationen, der kann sich das kaum vorstellen – ansonsten würde man in dieser Frage der Anerkennung unserer Tätigkeit vorsichtiger und behutsamer sein.«

Warum Davidek mich weihte

»Das, was Bischof Felix Davidek in den Jahren seines Gefängnisses erlebt hatte, war der erste Schritt für meine Priesterweihe. Klosterschwestern, die damals im Gefängnis mehrere Jahre ohne priesterliche Betreuung waren, hatten ihn darum ersucht. Er musste unter anderem mit Einzelhaft büßen, dass er ihnen durch einen Zaun die Absolution erteilte. Davidek hat für alle Probleme nach Lösungen gesucht. Er wollte ihnen mit der Weihe von Frauen helfen.

Auf der anderen Seite hat er die Zeichen der Zeit erkannt. Das, was er erlebt hat, konnte er aus seinem Bewusstsein nicht löschen. Die Qualen, die er selbst im Gefängnis erleiden und die er bei anderen mit ansehen musste, waren letztlich das Motiv für die Weihe.

Ich selber habe schon als Kind meinen Vater gefragt, warum eine Frau nicht zum Priester geweiht werden darf.

Nach meiner Weihe war ich ständig in Gefahr. Ich fragte mich immer wieder, wie ich denjenigen Frauen, die im Gefängnis waren, helfen könnte. Und ich fragte mich immer wieder, wer den Menschen im Gefängnis das heilige Brot geben und sie in ihrer schweren Situation begleiten könne. Schon aus diesen Gründen war ich mit meiner Weihe einverstanden. Heute kann man das alles nicht mehr so leicht nachvollziehen, aber damals war es so.«

Prophetin im eigenen Land
»Man müsste in der Frage des Frauenpriestertums genau differenzieren, was von den Menschen und was von Gott kommt. Wir werden das gleiche Schicksal erleiden wie die Propheten, die im eigenen Land nichts gelten und verfolgt werden.

Den Kairos zu erkennen, das ist ein Charisma. Diese Gabe ist allen Christen verheißen, und so kann man nicht damit argumentieren, dass die ganze Kirche die Notwendigkeit der Frauenpriesterweihe nicht erkennt. Das wäre ein tiefgreifender Fehler.

Ich denke da an Lukas 12, 56: ‚Wenn ihr die Dunkelheit vom Westen seht, dann wisst ihr, dass bald der Regen kommt, und beim Wehen des Südwindes sagt ihr, es wird bald warm sein.'

Vor meiner Weihe haben das 2. Vatikanische Konzil und die Synoden in allen Ländern stattgefunden. Ich persönlich habe damals alle priesterlichen Tätigkeiten ausgeführt.

Mein Bischof hat die Notwendigkeit, die Dringlichkeit dieser Sache gesehen, die Schwierigkeiten weniger.«

Männer-Priester, Frauen-Priester
»Das Priestertum der Frauen wird sich vom Priestertum der Männer sehr wohl unterscheiden. Dogmatisch und biblisch gesehen

gibt es ja überhaupt keine Hindernisse für die Frauenpriesterweihe. Das wird natürlich keine Massenerscheinung sein. Man muss von Fall zu Fall die Berufung und die Eignung der Frauen untersuchen.

Aber die Priesterweihe für Frauen ist für mich heute wie damals eine absolute Selbverständlichkeit. Das ist eine Sache, an die sich beide Seiten, Männer wie Frauen, gewöhnen werden. Neue Entwicklungen werden ja nie sofort mit Freude angenommen. Man muss das im Bewusstsein der Menschen verankern und Vorbilder schaffen.

Ich persönlich bin jedenfalls überzeugt, dass die Frauenpriesterweihe sehr schnell verwirklicht sein wird. Ich möchte mich dafür einsetzen. Alle Frauen, die Priesterinnen werden möchten, sollen sich davon leiten lassen, dass das wirklich möglich ist.

Bis jetzt ist der Mann davon überzeugt, dass nur er auf der geistigen Baustelle der Erlösung der Menschen arbeiten kann. Aber diese Fähigkeit, die Menschen zu heilen, zu ihrer Erlösung beizutragen, haben alle erhalten, Frauen und Männer. Die Männer haben das leider alles an sich gerissen.

Wie können wir eine Gemeinschaft in Christus schaffen, wenn wir nicht fähig sind, gemeinsam zu arbeiten? Wir sind getrennt tätig, und Frauen noch dazu im Geheimen.

Denn die Männer haben immer noch Vorbehalte gegen uns. Die Situation ist heute so wie damals, als Christus auferstanden ist: Zuerst hat er mit den Frauen gesprochen, die waren die Botinnen seiner Auferstehung. Die Jünger haben ja gar nicht an seine Auferstehung geglaubt.

Heute glauben die Männer nicht an das Frauenpriestertum und wehren sich vehement dagegen. Sie wollen beweisen, dass die Frau dazu nicht berufen ist, nur weil sie eine Frau ist. Die Männer behaupten auch, die Frauen könnten ihrer Berufung nicht nachkommen, weil sie die Stimme Gottes gar nicht verstehen können, weil das ihre Vorstellungskraft übersteigen würde. Aber ein Mann ist genauso wenig imstande, seine Berufung zu beweisen. Bei jedem ist das individuell verschieden. Erst auf dem Weg können wir erkennen, wie effektiv die jeweilige Berufung ist. Diese Meinung hat auch mein Weihebischof vertreten, dass Berufung und Praxis mit übereinstimmen müssten. Es gibt Priester-Männer, die das verstehen und ich danke ihnen dafür, denn sie sind für mich ein Zeichen der Hoffnung.«

Charismen der Frauen
»Männer und Frauen müssen in der Seelsorge gemeinsam arbeiten. Diese Zusammenarbeit hat geistlichen Tiefgang und ist eine Bereicherung für die Menschheit. Hier kann es doch bitte nicht nur ums Prestige gehen.
Natürlich ist mir bewusst, dass wir ohne Männer nicht auskommen werden – Frau und Mann sind von Gott zur Zusammenarbeit berufen. Und darüber wird sehr wenig in der Kirche gesprochen. Wie kann ein Mann sich ein Urteil anmaßen, wie eine Frau zu dienen hat? Wo und wem eine Frau dienen müsse? Auf der anderen Seite ist vielen Frauen nicht bewusst, dass sie auf andere Weise dienen können. Dass sie helfen können, die Schöpfung zu vervollständigen. Das ist eine zutiefst christliche Aufgabe, sich auf diesem Weg gegenseitig zu unterstützen, einander beizustehen, um Gott besser kennen zu lernen.
Je länger dieser Zustand der Männerdominanz in der Kirche dauert, desto negativere Folgen wird er haben. Die Frau kann ihren seelsorglichen Dienst mit viel Diplomatie und Fingerspitzengefühl tun, aber die Männer weisen das immer wieder zurück. Der Mann duldet eben keine Frauen, die in seine Welt eindringen. Gerade das aber ist es, was die Frauen einbringen können: dem Menschen die Welt zu eröffnen. Das ist ihre Gabe. Die Frau hat einfach die Gabe, die Welt besser zu verstehen. Die Frau muss lernen, diese Gabe zu erkennen und sie nicht zu vernachlässigen. Ich zitiere an dieser Stelle gern den Heiligen Paulus, der über die geistige Gleichberechtigung von Männern und Frauen spricht. Ich würde mir wünschen, dass die Frauen viel selbstbewusster werden. Natürlich braucht die Frau diesbezüglich ein Vorbild, bis jetzt gibt es da ja keines. Die Frau orientiert sich hier nur am Mann. Und

wenn die Kirche den Frauen keine Möglichkeit der Mitarbeit eröffnet, wird die Frau vergessen, welche Geistesgaben sie eigentlich erhalten hat. Das ist schließlich eine große Verantwortung – man soll mit seinen Talenten ja verschwenderisch umgehen und nichts vergraben.

So hat die Frau die Gabe der geistigen Hingabe erhalten, doch ist es ihr bis jetzt verboten, daraus zu schöpfen und dieses Charisma weiterzugeben.«

Übersetzung: Georg Motylewicz

Ida Raming
Freie Wahl des Lebensstandes für Frauen in der Kirche blockiert

Widersprüche im CIC/1983 und ihre Konsequenzen*

1. Gleichheit aller Kirchenglieder nach c. 208 CIC/1983

Vom 2. Vatikanischen Konzil (1962–1965) war der Auftrag erteilt worden, »entsprechend den Konzilsbeschlüssen neue Rechtsnormen zu schaffen und dadurch die konziliaren Aussagen in anwendbares Recht zu transformieren«[1]. Der erste Anstoß zu der längst fälligen Reform des CIC/1917 kam von Johannes XXIII. Zu Beginn des Jahres 1959 kündigte dieser Papst sowohl ein ökumenisches Konzil an als auch »ein ‚aggiornamento' des CIC zur Anpassung des Kirchenrechts an die Erfordernisse der heutigen Zeit ... und bestätigte diese Vorhaben in seiner Enzyklika ‚Ad Petri Cathedram' vom 29. Juni 1959«[2]. Im Hinblick auf die anstehende Reform des Kirchenrechts war – neben anderen Konzilsdokumenten, z. B. Liturgiekonstitution »Sacrosanctum Concilium«,

---

* Erstmalig veröffentlicht in »Orientierung« 58 (1994) 68–70, hier in etwas erweiterter Form.

Dekret über die Hirtenaufgabe der Bischöfe »Christus Dominus« sowie Dekret über das Laienapostolat »Apostolicam actuositatem« – vor allem die Kirchenkonstitution »Lumen Gentium« von großer Bedeutung. In dieser Konstitution, die eine Ekklesiologie entwickelt, die – trotz aller Einschränkungen – von der Gemeinschaft aller Glaubenden als »Volk Gottes« ausgeht und damit das Gemeinschaftliche gegenüber dem Unterscheidenden (z. B. zwischen Klerikern und Laien) hervorhebt[3], stehen die programmatischen Worte: »Eines ist also das auserwählte Volk Gottes: ‚Ein Herr, ein Glaube, eine Taufe' (Eph 4,5); gemeinsam die Würde der Glieder aus ihrer Wiedergeburt in Christus, gemeinsam die Gnade der Kindschaft, gemeinsam die Berufung zur Vollkommenheit, eines ist das Heil, eine die Hoffnung und ungeteilt die Liebe. Es ist also in Christus und in der Kirche keine Ungleichheit aufgrund von Rasse und Volkszugehörigkeit, sozialer Stellung oder Geschlecht; denn ‚es gilt nicht mehr Jude und Grieche, nicht Sklave und Freier, nicht Mann und Frau; denn alle seid ihr einer in Christus Jesus' (Gal 3,28; vgl. Kol 3,11)«[4]. Die in diesem Konzilstext ausgedrückte Anerkennung einer fundamentalen Gleichheit aller Glieder des Volkes Gottes – vor und jenseits aller Unterschiede – hat seinen Niederschlag im CIC/1983 gefunden, und zwar in den cc. 204 und 208.

c. 204 § 1 enthält die Aussagen des Konzils über das gemeinsame Priestertum aller Gläubigen und betont ihre Berufung in Bezug auf die Sendung der Kirche. Er lautet:

»Gläubige sind jene, die durch die Taufe Christus eingegliedert, zum Volke Gottes gemacht und dadurch auf ihre Weise des priesterlichen, prophetischen und königlichen Amtes Christi teilhaft geworden sind; sie sind gemäß ihrer je eigenen Stellung zur Ausübung der Sendung berufen, die Gott der Kirche zur Erfüllung in der Welt anvertraut hat.«

c. 208 hebt die Gleichheit aller Gläubigen aufgrund ihrer »Wiedergeburt in Christus« hervor:

»Unter allen Gläubigen besteht, und zwar aufgrund ihrer Wiedergeburt in Christus, eine wahre Gleichheit in ihrer Würde und

Tätigkeit, kraft der alle je nach ihrer eigenen Stellung und Aufgabe am Aufbau des Leibes Christi mitwirken.«
Bei einem Vergleich der Formulierungen von c. 208 und dem oben zitierten Text aus der Kirchenkonstitution LG fällt auf, dass der Satz: »Es besteht unter ihnen (den Gläubigen) keinerlei Ungleichheit aufgrund von Rasse oder Volkszugehörigkeit, sozialer Stellung oder Geschlecht«, der der Formel in LG Nr. 32 genau entspricht, in c. 208 fehlt, während er in frühen Formulierungen der Lex Ecclesiae Fundamentalis (LEF), die zu den ersten Entwürfen der Codexreformkommission gehörte, noch auftaucht, z. B. in Art. 10 des LEF-Entwurfs von 1971. Bereits im späteren Entwurf der LEF von 1976 wurde er gestrichen. Die Mehrheit der CIC-Reformkommission (in der keine einzige Frau als Mitglied vertreten war!) hat es ohne Angabe von Gründen abgelehnt, den Nachsatz u.a. über die Gleichheit der Geschlechter im endgültigen Codex wieder aufzunehmen.[5] R. Puza stellt zu diesem Vorgehen die Frage: »Wollte man damit die Ungleichbehandlung der Geschlechter im Kirchenrecht verfassungsrechtlich zementieren?«[6]
Da es sich bei den cc. 204 § 1 und 208 um Grundrechtsnormen handelt, die alle Glieder des »Volkes Gottes« betreffen, kommt ihnen die Funktion von Leitsätzen für die Interpretation der übrigen Bestimmungen zu. Aufgrund der inhaltlichen Rückkoppelung dieser Kanones an die Kirchenkonstitution des 2. Vatikanischen Konzils, näherhin an das Kirchenbild des »Volkes Gottes«, steht »der Gedanke der Gleichheit aller Kirchenglieder im Vordergrund«; deshalb sind »bestehende Ungleichheiten« unter ihnen »daraufhin zu befragen, ob sie mit dem Gleichheitsprinzip als vereinbar gedacht werden können, und dann zu beseitigen, wenn dies nicht der Fall ist«.[7]
Auf dem Prinzip der fundamentalen Gleichheit aller Gläubigen, wie sie programmatisch in c. 208 als Leitlinie ausgedrückt ist, basieren die einzelnen kirchlichen Grundrechte der Kirchenglieder (cc. 212 § 2 u. 3; 213–220), die ihnen aufgrund ihrer Würde als »Kinder Gottes« zukommen. Sie »umschreiben ʼeine geistliche Freiheit, welche dem einzelnen Gläubigen die aktive Teilhabe an

der Sendung der Kirche sichern und es ihm ermöglichen soll, seiner Berufung und Begabung folgend am Leben der Communio teilzunehmen'«[8]. Eines dieser Grundrechte (c. 219) beinhaltet die freie Standeswahl; es lautet: »Alle Gläubigen haben das Recht, ihren Lebensstand frei von jeglichem Zwang zu wählen.« Ausgehend von dem Prinzip, »dass jeder Mensch das Verfügungsrecht über seine Person hat«, ist dieses Grundrecht in der Enzyklika ‚Pacem in terris' (1963)[9] von Johannes XXIII. ausdrücklich betont: » ... Die Menschen haben das unantastbare Recht, jenen Lebensstand zu wählen, den sie vorziehen: dass sie eine Familie gründen, in der Mann und Frau gleiche Rechte und Pflichten haben, oder dass sie das Priestertum oder den Ordensstand ergreifen können.« Diese Formulierung lässt keinerlei Spielraum für Einschränkungen aufgrund des (weiblichen) Geschlechts.

Der Begriff »Lebensstand« beinhaltet im Hinblick auf die allen Gläubigen gemeinsame Heilssendung Folgendes: »Lebensstand ist der ... in freier Entscheidung als Antwort auf eine spezielle Berufung übernommene und durch einen äußeren Rechtsakt begründete ekklesiale Ort eines Gläubigen, ... dem der Charakter der Ganzheitlichkeit und der Dauerhaftigkeit eignet.«[10] Das kirchliche Grundrecht (c. 219) ist also vergleichbar dem allgemeinen Menschenrecht auf freie Berufswahl im »profanen« Bereich, auf freie Entfaltung der Persönlichkeit.

Welche kirchlichen »Lebensstände« sind nun in diesem Gesetz im einzelnen vorausgesetzt? Es sind der Ehestand, der Klerikerstand sowie der Stand des geweihten oder apostolischen Lebens, z. B. der Ordensstand.[11]

2. Einschränkungen des Grundrechts der Gleichheit für Frauen

Dieses Grundrecht auf Freiheit bei der Wahl des Lebensstandes (c. 219) ist jedoch für Frauen in der Kirche wesentlich beschnitten, und zwar durch c. 1024, demzufolge Frauen trotz Taufe, Firmung, theologischer Ausbildung und nicht zuletzt trotz vorliegender religiöser Berufung als rechtlich **weiheunfähig** eingestuft werden, wie aus dem Wortlaut der Bestimmung hervorgeht:

»Die heilige Weihe empfängt gültig nur ein getaufter Mann.« Dementsprechend kommentiert – sachlich zutreffend – N. Ruf[12] den Kanon: »Ungetaufte (zu erg.: Männer; die Vf.) und Frauen können das Weihesakrament nicht gültig empfangen.« Frauen, auch wenn sie gläubig und getauft sind, sind damit von vornherein von den Ämtern: Diakonat, Priester- und Bischofsamt ausgeschlossen (die sämtlich eine sakramentale Weihe voraussetzen) – mit allen sich daraus für sie ergebenden schwerwiegenden Folgen. Dem wiederholt erhobenen Vorwurf, es handele sich hierbei eindeutig um eine rechtlich-institutionelle Diskriminierung der Frau um ihres Geschlechtes willen[13], wird allerdings entgegengehalten, »die Frage des Ausschlusses der Frau vom Weihesakrament sei unter dem Gesichtspunkt der Rechtsbeschränkung überhaupt nicht zu fassen, weil es ein Recht auf Weiheempfang nicht gebe«[14]. Mit diesen entgegengesetzten Auffassungen setzt sich Christian Huber in seiner bemerkenswerten Dissertation[15] eingehend auseinander und kommt dabei zu folgendem Ergebnis: Wenngleich c. 219 zwar »kein subjektives Recht auf die Weihe begründet, so setzt er doch voraus, daß jeder Gläubige als Träger des Rechtes auf Freiheit bei der Wahl des Lebensstandes grundsätzlich die **gleiche Wahlmöglichkeit** im Hinblick auf einen bestimmten Lebensstand - auch im Hinblick auf den Klerikerstand – hat. Diese Möglichkeit aber wird durch die Norm des c.1024 für die Hälfte der Gläubigen radikal beschnitten. Die Frage nach dem Verhältnis zwischen c. 219 und c.1024 berührt also nicht eine eventuelle Verletzung eines subjektiven Anrechts, sondern fragt nach der Wahrung des alle Grundrechte übergreifenden und in c. 208 niedergelegten Grundsatzes von der **fundamentalen Gleichheit aller Gläubigen** ...
Wenn daher mit c.1024 allen Frauen grundsätzlich die Möglichkeit genommen wird, den klerikalen Lebensstand zu wählen, dann handelt es sich dabei um eine **rechtliche Ungleichheit aufgrund des Geschlechts**. Die Norm des c. 1024 widerstreitet also dem Recht des c. 219, näherhin dessen Charakter als kirchlichem Grundrecht, das aufgrund von c. 208 für alle Gläubigen in glei-

chem Umfang gelten müsste. Aus dieser Feststellung ergibt sich für die Diskussion um die Frauenordination eine nicht unbedeutende Konsequenz: Nicht die Kritiker der kirchlichen Praxis stehen unter Argumentationszwang, sondern diese Praxis selbst bedarf der theologischen Rechtfertigung.« In diesem Zusammenhang weist Huber auf die große Bedeutung des Weihesakramentes und der dadurch begründeten (klerikalen) Dienste in kirchenpolitischer Hinsicht hin, – seien doch »die wichtigen Entscheidungen in der Kirche an Ämter gebunden, welche die sakramentale Weihe voraussetzen. Die Beschränkung des gültigen Weiheempfangs auf den Mann bedeutet damit gleichzeitig, dass Frauen an allen wichtigen kirchlichen Entscheidungen höchstens beratend teilnehmen. Die Durchbrechung des Gleichheitsgrundsatzes für den Fall des Weiheempfangs hat also eminent praktische Folgen für das Leben der Kirche wie auch der einzelnen Gläubigen ...«. Huber resümiert abschließend seine Analyse wie folgt: »Der Vorbehalt des Weihesakramentes für den Mann in c. 1024 ist eine dem auf der Gleichheit der Gläubigen (c. 208) aufbauenden Grundrecht des c. 219 zuwiderlaufende Bestimmung, die unbedingt einer stichhaltigen theologischen Begründung bedarf.«

3. Konsequenzen

Eine stichhaltige theologische Begründung bzw. »theologisch zwingende Rechtfertigung«[16] ist jedoch von der Kirchenleitung nicht erbracht worden, – sondern alles andere als das.
Theologische Versuche, den Ausschluss der Frau von sakramentaler Weihe und vom (Priester)Amt zu begründen oder zu rechtfertigen, sind dadurch gekennzeichnet, dass sie von einer (seinsmäßigen und oft auch ethischen) Vorrangstellung des Mannes gegenüber der Frau ausgehen, die sie durch bestimmte Bibeltexte und davon abhängige Texte aus der kirchlichen Tradition (z. B. aus der Patristik und mittelalterlichen Theologie) abstützen. Dabei werden diese »Traditionsstützen« unhinterfragt übernommen, also nicht auf ihre Zeitbedingtheit hin überprüft, son-

dern als göttliche Offenbarungsaussagen gewertet.[17] Somit kommt das Verbot der Frauenordination nicht ohne frauenfeindliche Theologie aus. »Solange Frauen nicht zu allen kirchlichen Ämtern zugelassen werden, besteht der Zwang, Frauenhass und Verketzerung theologisch fortzuschreiben.«[18] Darüber hinaus verlieren lehramtliche Verlautbarungen, wie z. B. die Erklärung der Glaubenskongregation »Inter insigniores«[19], ebenso das Apostolische Schreiben »Ordinatio Sacerdotalis« (1994) und das »Responsum« der Kongregation für die Glaubenslehre (1995), – abgesehen von ihrer wissenschaftlichen Unhaltbarkeit – nicht zuletzt schon dadurch jeglichen Anspruch auf Verbindlichkeit, dass ausschließlich Männer sich dabei die Kompetenz anmaßen, Beschreibungen der »Natur« der Frau und daraus resultierend Begrenzungen des kirchlichen Tätigkeitsbereichs für Frauen vorzunehmen, also eine »Theologie« von Männern für Frauen zu entwickeln.

Aus alldem folgt:

Da es keine stichhaltigen theologischen Gründe für den Ausschluss der Frau von der Ordination gibt, muss der Frau als Glied des »Volkes Gottes« das Recht der freien Standeswahl (c. 219) auch in bezug auf das Klerikat in vollem Umfang gewährleistet werden. Aufgrund des Gleichheitsgrundsatzes (c. 208), der auf der Kirchenkonstitution «Lumen Gentium« Nr. 32 basiert, haben Frauen einen »strukturellen Anspruch« (nicht gleichzusetzen mit persönlichem, subjektivem Anspruch) auf das Priestertum, d.h. ihnen muss der Zugang zu diesem Amt »unter den gleichen Bedingungen und Umständen« wie dem Mann eröffnet werden.[20] Wenn Männer der Kirche, »welche die Macht und das Recht haben zu entscheiden«, Frauen »den Zugang zum Priestertum verwehren«, laden sie »**objektive Schuld**« auf sich.[21] Denn »in der Wahl eines Lebensstandes« antworten die Gläubigen als Glieder der Kirche auf ihre »spezifische Berufung« und konkretisieren so ihre »christliche Berufung« und ihre »Teilhabe an der kirchlichen Sendung«. Daher hat die kirchliche Gemeinschaft nicht die Freiheit, »die in ihrer Mitte zutage tretenden Geistesgaben und Berufungen zurückzuweisen«, sie ist im Gegenteil auf diese angewiesen (vgl.

1 Kor 12,1–11.12–25; 1 Thess 5,19); die Wahl eines bestimmten Lebensstandes darf also nicht »ungerechtfertigt behindert werden«[22], sondern: positiv ausgedrückt: Nach c. 233 § 1 besteht für die ganze christliche Gemeinschaft sogar »die Pflicht«, geistliche Berufungen zu fördern, »damit in der ganzen Kirche für die Erfordernisse des geistlichen Amtes ausreichend vorgesorgt wird«. In besonderer Weise wird dem zuständigen Bischof die Verantwortung für die Förderung geistlicher Berufungen, vor allem der »priesterlichen und missionarischen Berufe«, auferlegt (vgl. c. 385). Kein »kanonisch Geeigneter« darf nach c.1026 vom Empfang der Weihen abgehalten werden.

Und was macht nun die »kanonische Eignung« aus, – woran ist sie erkennbar? Als Kriterien gelten: die religiöse Berufung zum geistlichen Amt, d.h. der freie, religiös motivierte Wille zu dessen Übernahme, die Befähigung dazu und der kirchliche Bedarf.[23] Solange die genannten Qualitäten (vor allem die geistgewirkte Berufung zu geistlichen Ämtern) den Frauen jedoch von den verantwortlichen Amtsträgern in der Kirche abgesprochen werden und sie allesamt gegen das Grundrecht auf Freiheit bei der Wahl des Lebensstandes (c. 219) auf den Laienstand fixiert werden, achtet man(n) weder die Menschen- und Personwürde der Frau noch wird die Freiheit des Wirkens Gottes respektiert, dessen Geisteskraft »einem jeden zuteilt, wie sie will« (1 Kor 12,11)[24]. Diesem freien Wirken der göttlichen Geisteskraft gegenüber aber ist einzig und allein die Haltung der Ehrfurcht geboten. Sie zeigt sich darin, dass von Seiten der Amtskirche dafür Sorge getragen wird, dass die von Gott geschenkten verschiedenartigen Charismen für den Aufbau der Kirche voll zur Entfaltung kommen können.

---

[1] H. Schmitz, Der Codex Iuris Canonici von 1983, in: HdbkathKR, Regensburg 1983, 36f.

[2] Schmitz a.a.O. 35f.

[3] Vgl. H. Rikhof, Die Kompetenz von Priestern, Propheten und Königen. Ekklesiologische Erwägungen zur Macht und Autorität der Christgläubigen, in: Conc. 24 (1988), 204.

4 LG Nr. 32, Kleines Konzilskompendium, hg. v. K. Rahner u. H. Vorgrimler, Freiburg, 4. Aufl. 1968, 162.
5 Vgl. dazu R. Puza, Katholisches Kirchenrecht, 2. Aufl. Heidelberg 1993, 198f; H. Schnizer, Individuelle und gemeinschaftliche Verwirklichung der Grundrechte, in: E. Corecco u.a. (Hrsg.), Die Grundrechte der Christen in Kirche und Gesellschaft (Akten des IV. Internationalen Kongresses für Kirchenrecht), Freiburg 1981, 426f.
6 A.a.O. 199; ähnlich Schnizer a.a.O. 427: auf diese Weise »ist allerdings auch möglicherweise bewusst ein ausdrücklicher Ausspruch über die Gleichheit der Geschlechter vermieden und damit ein möglicher Ansatzpunkt für eine Diskussion über die Rechtsstellung der Frau in der Kirche gestrichen worden«.
7 Puza (Anm. 5) 199; ähnlich Chr. Huber, Das Grundrecht auf Freiheit bei der Wahl des Lebensstandes. Eine Untersuchung zu c. 219 des kirchlichen Gesetzbuches (Dissertationen Kanonistische Reihe, hg. v. W. Aymans u.a., Bd. 2) St. Ottilien 1988, 149: »Der Grundsatz von der wahren Gleichheit der Gläubigen hindert zwar nicht, dass es einen rechtlichen Unterschied je nach Stellung und Aufgabe gibt, z. B. zwischen Klerikern und Laien. Er verbietet aber nach Ausweis der dogmatischen Kirchenkonstitution ... ,Lumen Gentium', welche die unmittelbare Quelle des c. 208 darstellt, jede 'Ungleichheit aufgrund von Rasse und Volkszugehörigkeit, sozialer Stellung oder Geschlecht'.«
8 Chr. Huber a.a.O. 53 mit Anm. 52 (unter Berufung auf W. Aymans); s. auch M. Kaiser, Die rechtliche Grundstellung der Christgläubigen, in: Hdb KathKR, 174.
9 Enzyklika Papst Johannes XXIII. Pacem in terris, Katholische Nachrichtenagentur Bonn 1963, bes. 5–15.
Die Enzyklika gilt als katholische Menschenrechtscharta.
10 Huber (Anm. 7), 25.
11 Huber (Anm. 7), 22–24; Kaiser (Anm. 8), 178
12 Das Recht der katholischen Kirche, Freiburg 4. Aufl. 1983, 239.
13 Vgl. I. Raming, Der Ausschluss der Frau vom priesterlichen Amt – gottgewollte Tradition oder Diskriminierung? Köln-Wien 1973; erweiterte Neuauflage: Priesteramt der Frau – Geschenk Gottes für eine erneuerte Kirche, Münster 2002; dies.: Frauenbewegung und Kirche. Bilanz eines 25jährigen Kampfes für Gleichberechtigung und Befreiung der Frau seit dem 2. Vatikanischen Konzil, Weinheim 2. Aufl. 1991; G. Heinzelmann, Die geheiligte Diskriminierung, Bonstetten 1986; L. Boff, Kirche: Charisma und Macht. Studien zu einer streitbaren Ekklesiologie, Düsseldorf 1985, 71f.
14 Huber (Anm. 7), 147f. So wird auch in der Erklärung der Glaubenskongregation »Inter insigniores« v.15.10.1976 (AAS 69, 1977, 98–116; dt.in:

Verlautbarungen des Apostolischen Stuhls, H.3, Bonn 1976, 19f) argumentiert: Es sei nicht einzusehen, »wie man den Zugang der Frau zum Priestertum aufgrund der Gleichheit der Rechte der menschlichen Person fordern kann, die auch für die Christen gelte« (19).

[15] (Anm. 7), 148–153.
[16] Huber (Anm. 7), 151.
[17] Vgl. dazu u.a. P. Hünermann, Lehramtliche Dokumente zur Frauenordination. Analyse und Gewichtung, in: ThQ 173(1993), 204–218, bes. 217f; ferner Raming, Ausschluss (Anm. 13); dies.: »Die zwölf Apostel waren Männer...«. Stereotype Einwände gegen die Frauenordination und ihre tieferen Ursachen, in: Orientierung 56(1992), 143–146; W. Groß (Hrsg.), Frauenordination. Stand der Diskussion in der katholischen Kirche, München, 1996.
[18] E. Schüssler Fiorenza, Neutestamentlich-frühkirchliche Argumente zum Thema Frau und Amt, in: ThQ 173(1993), 185.
[19] S. Anm. 14. – Dieses und die im Folgenden genannten vatikanischen Dokumente zur Frauenordination sind abgedruckt in der in Anm. 17 angegebenen Publikation »Frauenordination« (hg. v. W. Groß); dort auch kritische Analysen zu diesen Verlautbarungen.
[20] Vgl. D. Mieth, Haben Frauen ein Recht auf das Priestertum?, in: ThQ 173(1993), 244; ähnlich Huber (Anm. 7), 148f.
[21] Mieth (Anm. 20) 244.
[22] Huber (Anm. 7), 59 mit Anm.87.
[23] Vgl. Huber (Anm. 7), 69.
[24] Vgl. dazu Raming, Ausschluss (Anm. 13), 226 mit Anm. 16,17,18.

Katrin Rogge
»Einer Frau gestatte ich nicht, dass sie lehre (1 Tim 2,12)«? – Der lange und mühsame Weg evangelischer Theologinnen ins Pfarramt

Eine Frau in Amtskleidung, dem Talar, die am Sonntag von der Kanzel die Predigt hält, während des Gottesdienstes eine Taufe vollzieht oder das Abendmahl austeilt – ein gewohntes Bild in unseren evangelischen Kirchen. Die Wahl Maria Jepsens zur weltweit ersten lutherischen Bischöfin 1992 oder die Amtseinführung Margot Käßmanns als Bischöfin der größten evangelischen Landeskirche in Deutschland Hannover erregten noch einmal manche Gemüter und ließen in evangelischen Kreisen schon vergessen geglaubte (pseudo-) theologische Diskussionen um Frauen in Amt und Würden wieder aufleben. Aber im Großen und Ganzen gehören Pfarrerinnen oder Pastorinnen so selbstverständlich zum Gemeindealltag, dass gerade die Frauenordination als ganz typisches Merkmal evangelischen Glaubens gilt. Doch täuschen wir uns nicht! Auch in den evangelischen Kirchen in Deutschland war die »Frau im geistlichen Amt« lange Zeit keine Selbstverständlichkeit. Erst 1991 ließ die evangelisch-lutherische Kirche Schaumburg-Lippe als letzte evangelische Landeskirche rechtlich die volle Ordination von Frauen ins Pfarramt zu!

Schon fast vergessen scheint, dass eine einheitlich rechtliche Gleichstellung von Pfarrerinnen mit ihren männlichen Kollegen erst 1978 von der Evangelischen Kirche in Deutschland (EKD) beschlossen wurde. Dem voraus ging ein jahrzehntelanger heftiger Streit um das »Amt der Theologin«. Von den theologischen und kirchenpolitischen sowie sozialen Argumentationen ähnelte er in vielem dem heutigen um die katholische Priesterinnenweihe. Wenn in diesen Tagen einige mutige Frauen den Schritt der Priesterinnenweihe vollziehen werden, bietet dies eine gute Gelegenheit, sich solidarisch an ihre Seite zu stellen und an den mühsamen Weg evangelischer Theologinnen zu erinnern, den diese vor noch nicht allzu langer Zeit zurücklegten, um als Pfarrerin im geistlichen Amt anerkannt zu sein.

Die Situation für evangelische Theologinnen von 1900 bis 1933 – am Beispiel der Evangelischen Kirche der Altpreußischen Union (APU)
Nachdem seit Anfang des Jahrhunderts Frauen offiziell Zugang zu allen Universitäten hatten, stieg auch die Zahl akademisch ausgebildeter und examinierter Theologinnen stetig. Doch lange gab es kein festumrissenes Berufsbild für sie. Weder die Übernahme und Art ihres Dienstes noch ihr Rechtsstatus, eingeschlossen die Besoldung, waren kirchenrechtlich verankert. Für die examinierten evangelischen Theologinnen waren es besonders zwei Entwicklungen, die ihre Situation in den 1920er und 1930er Jahren bestimmte. Das war zum einen die Gründung eines Berufsverbandes, des »Verbandes Evangelischer Theologinnen Deutschlands« (kurz »Verband«), in der zum ersten Mal die Diskussion um die Zulassung der Theologinnen zum Pfarramt geführt wurde. Erklärtes Ziel des Verbandes war, »durch Eingaben an die Kirchensynoden die rechtlich ungeklärte und unsichere Situation der Theologinnen zu verbessern«. Im Mittelpunkt stand die Forderung nach Zulassung der Frauen zum Pfarramt.
Dabei gab es zwischen den Theologinnen innerhalb des »Verbandes« von Anfang an eine kontrovers geführte Diskussion über das Berufsbild der Theologin im geistlichen Amt. Der größere Teil der Mitglieder wollte ein Amt sui generis, d. h. ein geistliches Amt neben dem männlichen Pfarramt, das in seinen spezifischen Aufgaben – etwa Seelsorge, Religionsunterricht, Kindergottesdienst u. ä. – dem besonderen »Wesen der Frau« entspräche. Eine andere, kleinere Gruppe forderte dagegen die Zulassung zum vollen Pfarramt, einschließlich aller Funktionen, d. h. auch Predigtamt, Sakramentsverwaltung und Gemeindeleitung. Dabei kreisten die systematisch-theologischen Argumentationen – gestützt von exegetischen Untersuchungen – vor allem um schöpfungstheologische Begründungen hinsichtlich des Verhältnisses von Frau und Mann und um die ekklesiologische Frage nach dem Amtsverständnis. Im Mittelpunkt dieser wie aller folgenden Diskussionen um das »Amt der Theologin« standen stets die Hauptstreitpunkte Predigtamt, Spendung der Sakramente und Gemeindeleitung.

Die zweite entscheidende Entwicklung trat 1927 ein. Die Generalsynode der Evangelischen Kirche der Altpreußischen Union beschloss als eine der ersten evangelischen Landeskirchen ein Vikarinnengesetz, das »Kirchengesetz betreffend Vorbildung und Anstellung der Vikarinnen vom 9. Mai 1927« (kurz »Vikarinnengesetz«). Mit diesem Gesetz war ein festeres Berufsbild für Theologinnen innerhalb der Kirche umrissen und eine gesetzliche Klärung der Übernahme und der Dienstaufgaben, des Status und der Finanzierung gegeben. Das war zunächst eine wirkliche Verbesserung, und es ist anzunehmen, dass das Gesetz vielen Frauen die Entscheidung zum Theologiestudium leichter machte. Doch waren mit den neueröffneten Möglichkeiten zugleich auch wieder weitgehende Einschränkungen verbunden, von denen die wichtigsten hier aufgeführt werden. Zunächst wurde das Aufgabenfeld der Vikarinnen im Vergleich zum vollen Pfarramt erheblich begrenzt. Die Kandidatin des Vikariatsamtes war befugt zur Wortverkündigung gegenüber Kinder, Frauen und Mädchen (Kindergottesdienst, Bibelstunden, Andachten), zur Lehrtätigkeit (kirchliche Unterricht, Unterricht an Berufsschulen) und zur Seelsorge in der Gemeinde »insbesondere an der weiblichen Jugend, in Mädchenheimen, in den Frauenabteilungen der Krankenhäuser und Gefangenenanstalten und in Altersheimen« (§ 13). Doch explizit untersagt wurde ihr die Tätigkeit im Gemeindegottesdienst, die Verwaltung der Sakramente sowie die »Vornahme der anderen herkömmlich vom Pfarrer zu vollziehenden Amtshandlungen« (ebd.). Es wird deutlich, dass den Vikarinnen ein eigenständiges Wirken in einer Gemeinde nicht möglich war, da sie nicht befugt waren, alle nötigen Amtsfunktionen auszuüben. Ihr Arbeitsfeld wurde vielmehr als »Zuarbeit und Entlastung des Pfarramtes« definiert. Gleich dreimal war für die zukünftigen Vikarinnen (anders als für ihre männlichen Kollegen) das Zölibat festgeschrieben. Sie wurden schlechter bezahlt und ihr kirchenrechtlicher Status war der einer Gemeindebeamtin. Sehr sorgfältig wurde darauf geachtet, dass der Dienst der Vikarinnen deutlich vom geistlichen Amt unterschieden blieb, von dem sie ausdrücklich ausgeschlossen blieben! Darum wurden die Vikarinnen explizit nicht ordiniert, sondern eingesegnet, darum war eine besondere Amtsbekleidung (Talar) nicht ausdrücklich vorgesehen, darum war ihr Titel auch nach dem zweiten Examen Vikarin, nicht Pastorin oder Pfarrerin. Die Theologinnen galten somit kirchenrechtlich trotz ihrer Fähigkeit, ein geistliches Amt zu bekleiden, nicht als volle Trägerinnen eines solchen Amtes.

Gemeindeleitung im Krieg 1939–1945
und die weiteren Entwicklungen von 1945 bis 1978
Die Machtübernahem der Nationalsozialisten und die damit verbundenen Ereignisse des evangelischen Kirchenkampfes, vor allem aber der Kriegsausbruch, schufen eine völlig veränderte Situation für die in den Gemeinden wirkenden Vikarinnen. Da die Männer durch den Kriegsdienst fehlten, übernahmen sie Pfarrvertretungen, damit die Gemeinden versorgt blieben. Die Praxis eilte den erneut einsetzenden langen Diskussionen um die Frage nach der Amtsausübung von Frauen voraus. Durch die Notsituation des Krieges leisteten etwa die Vikarinnen der Bekennenden Kirche die Versorgung voller Pfarrstellung und übten längst vor einer grundsätzlichen Klärung und ohne gesetzliche Grundlage – allerdings auch ohne finanzielle Gleichstellung – alle pfarramtlichen Funktionen aus, einschließlich Predigt, Sakramentsverwaltung und Leitung der Kirchengemeinde. Trotz der gegebenen Praxis, in der die Vikarinnen faktisch ihre Fähigkeiten bewiesen, Gemeinden vollständig zu versorgen, wurde in offiziellen kirchlichen Verlautbarungen dieser Zeit jedoch weiterhin den Vikarinnen nur eingeschränkte Befugnisse zuerkannt. An den geschlechtsspezifischen Aufgaben der Vikarin wurde festgehalten, Predigtamt und Gemeindeleitung ihnen wiederum untersagt. Außerdem wurde ausdrücklich betont, es handlich sich bei diesen Beschlüssen um eine Notstandsregelung, also um Ausnahmeregelungen, die den Status der Theologin nicht grundsätzlich änderten. Da solche offiziellen Verlautbarungen so völlig konträr zur Praxis standen, verwundert es nicht, dass sie, wie Ilse Härter

es beschreibt, bis Kriegsende kaum beachtet wurden. »Wir, die wir Pfarrämter zu versorgen hatten, hatten Wichtigeres zu tun als ängstlich zu fragen: Was darf ich, was nicht?« Nach Kriegsende jedoch, als die Pfarrer nach und nach aus Kriegsdienst und Gefangenschaft zurückkehrten, durften sie ganz selbstverständlich ihre alten Gemeinden wieder übernehmen. Viele Vikarinnen mussten so die Gemeinden, in denen sie jahrelang gearbeitet hatten, wieder verlassen, für viele von ihnen bedeutete dies das Ende ihrer eigenverantwortlichen Arbeit als Theologin im Amt. Nun schlug sich nieder, dass die Übernahme einer Pfarrstelle als reine Notregelung behandelt worden war.

Die Ausnahmeregelungen konnten so weitgehend rückgängig gemacht werden. Allerdings war durch die Praxis das Bewusstsein, dass Argumente, mit denen den Frauen das volle Pfarramt verwehrt wurde, sich als unbegründet erwiesen hatten, bei vielen Theologinnen und Theologen doch inzwischen gewachsen. Die Notwendigkeit, den Dienst der Theologinnen neu zu regeln, wurde immer deutlicher. Doch dies führte weiterhin nicht zur Gleichstellung der Theologinnen. Erneut entbrannte die Diskussion darüber, ob ein Amt sui generis zur Ergänzung und Entlastung zum geistlichen Pfarramt dem Wesen der Frauen nicht eher entspräche – in vielen verschiedenen kirchenrechtlichen Gesetzen wurde ein solch besonderes Amt der Frau festgeschrieben, verbunden mit bekannten Einschränkungen, etwa das Verbot der Amtskleidung oder dem Zölibat. Mitte der 1960er Jahre dann lassen sich in den meisten Landeskirchen Bemühungen beobachten, statt eines Amtes sui generis auf die vollständige Gleichstellung ihrer Pfarrerinnen hinzuwirken. Am 1.1.1978 wurde per Gesetz in allen Landeskirchen (außer Schaumburg-Lippe) die rechtliche Gleichstellung von Pfarrerinnen endgültig vollzogen.

Würdigung
Auf diesem langen Weg der Auseinandersetzung erscheint mir besonders bemerkenswert, dass die Praxis den grundsätzlichen Diskussionen und rechtlichen Regelungen stets einen Schritt vor-

aus war. Besonders deutlich wurde dies in den Jahren nach 1945. Denn viele Vikarinnen waren nun nicht mehr bereit auf das zu verzichten, was sie bereits einmal besessen hatten und worin sie sich als durchaus fähig bewiesen hatten. Im Jahre 2002 sollte es keine Diskussionen mehr darüber geben, ob Frauen aufgrund ihres Geschlechts das geistliche Amt ausüben können, und es kann nicht angehen, dass Frauen noch immer durch Ausschluss vom Priesterinnenamt diskriminiert werden. Für Frauen ist es schon in vielen Situationen manchmal die einzige Chance gewesen, etwas zu erreichen, indem sie tun, wozu sie sich befähigt wissen, statt weiter auf die rechtlichen oder politischen Einschränkungen zu achten. Darum halte ich die anstehende Priesterinnenweihe für einen klugen und engagierten Schritt.

Katrin Rogge ist Diplomtheologin, Bildungsreferentin in der Evangelischen StudentInnengemeinde in Deutschland (ESG) in Berlin

Literatur zum Weiterlesen
Christiane Drape-Müller, Frauen auf die Kanzel? Die Diskussion um das Amt der Theologin von 1925–1942, Pfaffenweiler 1994.
Frauenforschungsprojekt zur Geschichte der Theologinnen, Göttingen (Hg.), »Darum wagt es, Schwestern ...«. Zur Geschichte evangelischer Theologinnen in Deutschland, Neukirchen-Vluyn 1993.
Dagmar Herbrecht, Ilse Härter, Hannelore Erhart (Hg.), Der Streit um die Frauenordination in der Bekennenden Kirche Quellentexte zu ihrer Geschichte im Zweiten Weltkrieg, Neukirchen-Vluyn 1997.

Stimmen zur Frauenordination

Betreff:
Initiative Gleichberechtigung der Frau in der römisch-katholischen Kirche
Ihre Einladung zur Frauenpriesterweihe

Sehr geehrte Frau Christine Mayr-Lumetzberger,
sehr geehrte Frau Doktor Gisela Forster,
verehrte liebe Schwestern!
Für Ihre freundliche Einladung zur Frauenpriesterweihe am 29. Juni d. Js. und vor allem für Ihr Vertrauen danke ich Ihnen sehr.
Ich möchte Ihnen als Bischof der Altkatholiken in Liebe und Sorge sagen, dass ich Ihr Anliegen verstehe und mich mit Ihnen menschlich verbunden fühle. Ich wünsche Ihnen das Allerbeste und bete für Sie und Ihren weiteren Weg.
Sie stehen mitten in der römisch-katholischen Kirche und werden – wie ich höre – von einem römisch-katholischen Bischof zu Priesterinnen geweiht. Gerne möchte ich Ihnen dazu gratulieren, aber ich weiß nicht, ob es nicht ein schlimmer Leidensweg sein wird, zu dem Sie sich aufmachen. Sie kennen selber das geltende Kirchenrecht und die entsprechenden Paragraphen des Codex Iuris Canonici.
Man wird Sie möglicherweise aus Ihrer Kirche hinaus zu drängen versuchen. Oder Sie werden sich im Status des Schismas finden. Mit der Solidarität des Kirchenvolkes werden Sie nach aller Erfahrung nicht unbedingt rechnen können.
In meinen öffentlichen Erklärungen in den vergangen Wochen

habe ich zu erklären versucht, dass kein altkatholischer Bischof der Utrechter Union berechtigt ist, in die römisch-katholische Kirche hinein zu fungieren. Dies haben Sie verstanden, und dafür danke ich Ihnen. Sie wollen in Ihrer Kirche etwas bewegen und bewirken. Das respektiere ich.

Ich bin sicher, dass Ihre »Pioniertat« die Diskussion nicht mehr verstummen lassen wird. Ebenso sicher bin ich, dass man sich auf Dauer nicht gegen alle theologische und ökumenische Erkenntnis kirchenamtlich hinter Kirchenrechtsparagraphen verschanzen können wird. Aber genauso sicher weiß ich für Sie persönlich um die Gefahr, in den kommenden Auseinandersetzungen menschlich zerrieben zu werden. Ich bete für Sie, dass Sie diese Situation in fester Glaubensüberzeugung und in Gewissentreue bestehen werden.

Gleichzeitig schmerzt es mich als Bischof einer katholischen Minderheitenkirche, dass viele Katholiken unseren altkatholischen Weg zwar innerlich und auch verbal bejahen, ihn aber nicht mitzugehen vermögen. Unsere Kirchwerdung erfolgte vor 130 Jahren ebenfalls notgedrungen und aufgrund der Gewissensentscheidung vieler tausender Nach unserer Kirchenauffassung und gemäß unserer bischöflich-synodalen Ordnungen wurden Frauen zum ordinieren Amt nicht nur zugelassen, sondern wir haben mit geweihten Frauen auch gute Erfahrungen gemacht.

Getreu unserer Tradition und Geschichte sind und bleiben unsere Türen für alle Katholiken in Glaubens- und Gewissennot offen. Persönlich kann ich bei Ihrer Weihe nicht anwesend sein und ich bitte dafür um Ihr Verständnis, da an diesem Tag die jährliche Internationale Bischofskonferenz der Altkatholischen Kirchen der Utrechter Union endet. Ihre Weihe und deren ökumenische Bedeutung wird dabei sicher angesprochen werden und nicht zuletzt Anlass unserer Gebete zum Heiligen Geist für die gesamte katholische Kirche sein, zu der wir mit allen Getauften zählen.

In Liebe und Sorge und ökumenischer Verbundenheit

+ *B. Heitz, Bischof*

Verehrte Weihekandidatinnen,

wenn man mit einer Segeljacht den Kurs wechselt, gibt es einen Augenblick, in dem die Segel knallen und flattern, bevor sie der neuen Richtung folgen und der Wind sie wieder bauscht – der Masten wendet sich ruckartig, ein Zittern geht durch das Boot. So eine schroffe Wende könnte Ihre Weihe jetzt für die römische Schwesterkirche bedeuten – die längst fällige, schroffe, aber heilsame Wende.

Ich selber kämpfte zwanzig Jahre lang um die Zulassung von Frauen in der church of England, bis die Generalsynode 1992 endlich für die Frauenordination stimmte.

Heute haben wir 2500 Priesterinnen in der Kirche von England, und die Diözesen, die sich nach wie vor der Anstellung von Pfarrerinnen widersetzen, kann man an den Fingern einer Hand zählen. 500 Priestermänner traten damals aus Protest zurück, verlangten Schadenersatz oder ließen sich frühpensionieren, doch inzwischen sind etwa zwanzig Prozent von ihnen wieder in ihre Kirche zurückgekehrt. Die Gefahr eines Schismas hatte nie wirklich bestanden.

Ich unterstütze Ihren Vorstoß einer gültigen, aber unerlaubten Weihe in jeder Hinsicht und übermittle Ihnen, die sie sich jetzt zu zehnt am 29. Juni weihen lassen, die herzlichsten Glückwünsche von allen Priesterinnen der church of England,

Ihre

Rev. Cathy Milford

Mitglied des Domkapitels von Norwich
ehem. Leiterin der Bewegung für Frauenordination in der Anglikanischen Kirche

Die Diskussion fängt erst an

Ist es Ihnen beim Ostergottesdienst aufgefallen? Frauen waren die Ersten am Auferstehungstag.
Denken wir uns einmal die Frauen weg: Keine Lehrerinnen, keine Krankenschwestern, keine Ärztinnen, keine Beamtinnen. Für die Generationen bis ins 19. Jahrhundert hinein waren die genannten Berufe Männersache. Aber deswegen kommt heute keiner auf die Schnapsidee, das sei gottgewollt gewesen. Wir haben den Mangel erkannt und überwunden. Was heißt schon wir: Die Frauen haben sich in diese Berufe oft genug gegen größten Widerstand durchgekämpft.
Jetzt rütteln die (katholischen) Frauen an den Sakristeitüren. Seit 10 von ihnen vermeldeten, sie wollten sich zu Priesterinnen weihen lassen, verschlug es den Männern in höheren Kirchenämtern die Sprache. Lediglich ein irischer (katholischer) Bischof (in seiner Diözese gibt es praktisch keinen männlichen Nachwuchs) kann sich vorstellen, Frauen für diesen Dienst zu weihen. Er sagt: »Wer weiß, wohin uns Gottes Geist im Neuen Jahrtausend führt?«
Jesus Christus war ein Mann, stellt die Gegenposition klar, deswegen können nur Männer Priester werden. Die Christenheit bekennt aber nicht, dass Gott etwa Mann geworden sei. Gott ist Mensch geworden. Es dürften sich dann auch nur Juden zu katholischen Priestern weihen lassen, denn Jesus war ein Jude! Aber dieses Gedankenspiel möchte ich nicht weitertreiben.
Konnte es früher noch heißen: »Roma locuta, causa finita« (wenn Rom gesprochen hat, ist die Sache erledigt), so fängt heute die Diskussion erst richtig an, wenn der Vatikan eine wichtige Frage für immer unter den Teppich kehren will. Es wäre ja nicht der erste Rückzieher, den die Römer machen müssen.

Roland Breitenbach,
katholischer Ortspfarrer aus Bayern

Die Zeit für Priesterinnen ist reif

In all meinen beruflichen und politischen Ämtern habe ich mich bemüht, qualifizierten Frauen beim Aufstieg zu helfen, denn Frauen werden immer noch gerne übersehen oder übergangen. Auch der männerdominierte Deutsche Bundestag musste ja mehrfach vom Bundesverfassungsgericht gezwungen werden, Gesetze dem Gleichberechtigungsgebot des Art. 3 Gundgesetz anzupassen.

Da ist es kein Wunder, dass sich die von Männern regierte katholische Kirche mit diesem Thema besonders schwer tut. Schon die Frauenklöster, die sich der Mädchenbildung annehmen wollten, hatten bekanntlich ihre Schwierigkeiten.

Die Frage des Priestertums von Frauen ist für mich allerdings nicht eine Frage der Gleichberechtigung oder eines Anspruchs auf berufliche Selbstverwirklichung. Die Kirche kann vielmehr ohne Frauen im Priesteramt ihrer seelsorglichen Verantwortung in der jetzigen gesellschaftlichen Wirklichkeit nicht mehr gerecht werden. Ich lasse dabei dahingestellt, ob die Seelsorge früher den Frauen in ihren Rollen als Ehefrau und Mutter wirklich gerecht wurde. Heute aber stellen sich vielen Frauen – auch abgesehen von der überbetonten Sexualmoral – eine Menge von Problemen, die sie nicht unbedingt mit einem Mann erörtern können oder wollen. Viele Beichtgespräche leiden darunter; zudem können Priester die Situation der Frau in Familie und Arbeitswelt oft kaum zutreffend einschätzen. Nicht selten sind Priester aber auch gehemmt und befangen – verständlich angesichts der Tatsache, dass manche Frauen auch auf »Priesterfang« gehen. Selbst ein Weihbischof kann dabei scheitern.

So werden evangelische Pastorinnen zur Anlaufstelle für katholische Frauen, die Rat suchen. Wer nicht, wie ich, das Glück hatte, von Kind an über Jahrzehnte einen geistlichen Begleiter zu haben, hat kaum eine Chance. Wo sind Katholikinnen in Führungsfunktionen?

Ich glaube an den Heiligen Geist. Er gibt der Kirche, was sie braucht, auch wenn sie widerstrebt. Die Zeit für Priesterinnen ist reif. Lasst uns darum beten.

Dr. Mathilde Berghofer-Weichner
Bayerische Justizministerin a. D. (CSU)

Die Kirche muss sich verändern

Berlin, 7. Mai 2002

Ich freue mich sehr, dass Frauen aus Österreich und Bayern, die sich seit einigen Jahren auf ihre Priesterinnenweihe vorbereiten, den Schritt in die Öffentlichkeit gewagt haben.
Ich möchte diesen Frauen danken, die die Aufgabe einer Priesterin übernehmen wollen.
Weil sie sich als Frauen durchsetzen wollen, wenden sie sich gegen die patriarchale Hierarchie und die Verfasstheit der römisch-katholischen Kirche.
Für mich ist ihre Entscheidung ein Zeichen von großem Mut und ernsthaftem Glauben.
Die Kirche muss sich verändern. Mutige Frauen wie Sie können viel bewegen. Es wäre schade, wenn die Kirche diese große Chance verpassen würde, nur weil viele Bischöfe, die im privaten Kreis die Priesterinnenweihe befürworten, sich scheuen, öffentlich dafür einzutreten.
Die FDP unterstützt Ihr Anliegen. Ich wünsche Ihnen Mut, Aufbruchstimmung und Zufriedenheit.

Mit freundlichen Grüßen

Sabine Leutheusser-Schnarrenberger, MdB
Bundesjustizministerin a. D.
Stellv. Vorsitzende der FDP-Bundestagsfraktion
Landesvorsitzende der FDP Bayern

Außerhalb der jesuanischen Botschaft

Wenn Papst und Bischöfe das marianische Weiblichkeitsideal, das in die von Männern beherrschte Welt wegweisend, helfend und tröstend hineinleuchtet, für richtig halten, ist es erst recht nicht einzusehen, warum die biblische Aufgabe, den Hilfe suchenden Menschen die Liebe und Güte Gottes auch durch die Sakramente zu vermitteln, nämlich das Priesteramt, ausgerechnet den Frauen verwehrt wird. Mit dem Verbot der Frauenordination befindet sich die Kirche außerhalb der jesuanischen Botschaft. Im Gegensatz zu den vom sexuellen Sündenwahn befallenen, Frauen verachtenden Kirchenlehrern von Augustinus bis zu Alfons von Ligouri, die die Moraltheologie der katholischen Kirche bis auf den heutigen Tag beeinflussen, war Jesus ein Freund der Frauen, der sich mit revolutionärem Verhalten für eine rechtliche und praktizierte Gleichberechtigung von Frauen und Männern einsetzte. Er missachtete bewusst die Reinheitsvorschriften und holte Frauen, auch wenn sie als Sünderinnen galten, zu sich an seinen Tisch zum Essen. Er verlangte die Unauflöslichkeit der Ehe und stellte damit Frauen und Männer rechtlich auf eine Stufe. Er wollte die Über- und Unterordnung zwischen Frau und Mann abschaffen und die patriarchalische Struktur der jüdischen Ehe verändern. Er bewahrte angebliche Ehebrecherinnen vor der Steinigung, wovor heute noch, 2000 Jahre später, tausende von islamischen Frauen geschützt werden müssen. Nicht die männlichen Apostel, sondern Frauen, Martha, Maria und andere, verkündeten die wesentlichen Ereignisse der Heilsgeschichte: den Kreuzestod, die Grablegung und die Auferstehung. Das Ordinationsverbot für Frauen ist ein Gedankenkonstrukt männlicher Theologen, ein Menschenwerk und kein göttliches Gebot, im Grunde genommen der Ableger einer Irrlehre, nämlich des Neuplatonismus, der im vierten und fünften Jahrhundert Eingang fand in die kirchliche Theologie. Auf Jesus jedenfalls kann sich der Papst in dieser Sache nicht berufen.

Dr. Heiner Geißler, MdB

Es wird Zeit für eine Öffnung

Zu der Frage des Zugangs von Frauen in der Katholischen Kirche zu Priesterweihe und Gemeindeleitung, gibt es keine Stellungnahme der SPD. Ich will Ihnen gerne meinen persönlichen Standpunkt mitteilen. Die Begründung für den Ausschluss von Frauen von Priesterweihe und Gemeindeleitung mit dem Argument angeführt, Jesus habe nur Männer zu Aposteln berufen, erscheint mir nicht überzeugend. Ich sehe hier eine geschichtliche Entwicklung – abhängig von gesellschaftlichen Gegebenheiten, die sich längst geändert haben. Die Bibel lehrt, dass vor Gott in Fragen des Glaubens Mann und Frau den gleichen Rang haben. Von da aus wünsche ich mir, dass die alte Tradition, die das geistliche Amt auf Männer beschränkt, und die, was oft übersehen wird, nicht nur die katholische Kirche, sondern auch die Orthodoxie bis heute praktizieren, möglichst bald durch eine Öffnung abgelöst wird, die dem heutigen Gesellschaftsbild entspricht.

Hierzu ist ein umfassender Diskussionsprozess innerhalb der Kirche erforderlich, der viel Zeit und Geduld erfordern wird.

Ein Appell an die staatliche Autorität scheint mir in diesem Zusammenhang nicht sinnvoll. Er würde sofort in Konflikt geraten mit dem ebenfalls in der Verfassung garantierten Recht der Kirchen und Religionsgemeinschaften, eigene Angelegenheiten selbstständig zu ordnen und zu verwalten. Ausdrücklich ist in der Verfassung darauf hingewiesen, dass die Verleihung von Ämtern ohne jede Mitwirkung des Staates oder der bürgerlichen Gemeinde erfolgt.

Burkhard Reichert
SPD-Parteivorstand, Referat
Kirchen und Religionsgemeinschaften

Wir haben lange genug gewartet

Frauen als Priesterinnen in der katholischen Kirche – wenn wir warten, bis die männlichen Hierarchien die Weihe von Priesterinnen einführen, werden wir alt, sehr alt ... werden wir wieder zu Erde, Gras, Blumen, zu Schmetterling und Schwalbe.
Gut, dass es mutige, gläubige Frauen gibt, die ihren Weg in dieser Kirche suchen, ihren Weg zu Verkünderinnen des Glaubens, zu Seelsorgerinnen, zu Priesterinnen.
Frauen sind vielgeachtete und vielgefürchtete Wesen. Sie wissen um die tiefen Geheimnisse der Sexualität, des Gebärens, des Stillens und Nährens von Kindern. Sie hegen die Natur und setzen glasklar Verstandes- und Sinneskräfte ein. Frauen sind die weisen Frauen, die Frauen mit seherischen und übernatürlichen Kräften. War es die Angst vor den Kräften der Frauen, die Frauen von kirchlichen Weiheämtern fernhielt?
Wie gut, dass es diese mutigen Frauen gibt, die nun auch in der katholischen Kirche ihren gleichberechtigten Platz, ihre gleichen Rechte, ihre gleichen Aufgaben und Aufträge einfordern. Wie kann es sein, dass heute im 21. Jahrhundert in diesem großen internationalen Unternehmen Kirche die Frauen von Rolle und Berufung, vom Beruf der Priesterin ausgeschlossen sind? Kein weltweit agierendes Unternehmen kann es sich heute leisten, Frauen in dieser Form auszuschließen, wie dies bis heute noch die katholische Kirche tut.
Unverständlich ist, dass dieses Unternehmen katholische Kirche, das mit öffentlichen Geldern in der Seelsorgearbeit, in der Sozial- und Bildungsarbeit gut unterstützt wird, bis heute an der Ausgrenzung von Frauen im Priesterinnenamt festhalten konnte.
Wie gut, dass es diese mutigen und gläubigen Frauen gibt, die von unten die Kirche öffnen, ihren Platz einfordern und die Weihe vorbereiten und annehmen. Diese Frauen brechen das jahrhundertealte Denken auf, dass Frauen unrein sind, dass nur die höherwertigen Männer Dienst in der Kirche, Gottesdienst tun dürfen. Es ist überfällig, dass Frauen ihren vollen gleichwertigen Platz mit

allen beruflichen und berufenen Tätigkeiten in dieser Kirche erhalten.

Es ist überfällig, endlich auch jungen Frauen dieses gleichwertige Menschenbild zu vermitteln, diese Würde zu geben. Die Würde des Menschen ist unantastbar. Die Würde der Frauen ist unantastbar. Die Würde der Priesterinnen ist unantastbar. Mögen diese Frauen den nicht einfachen Weg als Priesterinnen gehen und vielen Mädchen und Frauen diese Kirche als eine neue, lebendige und würdevolle Gemeinschaft öffnen. Diese Kirche wird lebendig sein, wird voll Freude sein. Diese Kirche wird das Leben in seiner Fülle und Vielfalt umfassen und tiefe Liebe ermöglichen.

Die Kirche hat Frauen als Priesterinnen – oder keine Zukunft.

Ruth Paulig, MdL
Abgeordnete der GRÜNEN im Bayerischen Landtag

Das Video zur Weihe

»Wir sind Priesterinnen«
Der Frauen-Weihejahrgang 2002

Kamera und Produktion: Werner Ertel und Ralf Rabenstein
Gestaltung: Werner Ertel, Gisela Forster
Länge: 60 min.
Bezug: emmeloord@utanet.at

Im Sommer 2002 ist es in Österreich zur Weihe von Frauen zu römisch-katholischen Priesterinnen gekommen. »Träume nicht vom Leben, sondern lebe deinen Traum«, haben sich mutige Frauen gesagt und ihren Lebens-Traum und ihre Berufung sakramentale Wirklichkeit werden lassen. Auf Initiative der Linzer ehemaligen Ordensfrau und Lehrerin Christine Mayr-Lumetzberger absolvierten sie einen dreijährigen Ausbildungskurs, ließen sich von einer unabhängigen deutschen Theologenkommission bei einer Abschlussprüfung ihre Qualifikation bestätigen und fanden zu guter Letzt römisch-katholische, in der apostolischen Sukzession stehende und integre Bischöfe, die ihnen am 29. Juni, dem Fest Peter und Paul, die Hände auflegten. Der Ort der Weihe blieb bis zur letzten Minute geheim.
Ein zweitausendjähriger Bann ist gebrochen, eines der letzten Tabus der römischen Kirche gefallen.

Inhalt

- Die Weihe am 29. Juni 2002 samt vorangegangener Diakoninnenweihe
- Kurzporträts der Priesterinnen
- Interviews mit den weihenden Bischöfen
- Kommentare römisch-katholischer Diözesanbischöfe und TheologInnen
- Interview mit der tschechischen Priesterin Ludmila Javorova